明解方言学辞典

木部暢子 編

The Sanseido Dictionary of Dialectology

三省堂

デザイン　松田行正＋杉本聖士

はしがき

本辞典は、各地域のことば（方言）を調査・研究するときに知っておきたい概念や用語、必要な事項をできるだけ分かりやすく解説したものです。これまで、各地の方言を集めた、いわゆる方言語彙集やフィールドワークの方法を解説した書籍はいくつかありましたが、方言学に特化したコンパクトな辞典はありませんでした。フィールドワークに持っていって、その場で必要なことが調べられるような辞書があったらなあ、と思っていたところ、三省堂の飛鳥勝幸さんから本辞典のお誘いを受け、すぐにお引き受けしました。

本辞典は、すでに刊行されている『明解言語学辞典』を参考にしています。大きさがハンディーで、フィールドワークに持っていくのにちょうどいいこと、見出しがすべてページの上に来ていて、引きやすくなっていること、各項目の記述が半頁から2頁の間でコンパクトにまとめられていることといった体裁上の特徴もさることながら、最も参考にしたのは、「近年急速に研究が進んだ分野の新しい概念も多く取り入れられ」ている点です（『明解言語学辞典』「はしがき」より）。方言の分野でいうと、近年の琉球諸方言の研究成果には目を見張るものがあります。本辞典では、これらを積極的に取り入れました。各項目の説明にも琉球諸方言の事例が多く取り上げられています。ただし、これらを琉球だけの問題と考えないでください。似たようなことは本土諸方言にもあるはずです。本土諸方言の事例も同じで、他の地域にも似たようなことがあるはずです。読者の方々はこれらを参考にして、是非、それぞれのフィールドで同じ問題を調査し、分析してみてください。

本辞典の編集にあたっては、協力者の青井隼人氏、原田走一郎氏、平子達也氏、山田真寛氏に項目の設定の段階から加わってもらい、執筆者の調整や各執筆者の原稿のチェックなどをお願いしました。執筆者の方々には、分かりやすい表現への書き換えや方言の事例の追加などをお願いしましたが、みなさん、これらを快く受け入れてくださいました。

英訳に関しては、Celik Kenan Thibault氏の力を借りました。彼は沖縄県宮古島や多良間島の方言の研究者で、フィールドワークの経験も豊富です。そのような視点から英訳のチェックをお願いしました。じつは、各地の方言の特徴を考慮した上で用語を英訳しようとすると、従来の訳ではしっくりこない場合があります。たとえば、本辞典では「方言のアクセント」を 'accent systems of Japanese dialects' ではなく 'prosodic systems of Japanese dialects' と訳しています。方言の中には、英語のaccentにうまく対応しないシステムをもつものがあるからです。ほかにも、従来とは異なる訳をしている項目がありますが、それはこのような理由によるものです。

最後に、動きの遅い私たちの編集作業を根気強く支えてくださった三省堂の飛鳥さんに深く感謝申し上げます。
本辞典が各地のフィールドワークで使われることを願っています。

2019年2月
木部暢子

編　集

木部 暢子
[国立国語研究所]

執筆者一覧 (*は編集協力者)

青井 隼人*	阿部 貴人	有田 節子	有元 光彦	五十嵐 陽介
井上 優	大槻 知世	大西 拓一郎	小川 俊輔	菊澤 律子
衣畑 智秀	木部 暢子	小西 いずみ	相良 啓子	佐々木 冠
笹原 宏之	重野 裕美	渋谷 勝己	下地 理則	白岩 広行
白田 理人	高木 千恵	高田 三枝子	當山 奈那	
トマ・ペラール		友定 賢治	中川 奈津子	中西 太郎
新永 悠人	野間 純平	林 由華	原田 走一郎*	日髙 水穂
平子 達也*	松浦 年男	松倉 昂平	山田 真寛*	鑓水 兼貴
横山 晶子				

編集協力　（株）翔文社　　本文組版　（株）エディット

凡　例

1. 本書の各項目は、1行目から、日本語表記（アルファベット表記が慣例となっている場合には、アルファベット表記）、よみ、英語表記、ジャンルの順に並んでいる。1行目の日本語表記がすべてカタカナの場合には、2行目のよみを省略した。1行目のアルファベット表記（例：VOT）のよみがそのアルファベットの文字としてのよみと同じ場合には、2行目のよみにも同じアルファベットの文字を記すか、よみを省略した。
2. 左肩に ˇ がついている用語は、見出し項目または見出し項目との関連で説明されている用語である。その用語が説明されているページは「目次索引」に太字で表示した。
3. 本書で使用したその他の記号・略語は、概略、以下の通りである。なお、本文中で解説されているものについては省略した。
4. 文献は、原則として、手に入りやすい（特に日本語で書かれた）ものを優先した。

$\overline{\bigcirc}$ ……………高ピッチの拍（音節）
$\underline{\bigcirc}$ ……………低ピッチの拍（音節）
$\bigcirc\!\!\searrow$ ……………下降の拍（音節）
[　] ……………音声表記
/ / ……………音素（表記）
- ……………接辞境界（接中辞以外）
= ……………接語境界
*（左肩）…………[1] 再建形　[2] 非文法的な形、表現
?, ?? ……………容認性の低い表現
〜 ……………語形のゆれ
∅ ……………ゼロ要素
(→A) …………別項目Aへの参照指示
cf. ……………参照
A＞B …………AからBへの変化
ACC……………accusative　対格
ACT……………active　能動
AP ……………adjective phrase　形容詞句
ASP……………aspect　アスペクト
BEN ……………benefactive　受益者格

DAT	dative	与格
DEF	definite	定
DIM	diminutive	指小辞
DIR	direct	順行
DUR	durative	継続
ERG	ergative	能格
FOC	focus	焦点
GEN	genitive	属格
H	high tone	高音調（高トーン）
IMP	imperative	命令
INDF	indefinite	不定
INV	inverse	逆行
IPRF	imperfect	不完了
L	low tone	低声調（低トーン）
L%		句末境界低音調（低トーン）
%L		句頭境界低音調（低トーン）
NEG	negative	否定(辞)
NMLZ	nominalizer	名詞化標識
NOM	nominative	主格
NP	noun phrase	名詞句
O	object	目的語
OBL	oblique	斜格(語)
PART	particle	助詞
PASS	passive	受動
PFV	perfective	完結
PL	plural	複数
PST	past	過去
REAL	realis	現実
RED	reduplicative	重複語根
S	subject	主語
SG	singular	単数
TR	transitive	他動詞
V	verb	動詞
VP	verb phrase	動詞句

〈**付録**〉音声器官 ………………………………………………………… 159
IPA（国際音声記号）……………………………………………………… 160
「いる」（「日本言語地図 53図」）……………………………………… 162
「しもやけ」（「日本言語地図 127図」）……………………………… 163
「花が散っている（進行態）」（国立国語研究所 1979）……… 164
「花が散っている（結果態）」（国立国語研究所 1979）……… 165
琉球語諸方言の類別語彙表……………………………………………… 166
英日対照表……………………………………………………………………… 168

目次索引

※太字の用語は見出し項目を、太字の数字はその用語の説明があるページを示す。

IPA(国際音声記号・国際音声字母)……**024**, 067, 069, 075, 130, 142, 148	イディオレクト……**009**
TBU……**144**	移動動詞……**108**
VOT（声立て時間）……**158**	「糸魚川・浜名湖線」……107
	異分析……**140**

【あ】

挨拶……**001**	**忌みことば**……008, **009**
相づち……**001**, 018	意味的有標性……**150**
ID番号……**127**	意味不明形態素……**054**
曖昧アクセント……**002**	**意味論**……**010**, 072, 078, 109, 150
アクセント……012, 017, 024, 042, 045, 069, 095, 106, 111, 113, 118, 133, **136**, 142, 157	**依頼表現**……**011**, 046
アクセント核……128, 136, **142**, 157	入り渡り鼻音……**093**
アクセント対応……**002**	因子負荷量……**011**
アクセントの類別語彙……**003**	**因子分析**……**011**
アコモデーション……**004**	**イントネーション**……**012**, 026, 042, 045, 107, 141, 146, 151
アスペクト……**004**, 015, 036, 043, 082, 084, 096, 100, 108, 140	インフォームドコンセント……**013**
東歌……**006**, 020, 107, 133, 138	
誤れる回帰……**033**	

【う】

	ヴォイス……**014**, 016, 036, 043, 100, 108
	ウ音便……**026**, 034

【い】

家印屋号……**147**	**受身**……014, **016**, 046
異音……**021**	ウチナーヤマトゥグチ……**016**
イ音便……**026**, 154	内の関係……**155**
異音変異……**053**	
位格……**031**	
育児語・幼児語……**007**, 060	
異形態……**054**	
イ語尾……**034**	
意志自動詞……**149**	
意志表現……**007**	
位相……**008**, 155	
位相語……**008**	
一段化……**008**	
一型アクセント……**018**, 137, 141	

【え】

S字型モデル……**017**
N型アクセント……**017**, 070, 099, 136
エリアサンプリング……**074**
遠心性動詞……**082**

【お】

応答詞……018, 039, **122**
応答表現……001, **018**
オ段長音の開合……**019**
オノマトペ……038, 039, **041**
音位転倒……**140**
音韻史……**020**

音韻的有標性	150
音韻変化	020
音韻論	**021**, 023, 042, 107, 128, 150
音響音声学	023
音響分析	**022**, 023
音声学	021, **023**, 027, 103
音声記号	024
音声基本周波数	045
音節	018, **025**, 067, 095, 117, 128, 130, 136, 144, 153, 156
音節量	144
音素	021, 025, **026**, 027, 053, 054, 060, 119, 150
音素分析	021
音調句	013, 141
音便	026, 034
音変化	027, 105, 154

【か】

開音節	025
下位語	065
開拗音	103
外来語	**029**, 065, 137
外輪方言→内輪方言・中輪方言・外輪方言	
会話的含意	072
会話内切り替え	068
係り結び	030
『蝸牛考』	134
ガ行鼻濁音	093
格	**031**, 143, 145, 149
学習・規範文法	042
核になる子音	025
核の方言	136
格配列	032
格標示	**081**, 082, 145
カ語尾	034
過剰修正	033
過剰適応	004
活用	008, **033**, 058, 071, 104, 108, 120, 126, 127, 151
活用形	033
仮定条件表現	083
仮定表現	035
可能表現	014, 033, **036**
下部の調音器官	103
感覚語彙→感情語彙・感覚語彙	
環境異音	021
漢語	029, **037**, 065, 103, 120, 156
感情語彙・感覚語彙	038
間接受身	016
間接(的)証拠性	**084**, 140
間接目的語	145
感動詞	018, **039**, 044, 052, 146
間投助詞	001, **040**, 146, 151, 155
願望文	014
勧誘表現	**040**, 046
完了表現	006

【き】

擬音語・擬態語	**041**, 103
器械音声学	**023**
希求構文	**014**
気候線	**112**
記号法	**135**
記述文法	**042**
擬声語	103
基礎語彙	**064**
擬態語→擬音語・擬態語	
北琉球奄美語	102
気付かない方言	**044**, 089
希望表現	**044**
基底形	**053**
基本語彙	**064**
基本周波数	022, **045**, 095
疑問詞疑問文	030, **045**, 118
疑問代名詞	**098**
疑問表現	**045**
逆使役	015, 016, **046**, 078
逆使役構文	015
逆接条件	**083**
キャッシュ法	**074**
九州方言	**047**
求心性動詞	082
吸着音	**074**
九琉祖語（九州・琉球祖語）	**047**
共格	**031**
共時論・通時論	**047**
強勢	**092**
強制使役	**075**
協調の原理	**072**
共通語	123
強変化	**034**
許容使役	**075**
寄与率	**011**
キリシタン資料	**048**, 104
キリシタン版	**048**
キリシタン用語	**029**
記録言語学	**108**
禁句	009
近畿方言	132
均衡コーパス	**068**
禁止表現	011, 037, **049**

【く】

句音調	**013**, 050
具格	**031**
句・節	010, 042, **049**, 082, 099, 107, 111, 122, 125, 155
屈折	**055**
屈折詞	125
屈折接辞	054, **055**, 065, 094
句末音調	**013**
クレオール→ピジン・クレオール	

【け】

軽音節	**025**, 144
敬語	**050**, 096, 097, 133
敬語調査法	**052**
敬語の指針	051
繋辞	**071**
形式名詞	042, **052**, 059, 083, 143, 151
形態音韻現象	008
形態音韻論	**053**, 156
形態音韻論的交替	**053**
形態素	015, 021, 053, **054**, 055, 069, 077, 090, 093, 094, 156
形態的有標性	**150**
形態統語論	**107**
形態論	042, **055**, 078, 107, 109, 131, 150
系統抽出法	**073**
経年調査	017, **056**
京阪式アクセント	**056**, 099, 106, 111, 133
形容詞	014, 026, 033, 039, 042, 049, 051, 055, **057**, 058, 077, 080, 082, 084, 096, 104, 120, 122, 124, 127, 131, 137, 143, 154
形容動詞	051, **058**, 077, 082, 104, 120, 125, 151
系列語彙	137
結果構文	015

原因理由表現	**059**, 083
言外の意味	**072**
言語獲得	**060**
言語記述	**108**
言語行為論	**101**
言語習得	**060**
言語使用域	**155**
言語生活	**061**
言語政策	**123**
言語接触	016, **061**, 115
言語地図	**135**
言語地理学	**062**, 105, 134
言語の島	**063**
言語普遍(性)	**063**, 129
言語普遍的な有標性	**150**
言語変異	**079**
言語変種	**079**
言語類型論	**063**, 150
謙譲語	**050**
原生感動詞	**039**

【こ】

語彙	003, 005, 008, 016, 017, 028, 043, 060, **064**, 070, 078, 099, 105, 107, 114, 119, 121, 133, 150
項	082, 107
口蓋化	033, **066**, 103
合成語	**055**, 065
構造特性	**124**
拘束形式	**054**, 094, 129
喉頭化音	**067**, 148
構文論	**107**
合拗音	**103**
呼応	**128**
コードスイッチング	**068**, 121
コーパス	**068**
語幹	**054**, 055
語基	**077**
語強勢	**092**
国語に関する世論調査	**132**
語形記入法	**135**
語根	026, 054, 055, **094**, 124
語種	**029**, 065
呼称	**086**
呼称詞	**149**
個人語	**009**
個人情報の管理	**127**
語声調	017, **069**, 136
五段化	**070**, 075, 105
ことば屋号	**147**
コピュラ	052, 058, **071**, 082, 104, 122, 125, 143
語用論	052, **072**, 077, 114
混種語	**065**
コンバージェンス	**004**

【さ】

再活性化 ... **073**
再帰代名詞 ... 098
最小性制約 ... 144
最小対(ミニマルペア) ... 021
サイン ... 114
三型アクセント ... 018, 137
参照文法 ... 042
サンプリング ... **073**
サンプリング台帳 ... 073

【し】

子音 ... 003, 021, 024, 025, 028, 066, 067, **074**, 092, 095, 103, 117, 119, 144, 148, 156
子音の無声化 ... 142
使役 ... 014, 043, **075**
ジェスチャー(身振り言語) ... 116
字音語 ... 037
時系列調査 ... 056
指示詞 ... 043, 066, 076
指示代名詞 ... 098, 149
指小辞 ... 055, **077**
自然談話 ... **077**
シソーラス ... 065
指大辞 ... 077
自他動詞 ... 078
自他の対 ... **078**
七五調 ... 154
実験音韻論 ... 023
始動 ... 074
自動詞 ... 100
「シ」と「ス」 ... 091
自発表現 ... **078**
自発文 ... 078
「しもやけ」 ... 112
社会言語学 ... 008, 012, 048, **079**, 089
社会方言 ... 079
斜格 ... 046
弱変化 ... 034
自由異音 ... 021
重音節 ... **025**, 144
自由形式 ... 054
終助詞 ... 001, 040, 043, 049, 071, **080**, 146, 152, 155
従接 ... 055, 124
周辺分布 ... 134
受益構文 ... **014**, 016
主格 ... **031**
縮小辞 ... **077**
主語 ... 004, 014, 016, 031, 036, 044, 046, 075, **081**, 082, 090, 096, 098, 119, 125, 143, 145, 149
主語標示形式 ... 149
手指日本語 ... 114
授受表現 ... **082**
主節 ... 049
主節の制限 ... 059
主題 ... **085**
主体動作動詞 ... 004
主題標識 ... 085
主体変化動詞 ... 004
述語 ... 014, 016, 031, 033, 052, 071, 075, 080, 081, **082**, 104, 107, 108, 109, 122, 125, 127, 143, 146, 155
受納動詞 ... **082**
主要部 ... 049
授与動詞 ... **082**
順接条件 ... **083**
準体助詞 ... **083**, 122, 143
上位語 ... 065
条件表現 ... **083**
条件文 ... 035, 083
使用語彙 ... 064
証拠性 ... 005, **084**, 090, 105, 146
上代特殊仮名遣い ... 020
情態副詞 ... 127
焦点(フォーカス) ... 012, **085**, 110
上部の調音器官 ... 103
情報構造 ... **085**
消滅危機言語 ... 043, 073, **086**
除外形 ... 098
書記日本語 ... 115

所有格	**031**
シラビーム方言	**025**, 095, 111, 144
自立語	017, **054**
真偽疑問文	030, **045**
親族名称	086, 152
身体語彙	065, **088**
新方言	**089**
真理条件	010
真理条件的意味	**072**
真理条件的直観	010

【す】

スイッチリファレンス	**090**
推量表現	**090**
ズーズー弁	**091**
数理的分析	017
スタイル	079, 155
ストレス	**092**, 128, 153
ストレスアクセント	**092**
スペクトログラム	**022**

【せ】

清音	092
整合化	**035**
生成文法	063
声帯振動	095
清濁	**092**
声調	144
世代間継承度	**086**
節→句・節	
接近音	075, **119**
接語	042, 050, 054, 071, **093**, 094, 098, 108, 109
接辞	026, 036, 041, 042, 046, 054, 055, 065, 076, 077, 093, **094**, 124
接触	**124**
舌端母音	131
接頭語	093
接頭辞	**094**
接尾語	093
接尾辞	**094**
狭母音	**119**

ゼロ準体	**083**
潜在話者	**073**
前舌円唇母音	130

【そ】

双数形	098, **129**
相補分布	**021**, 026
促音	026, 034, **095**, 117
促音便	**026**
属格	**031**
外の関係	**155**
尊敬語	**050**
尊敬語命令形	**143**
存在動詞	**096**
存在表現	**096**

【た】

- 態 ... 014
- 対格 ... 031
- 対義語 ... 065
- **待遇表現** ... 050, **097**
- ダイバージェンス ... 004
- **代名詞** ... 039, 042, 049, 083, **098**, 123, 125, 128, 143, 149
- 対訳コーパス ... 069
- 耐えられない同音語 ... 105
- 濁音 ... 092
- タグ付きコーパス ... 069
- タ形 ... **027**, 033
- **多型アクセント** ... 070, **099**
- 多段抽出法 ... 073
- 奪格 ... 031
- 他動詞 ... 100
- **他動性** ... 100
- タブー ... 009
- 単純語 ... **055**, 065
- **談話分析** ... 100

【ち】

- 地域方言 ... 079
- 地方語文献 ... 138
- **地名** ... 006, **101**, 139, 140
- **中間方言** ... **102**, 124
- 中舌狭母音 ... 026
- **中舌母音** ... 091, **102**, 131
- 中輪方言→内輪方言・中輪方言・外輪方言
- 調音 ... 027, **074**
- 調音音声学 ... 023
- **調音器官** ... **103**, 119
- 聴覚音声学 ... 023
- 超重音節 ... 025
- 重複語根 ... 055
- 長母音 ... 130
- **直音・拗音** ... **103**
- 直示用法 ... 076
- 直接受身 ... 016
- 直接証拠性 ... **084**
- 直接目的語 ... **145**
- 地理言語学 ... **062**
- 陳述副詞 ... **127**

【つ】

- 通言語的な有標性 ... **150**
- 通時コーパス ... 068
- 通時論→共時論・通時論

【て】

- 定型性 ... 001
- 程度副詞 ... **127**
- 丁寧語 ... **050**
- テ形 ... **027**, 033
- テキスト ... **077**, 100
- **テンス** ... 004, 043, 055, 082, **104**, 108, 124, 143
- 転成感動詞 ... 039

【と】

- 同音異義語 ... 105
- **同音衝突** ... **105**
- 等間隔抽出法 ... 073
- **東京式アクセント** ... 056, 063, 099, **106**, 111, 133
- 東京新方言 ... 089
- **統語論** ... **107**, 109
- 同根語 ... **120**
- **東西対立** ... **107**, 112
- **動詞** ... 004, 008, 014, 016, 026, 033, 039, 042, 046, 049, 051, 054, 055, 057, 070, 071, 077, 078, 080, 081, 082, 084, 093, 094, 096, 104, 105, **108**, 119, 122, 123, 124, 127, 128, 137, 143, 149, 150, 151, 153
- 動詞句 ... **050**
- 動詞述語 ... **082**
- 等時性 ... **153**
- 同質複数 ... **129**
- 頭清説 ... **053**
- 動的共時論 ... **048**
- 東北方言 ... 102

ドキュメンテーション	108
特定性	109
とりたて表現	109

【な】

内省	111, **132**
内的再建	**129**
内輪方言・中輪方言・外輪方言	111, **133**
南北対立	**112**

【に】

二型アクセント	017, **137**
二重母音	**130**, 156
日琉祖語	020, 030, 047, **113**
『日葡辞書』	**048**
日本手話の方言	**114**
『日本大文典』	**048**
入破音	**074**
人称	**098**, 108
人称代名詞	**098**, 143, 149

【ぬ】

塗りつぶし法	**135**

【ね】

ネオ方言	060, 089

【の】

能格	**031**
ノンバーバル・コミュニケーション	**116**

【は】

バースデイ法	**074**
パウルの比例式	**154**
波形	**022**
拍	**144**
波状仮説	**117**, 134
派生	**055**
派生語	**065**
派生接辞	**055**, 065, 094, 149
撥音	021, 026, 034, **117**, 148, 157
撥音便	**026**
発声	**074**
パネル調査	**056**
パラトグラフィー	**023**
反語表現	**118**
場面間切り替え	**068**
半濁音	**092**
半母音	**119**

【ひ】

非意志自動詞	**149**
鼻音性	**092**
比較言語学	028, **119**
美化語	**051**
比況表現	**120**, 151
鼻腔	**103**
非言語表現	018
非言語メッセージ	**116**
鼻子音	**093**
ピジン・クレオール	062, **121**
非動詞述語	**082**
ピッチ	012, 018, 024, 028, **045**, 106, 141
ピッチアクセント	**092**
否定	018
否定疑問形	040, **046**, 143
否定疑問文	011, **046**
否定表現	**122**, 129
被動者	081, 145
一つ仮名弁	**091**, 152
卑罵表現	006, 097, **123**

標準語	001, 004, 007, 008, 011, 012, 014, 016, 017, 024, 025, 026, 031, 033, 035, 037, 038, 040, 044, 045, 049, 050, 058, 059, 060, 061, 068, 069, 071, 075, 076, 077, 078, 080, 081, 082, 083, 086, 089, 090, 095, 096, 102, 104, 106, 108, 109, 117, 119, 120, 121, 122, **123**, 124, 126, 130, 132, 140, 141, 143, 145, 146, 151, 155
標準語化	**124**
表層形	**053**
品詞	051, 055, 057, 058, 064, 093, 108, **124**, 127, 143
品詞分類	**124**

【ふ】

フィラー	040, 152
フェイスシート	**126**
フォルマント	**022**
複合アクセント法則	**017**
複合語	065
複雑述語	**082**
副詞	036, 039, 077, 090, 109, 122, 125, **127**, 146
副詞節	**049**
複他動詞文	145
フット	**128**, 153
不定代名詞	**098**
ふるまい	**107**
プロトタイプという考え方	**145**
文間切り替え	**068**
文献音韻史	**020**
文強勢	**092**
分節音	024
文節関与型	**099**
文節性	**017**
文中切り替え	**068**
分布特性	**124**
文法化	**128**
文法関係	081
文法数	**129**, 149
文法数の対立の中和	**130**
文末助詞、文末詞	080
『分類語彙表』	**065**

【へ】

閉音節 **025**
閉鎖音 075

【ほ】

母音 003, 021, 022, 024, 025, 026, 027, 058, 067, 091, 092, 095, 102, 105, 113, 117, 119, **130**, 131, 142, 144, 148, 156
母音体系 **130**, 131
母音の無声化 **142**
母音融合 053, 067, **131**, 156
方位格 **031**
包含形 098
方言意識 **132**
方言区画 **133**
方言区画論 134
方言孤立変遷論 134
方言周圏論 062, 089, 117, **134**
方言地図 **135**
方言調査 072, 107
方言地理学 **062**
方言のアクセント **136**
方言の島 **063**
方言札 **138**
方言文献 020, **138**
方言文字 **139**
放出音 **074**
包摂関係 **065**
補助動詞 **082**
ポライトネス理論 **097**
本動詞 **082**

【ま】

摩擦音 075

【み】

南琉球宮古語 **102**
ミラティビティ **104**, **140**
民間語源 **140**

【む】

無アクセント 018, 099, 133, 136, **141**
ムード **146**
無活用化 **035**
無気音 074, 148
無型アクセント 002
無作為抽出 **073**
無声音 074, 092, **142**, 148
無声化 024, 053, **142**
無対動詞 **078**
無標 **150**

【め】

名詞 017, 031, 039, 042, 049, 051, 052, 057, 058, 070, 071, 077, 082, 084, 093, 094, 098, 120, 123, 125, 127, 128, 136, **143**, 149, 155
名詞句 049, 109
名詞節 **049**
名称 086
命題 **146**
命令表現 011, 046, 049, 059, **143**

【も】

モーラ 024, 025, 095, 103, 117, 128, **144**, 153
目的語 031, 036, 050, 081, 082, 098, 100, 119, 125, **145**
モダリティ 007, 015, 040, 052, 090, **146**

【や】

屋号 **147**

【ゆ】

有アクセント **099**
有意抽出法 **073**
有気音 075, 148
有気性 067, **148**, 158
有声音 074, 092, **142**, 148
有声化 053, **148**, 156
有生性の階層 **149**
有生名詞 **143**
有対動詞 **078**
有標 015, 075, **150**
有標性 **150**
ゆすり音調 **151**

【よ】

拗音→直音・拗音
幼児語→育児語・幼児語
様態表現 **151**
与格 **031**
ヨコハマ・ダイアレクト **121**
四つ仮名 020, 091, **152**
呼びかけ表現 **152**

【ら】

ライマンの法則 156
ラ行五段化→五段化
ラ抜きことば 033, **153**
ランダム・サンプリング **073**

【り】

理解語彙 **064**
リズム 042, 092, 115, 128, **153**
リズム交替の原理 **153**
琉球語 **047**, 076
琉球諸語 **113**
隣接分布 **134**

【る】

類 **002**
類音牽引 106, **141**
類義語 **065**
類型論 **063**
類推 **154**
類別語彙 **003**, 137

【れ】

歴史コーパス **068**
レジスター 008, 079, 089, **155**
連結動詞 **071**
連合複数 **129**
連体節 049, **155**
連濁 053, 148, **156**
連母音 **156**

挨拶
あいさつ
greeting expressions

談話

　人間関係を維持・確立するための社交的儀礼。人と出会った時、別れる時など、ある場面で決まって行われることばや動作のやりとりを言う。あいさつは方言集、市町村史などにも多く扱われている。あいさつを交わす場面としては、朝・昼・夜の出会い、別れ、自宅の出入りの時、食前・食後、就寝時、訪問・辞去の時、入室・退室の時、食事を勧める、謝罪や断り、感謝やお礼、労をねぎらう、お祝い、贈り物を贈る、買い物、大晦日、新年、お見舞いなどがある。

　あいさつことばの研究は、A「おはよう。いい天気だね」B「おはよう。そうだね、暑いね」の単語単位（下線部）を対象とする研究と、単語単位以上（A、Bの発話全体など）を対象とする研究がある。

　単語単位の研究では、形態・意味・用法・表現法などの観点から研究が進んでいる。特にあいさつには、定型性という特有の特徴があり、定型性が高くなるほどあいさつらしさが強くなるという点が研究の重要な観点となっている。定型性は形態、意味の面で分析できる。たとえば、形態の面では、標準語の朝のあいさつが「おはようございます」とその形が固定化しているのに対し、方言では「おはようござい｛ますな／ました／まして｝」といった具合に、状況や心意に即して終助詞などを伴うバリエーションを持ち得る。

　一方、単語単位以上の研究では、Aの「おはよう」と「いい天気だね」のように、表現の順序や組み合わせのあり方、それに応じるBの表現のあり方の地域差などが研究の対象となる。さらに、お辞儀などの動作、あいさつ自体の有無まで射程に入れたあいさつ研究の発展が期待される。

［文献］藤原与一『あいさつことばの世界』（武蔵野書院 1993）、柳田國男『毎日の言葉』（教育出版 2004）［中西太郎］

相づち
あいづち
backchanneling

談話

　聞き手が話し手に対して、話の内容の聞き取りの成否を示すために送る合図。通常、句末や文末に、音声的な弱まりやポーズ、間投助詞や話し手のうなずきなどが見られた時に行われる。円滑なコミュニケーションを行うためには、相づちの頻度やタイミング、待遇的な使い分けが必要となる。

　聞き取りに成功している場合は、「うん」「ええ」「はい」など、肯定を表す応答表現が下降調で発せられる。ほかに、「そう」「なるほど」「本当」などの表現や、「だよね」「でしょ」などの文末系表現、相手の発話の全部ないし一部分の繰り返し、言い換え、文完成なども ある。強い同意を示したり、積極的に聞いているという態度を示したりする時には、「うんうん」のように繰り返されることもある。また、うなずきの動作で聞き取りの成功を示すこともある。

　一方、聞き取れない、あるいは聞き取れても理解できない場合には、「え？」「はい？」などが上昇調で発される。相手の発話の繰り返しや、首をかしげる動作で示す場合もある。

　方言学では、東北地方の「ダカラ」類などの相づち表現があることが知られている。さらに、方言談話でのふるまいに注目し、相づちを談話標識とした談話展開の地域差（琴 2005）や、各地談話の相づち運用（舩木 2016）の研究も着手されている。

［文献］琴鍾愛「日本語方言における談話標識の出現傾向―東京方言、大阪方言、仙台方言の比較」『日本語の研究』1-2（2005）、「第12部 談話 第4章 応答表現と間投表現」日本語記述文法研究会編『現代日本語文法7　第12部談話 第13部待遇表現』（くろしお出版 2009）、舩木礼子「方言談話におけるあいづちの出現傾向―老年層方言談話資料から」日本方言研究会編『方言の研究』2（ひつじ書房 2016）　　　　　　　　　　　［中西太郎］

曖昧アクセント
あいまいあくせんと
ambiguous accent

単語ごとのアクセントの違いを区別する意識が明瞭でなく、またその区別が発音上も不明瞭であること。またそのような特徴を示す方言のアクセント。主として、栃木・茨城両県に接する埼玉県北東部など、無型アクセント方言に隣接する地域において観察される。

曖昧アクセント地域の話者の言語感覚・発音には、アクセントの区別に関して以下のような一連の曖昧性が認められる。

【発音の揺れ】最も典型的な特徴として、同じ語の発音が同一個人内でも一通りに定まらない点が挙げられる。たとえば「山」という語がヤマ‾〜ヤマいずれにも発音されるなど発音に「揺れ」が目立つ。

【曖昧な区別意識】アクセントの区別意識は、ほとんど認められないか、あっても曖昧である。たとえば「箸」と「橋」はどちらの語をハ‾シとハシ‾いずれに発音しても構わず、またハ‾シとハシ‾いずれの発音も「箸」と「橋」両方の意味を表し得る。そのような場合でも、「箸」はハ‾シ、「橋」はハシ‾と発音されることが多いといった「傾向」として、型の区別が見出される。あるいは、ハシ‾という発音からはどちらかと言えば「箸」を思い浮かべる、といったかすかな区別意識を有する話者もいる。

【不明瞭な音調差】また、全体的にピッチの高低差が小さく、異なるアクセント型の間の区別が音響的にも明瞭でない場合がある。

【地域内の個人差】さらに、発音の揺れの程度やアクセントの区別意識に関しては同一地域内の個人差が大きい。

[文献] 金田一春彦「関東地方に於けるアクセントの分布」日本方言学会編『日本語のアクセント』(中央公論社1942) (金田一春彦『金田一春彦著作集　第八巻』(玉川大学出版部 2005) に再録) ［松倉昂平］

アクセント対応
あくせんとたいおう
prosodic correspondences

京都方言で「飴・牛」のようにアメ‾＝ガと発音される語は、東京方言・大分方言では原則としてア‾メ＝ガと発音される。このように、ある方言においてAというアクセント型で発音される語群が、別のある方言においてはBというアクセント型で現れる、という関係になっているとき、2つの方言においてアクセント型に「対応」がある、と言う。

【アクセント語類】京都方言で○○‾＝▽という型で現れるものは、原則東京方言で○‾○＝▽という型で現れるが、京都方言と大分方言は必ずしもきれいに対応しない。たとえば、大分方言で○○‾＝▽という型で現れるものは、「飴・牛」など京都方言で○○‾＝▽という型で現れるものと、「石・歌」など京都方言で○‾○＝▽という型で現れるものとに分かれる。ただし、京都方言で○‾○＝▽という型のものすべてが、大分方言の○○‾＝▽と対応する訳ではなく、「足・池」などは大分方言で○○‾＝▽という型で現れる。つまり、京都方言と大分方言のアクセント型の対応を整理すると、

(1)「飴・牛」など
　京都○○‾＝▽：大分○○‾＝▽
(2)「石・歌」など
　京都○‾○＝▽：大分○○‾＝▽
(3)「足・池」など
　京都○○‾＝▽：大分○○‾＝▽

の3つのグループに分けられることになる。このようにして、諸方言のアクセント型の対応に基づいて分けられたグループを「類」(あるいはアクセント語類)と呼ぶ。「類」の概念自体は、古くE.D.ポリワーノフや服部四郎らの研究にも見られるが、具体化したのは金田一春彦である。それ故、しばしば「類」を「金田一(語)類」とも言う(→アクセントの類別語彙)。金田一は、日本語諸方言のアクセントおよび平安時代末期の声点資料と呼ば

アクセントの類別語彙
あくせんとのるいべつごい
classified vocabulary

🈁 音調

　現代本土諸方言及び古文献資料に反映される古代日本語の語アクセントの対応関係に基づいて、諸方言の共通祖語の段階に想定されるアクセント型の対立グループを「類」あるいは「アクセント語類」「金田一語類」と呼ぶ。「類別語彙」とは、その「類」に属する語彙、つまり、実際に各類におけるアクセントの対応を実現している語彙のことである。「金田一語彙」などとも呼ばれる。

　類別語彙は、古文献にも含まれ、形態面で方言間の差異が比較的小さい和語が中心となっている。しかし、「顎・味・猫」など基礎的な語が含まれていないことは問題である（上野1981）。また、琉球諸方言と本土諸方言との比較研究という点で言えば、琉球諸方言に同源語が在証されない語が多く含まれる一方、琉球・本土両者に在証されるもので含まれていないものがあるのは問題と言える。近年、五十嵐（2016）が、この点を解決しようと新たなリストを提案している。（→巻末付録「琉球語諸方言の類別語彙表」）

　なお、類別語彙には三拍までの語しか含まれないため、類別語彙のみの調査では、各方言の共時的なアクセント体系を真に明らかにすることはできないことも指摘できよう。

【金田一類とその数】金田一春彦は、現代諸方言及び古文献資料に反映されている往時のアクセントの対応に基づいて、一拍名詞に3つ、二拍名詞に5つ、三拍名詞に7つ、二拍動詞に2つ、三拍動詞に3つの「類」を立てた。各類は、二拍名詞3類のように番号で呼ばれることが多い（金田一1974）。

【琉球諸方言アクセントの対応と「系列」】「類」は、本土諸方言におけるアクセント型の対応に基づいて立てられるものである。服部四郎は、琉球諸方言におけるアクセント型の対応に基づき、二拍名詞においては本土方言の「類」に必ずしも一対一対応しない3つの対応グループが認められることを指摘した。この琉球諸方言におけるアクセント型の対応グループは、本土におけるそれと区別するため「系列」と呼ばれ、各系列はA系列・B系列・C系列と呼ばれることが多い（松森1988など）。

【アクセント対応の持つ意味と課題】アクセント型の対応は、母音や子音といった分節音における「音韻対応」に対応する。すなわち、「類」や「系列」の数は、本土方言あるいは琉球諸方言の共通祖語に想定されるアクセント型の対立数に等しい。ただ、特に三拍名詞においては「類」とアクセント型の対応が、諸方言において必ずしも規則的ではない。たとえば、上野善道は三拍名詞5類や7類をさらに2つに分ける提案をしている。「類」や「系列」については、それを絶対視するのではなく、あくまで反証可能な仮説であることには注意したい。

[文献] 金田一春彦『国語アクセントの史的研究―原理と方法』（塙書房 1974）、松森晶子「琉球アクセントの歴史的形成過程―類別語彙2拍語の特異な合流の仕方を手がかりに」『言語研究』114（1988）、松森晶子ほか編著『日本語アクセント入門』（三省堂 2012）　　［平子達也］

[文献] 金田一春彦『国語アクセントの史的研究―原理と方法』（塙書房 1974）、上野善道「アクセント調査語彙用参考資料（1）」『アジア・アフリカ文法研究』10（1981）、松森晶子ほか編著『日本語アクセント入門』（三省堂 2012）、五十嵐陽介「アクセント型の対応に基づいて日琉祖語を再建するための語彙リスト「日琉語類別語彙」」『日本語学会2016年度春季大会予稿集』（2016）（https://researchmap.jp/yos_igarashi/ に語彙リストが公開されている）　　［平子達也］

アコモデーション
accommodation
【談話】

　話し手が、話し相手にまつわるさまざまな事柄に影響を受けて、意識的に、あるいは無意識のうちに自分のことばづかいを調整すること。社会心理学者のジャイルズ（H. Giles）らによって提唱された。ジャイルズはアコモデーション理論において、話し手のことばが話し相手のそれに近付く現象をコンバージェンス（convergence）、相手のことばから遠くなる現象をダイバージェンス（divergence）と整理した。この現象はさまざまな要因によって生じる。たとえば、話し相手との心理的距離の取り方に起因するアコモデーションとしては、仲良くなった相手の方言を自分も使うようになる、標準語で会話をしていた初対面の相手が同郷出身者と分かってふるさとの方言に切り替える、といったコンバージェンスや、同じ方言を話す同郷出身者に対して仲間意識が生じることを避けるためにあえて標準語で応対する、出身地の異なる者どうしが仲良くなるにつれてそれぞれの母方言で話すようになるなどのダイバージェンスが挙げられる。また、当地の方言が使えない他地域出身者に対して方言から標準語に切り替えて話すなどのように、話し相手の言語能力に対する配慮から生じるアコモデーションもある。ただし、アコモデーションはあくまでも話し手による主観的な行動であり、それは必ずしも話し相手にとって望ましいものとは限らない。親しみの表現のつもりで相手の方言を真似たところが、相手には「馬鹿にされた」と受け取られてしまうなど、意図しない結果を生むこともある。話し手の先入観や思い込みによって行われる、相手にとって望ましくないアコモデーションを「過剰適応」と言う。
［文献］Giles, H., Coupland, J and Coupland, N. (eds.) *Contexts of Accommodation: Developments in Applied Sociolinguistics*. Cambridge University Press, 1991.
［高木千恵］

アスペクト
aspect
【文法】

　主に動詞に関わる概念。たとえば「歩いている」と「歩く」の違いのように、出来事が継続中であるなど出来事内部の状態を表すか、特定の局面を表さず1つの出来事として表現するかという違いに関わる形式の対立を扱うもの。どのような局面（開始、進行、終了など）を示すのかも問題となる。

【標準語のアスペクト体系】標準語においては、スル／シテイル（シタ／シテイタ）の形式的対立が、動詞の表すテンス・アスペクト表現の中核を担っている。たとえば、「彼は本を読んだ」と「彼は本を読んでいた」は、両方とも過去テンスだが、前者は本を読むということをひとまとまりの出来事として捉えているのに対し、後者はその出来事内部の時間展開のうち「動作が進行中である」という局面を指している。この違いはアスペクト上の対立である。

　シテイルが出来事のどの局面を表すのか、つまりシテイルの持つ意味については、主として継続的局面の＜進行：動作や変化の過程が進行中であること＞（例：犬が走っている）と＜結果：変化の結果が残存していること＞（例：財布が落ちている）の2つがある。

【シテイルの解釈と動詞分類】シテイルの解釈の違いがどこで生じるのか、動詞の違いから見てみると、動詞が主体（主語）の動作を表すか変化を表すかということが、解釈を決める大きな要因である。以下のように、主体動作であれば＜進行＞、主体変化動詞であれば＜結果＞になるという側面がある。

(1) 主体動作動詞…読む、走る、歌う、押す、書く、使う、笑う、叩く、飲むなど
　　例：太郎が歌っている。（歌っている最中）
(2) 主体変化動詞…座る、落ちる、消える、開く、忘れる、死ぬ、割れるなど
　　例：石が割れている（落ちた結果の状態）
基本的に、文（節）の表す出来事に継続的

な主体の動作や主体の変化の過程があれば＜進行＞の解釈がとられ、変化結界の状態があれば＜結果＞の解釈がとられる。主体変化動詞「散る」の例「花が散っている」の場合、＜進行＞（花が散っている最中）の解釈も＜結果＞（花が散った後の状態）の解釈も可能である。

【諸方言におけるアスペクト体系】 標準語のシテイルのように継続的局面として＜進行＞＜結果＞の両方を同一の形式で表すのは世界の言語の中でも少数派で、日本諸方言においても多くの方言がこれらを別々の形式で表す。その代表的なものがショル／シトルの対立のある西日本に広く見られるパターンである。基本的に＜進行＞についてはショル(3)で、＜結果＞についてはシトルで表す(4)。主体動作動詞で、かつ動作の結果、客体に変化が起きる（主体動作客体変化動詞）については動作の進行をショル、変化結果をシトルで表す(5)。また、方言によってはショルは動作や変化の直前の状態も表す(6)((3)–(6)は北九州方言の例)。

(3) 太郎が歩きよる＜進行＞
(4) 財布が落っとる＜結果＞
(5) a. 太郎が枝を折りよる＜進行＞
　　b. 太郎が枝を折っとる＜(進行・)結果＞
(6) 財布が落ちよる＜直前＞（財布が落ちそうになっている）

標準語や東日本の諸方言のアスペクト形式が存在動詞イルをもとにつくられているのに対し、ショル・シトルはそれぞれ、動詞の連用形＋オル、テ形＋オルからなる。諸方言ではそれぞれ人の存在を表す動詞語彙をアスペクト形式として発展させている（→存在表現）。諸方言のアスペクト体系のバリエーションは、イル・オル・アルのどの存在動詞がアスペクト形式となっているか、また継続的局面（＜進行＞及び＜結果＞）を表す中心的アスペクト形式が1つ（表のA型）もしくは2つか（表のB型）で分類することができる（表は工藤（2014）を参考に作成。△は対応する方言の報告がないことを示す）。

	存在動詞	A型	B型
①	イル	例) 標準語【シテル】	△
②	イル イダ	例) 中田方言(宮城)【ステル・ステダ】	△
③	オル イル	例) 大阪方言【シトル・シテル】	△
④	オル	例) 津方言(三重)【シトル】	例) 福岡方言【ショル】／【シトル】
⑤	アル	例) 八丈方言【シテアロワ】	例) 田辺方言(和歌山)【シヤル】／【シタール】

①は標準語のパターンで、②の地域（東北）を除く東日本に広がっている。②は「いる」に相当する表現にイルとイダを用いる東北地域に見られる。ステル・ステダは恒常性やテンスなどにおける違いはあるが、アスペクト的には違いがない。③は京阪地域に見られるタイプで、存在動詞としてはオルとイルを用い、シトル・シテルも併用するが、それぞれのアスペクト機能における違いはない。④-A型の地域ではシトルのみを用い、このシトルは①のシテイルと同じ用法を持つ。④-B型はショル・シトルの区別をする地域で、西日本に広く広がる。⑤-A型と⑤-B型はそれぞれ八丈島と和歌山県の一部（田辺、新宮）で使われ、人の存在表現にアルを用いる地域で見られるパターンである。なお、同じパターンでも地域ごとに各形式の意味に多少の違いがある。

【琉球諸方言のアスペクト体系】 琉球諸方言では、オル由来の語彙（「ウン」「ブン」など）をアスペクト形式として用いる。首里方言について言えば標準語と同様、主体動作動詞の＜進行＞と主体変化動詞の＜結果＞をソーンという1つの形式（シテオルに相当）で表せるのに対し、主体動作客体変化動詞（「折る」「開ける」など）の＜結果＞の表現については、シェーン（シテアルに相当）を用いる。ただし、主体動作動詞（例：「走る」）や主体変化動詞（例：「落ちる」）がシェーン形となった場合、証拠性の意味が強くなる。また、北

琉球に関しては、スルに相当する機能を持つ動詞の基本形（首里スン）はもともとシオルを由来としており、進行中の動作・変化を表せたが、現在この用法は廃れている。

【アスペクト形式の持つその他の用法】 前項で述べた証拠性の意味を持つシェーンのように、継続的局面を指すアスペクト形式は、しばしば単なるアスペクトに留まらない派生的用法を持つ。たとえば、標準語のシテイルは、「私はもう3回東京に行っている」などのように＜経験＞を表すものや「私は毎日学校に行っている」など、＜習慣＞的に繰り返される動作を表す用法などがある。西日本方言ではトルが＜経験＞、ヨルが＜習慣＞を表すほか、ヨル・トルのアスペクト的対立を失っている地域では、ヨルは目撃性（証拠性の一種）を含意する場合にのみ使われたり、卑罵表現として使われるなど、アスペクト以外の意味の違いで使い分けされていることもある。

【完了表現】 完了表現（パーフェクト）とは、すでに起こった出来事を現在の状態と関連づけるものでアスペクトの一種とされ、そのような含意のない過去表現とは区別される。標準語では「ご飯はもう食べタ」「焼いタ魚」に見られるようなシタが完了用法を持つ。方言においては、東北や八丈島のように過去形を2つ持つ方言では、一方の過去形（例：シタ）がこの用法を持ち、もう一方（例：シタッタ）は現在と切り離された過去を表す。琉球ではいわゆる過去形とされる形が完了用法を持たない場合もある。

【その他のアスペクト形式】 これらのシテイルなどの中心的形式のほか、テイク、テクルやシハジメルなど、出来事の各局面を表し副次的アスペクト形式とされるものがある。

[文献] 日本語記述文法研究会『現代日本語文法3』（くろしお出版 2007）、工藤真由美『現代日本ムード・テンス・アスペクト論』（ひつじ書房 2014） ［林由華］

東歌
あずまうた
Azuma uta

歴史

『万葉集』巻14に収められた230首の歌のこと。同巻20に収められた防人の歌とともに、奈良時代（8世紀前半）の東国（現在の東北・関東を中心とした地域）の歌だとされるが、必ずしも東国方言の方言的要素が多く見られるわけではない。しかし、一般に方言というものが記録に残らないとされる中で、東歌は往時の東国方言の姿を知るための貴重な資料である。なお、左注に、遠江、駿河、伊豆など、当該の歌が詠まれた東国の国名が書かれているものもあるが、多くの歌はどの国の歌であるか不明である。地名などの一部は訓字表記されているものの、基本的に一字一音の音仮名表記である。

東歌・防人歌に反映されている奈良時代東国方言の特徴としては、巻14・3423「**布路**与伎能（降ろ雪の）」などに見られるような、-o終わりの動詞連体形が挙げられる。また、巻14・3533「**可奈思家**之太波（悲しけしだは）」などのように、形容詞連体形語尾が-keであることも注目される。これら動詞連体形-o、形容詞連体形-keは、現在の東京都八丈島方言などに認められる。このことから、八丈島方言などは、奈良時代東国方言の末裔であると考えられている。ただし、八丈方言がかつて色濃く持っていたと思われる東国方言的特徴は、中央方言（畿内方言）の影響によって、かなりの程度失われている（平子・ペラール 2013）。

[文献] 平子達也・ペラール トマ「八丈語の古さと新しさ」木部暢子編『消滅危機方言の調査・保存のための総合的研究』八丈方言調査報告書』47-67（2013）

［平子達也］

育児語・幼児語
いくじご・ようじご
motherese / baby talk
【語彙】

　ワンワン（犬）、ブーブー（車）など、幼児（2歳児まで）と話す時に用いる専用語。一般に「幼児語」と呼ばれるが、幼児をよりたやすくことばの世界に導くために大人が造語したものであり、「育児語」と呼び、たとえば「クチュ（靴）」のように、幼児がその時の言語能力で自らつくるものを「幼児語」として、厳密には区別すべきである。

　「育児語」とするのには、これらの語が単にものやことの記号としてことばを教えるものではないという意味もある。たとえば神仏を意味する育児語（マンマンサン、ノンノンサンなど）がどこでも認められるが、それは幼児に神仏を敬う気持ちを育てるという育児のためである。

　育児語は、「音象徴」としての特質も有している。魚の骨を「イガ・ガガ・ガンガ」などと濁音を含む語形で言うが、これには強い音の響きによって、危険なものであることを幼児に「警告」する意味合いがあると思われる。

　育児語は、一地点で500語程度あるが、その地域性はまだ十分には明らかにされていない。幼児向けとか音象徴という基本的な性格ゆえに、反復語形や使用する音声など共通する点も多いと思われるが、俚言も少なくない。また、全国分布についても、友定（1997、2005）などで概要が示されているが、限られた語に留まる。成人語の分布との関係など興味深い問題も、まだ明らかになってはいない。

［文献］柳田國男『分類児童語彙　上』（東京堂1949）、村田孝次「育児語の研究─幼児の言語習得の一条件として」『心理学研究』31-6（1960）、早川勝広「育児語研究の諸問題　上・中・下」『文教国文学』3、4、6号（1975-1977）、友定賢治編『全国幼児語辞典』（東京堂1997）、小椋たみ子『初期言語発達と認知発達の関係』（風間書房1999）、友定賢治『育児語彙の開く世界』（和泉書院2005）　　　　　　　　　　　　　　［友定賢治］

意志表現
いしひょうげん
volitional expressions
【文法】

　話し手の意志的行為を表現したもの、特に発話時において話し手が自分自身の行為の実行を決定したことを示す表現。モダリティの一種ともされる。標準語では、「明日は畑に行こう」「明日は畑に行く」などに見られるショー（ウ・ヨー形）やスル（動詞無標形）の形式が用いられる。このうち、ショーについては、意志表現として、①意志の表出（例：「もう帰ろう」）、②行為の申し出（例：「荷物、お持ちしましょう」）③行為の提案（例：「そろそろ結論を出そう」）などの用法がある。スルについては、主に行為の宣言（例：「私、今日は帰る」）に用いられ、ショーと異なり、すでに決定済みの意志についても表す（ショーの場合、たとえば「明日は9時に行こう」では、発話時に決定した意志しか表さない）。

　諸方言では、意志表現の形式として、カコー「書こう」（ウ・ヨー形）やカク「書く」（動詞無標形）に類する形式のほか、①動詞無標形に別の要素を付与したもの、たとえば東北と関東の一部に見られるカクカ・カッカ類（カク＋カ）や日本海側を除く関東以北全域に見られるカグベ・カクベー類（カク＋ベー）、②また無標形とは異なる動詞語幹を用いるもの、たとえば沖縄諸島・山陰・東海・秋田県の一部に見られるカカー類（カカ）、長野・山梨西部・静岡西部などのカカズ・カカス類（カカ＋ス）などがある。このほか、たとえば独り言で言う「手紙を書こう」の「書こう」にあたる形式に「書かなければならない」という義務表現の形式を用いる地域もある（カカンバ「書かなければ」熊本など）。

［文献］日本語記述文法研究会『現代日本語文法4　モダリティ』（くろしお出版2003）、大西拓一郎編『方言文法調査ガイドブック3』（国立国語研究所2009）　　［林由華］

位相

いそう
phase

社会

　周期的に変化する値を表す物理学の用語。転じて、話者の属性や場面によって変化することばの様相を表す語として、国語学でも使われるようになった。ことばの個人差と場面差の両方を包括した概念。位相によることばの違いを位相差と言う。

　位相という概念は、社会言語学という研究領域が成立するより早く、1930年代に菊沢季生によって提唱された。方言が主にことばの地域差を指す一方、位相は世代差や性差、階層差、集団語といった社会方言に関することと、待遇意識によることばの使い分けや書きことばと話しことばの違いといった場面差に関することを指して使うのが通常である。

　ある位相に特徴的な語彙を位相語と言う。歴史的なものとしては、武士に特有の「武者ことば」や近世の遊女に特有の「郭ことば」がある。現代では受験生に対する「落ちる」「滑る」などの「忌みことば」や「かしこまりました」などの「接客用語」も位相語の一種である。国語学における位相の研究は、社会言語学の研究と重なる点が多いが、ことばの体系を総合的に捉えるよりも、位相語という語彙の問題を中心に展開してきた点に特徴がある。

　1970年代以降、海外の動向を受けて日本でも社会言語学という研究領域が確立すると、位相や位相語という概念にあたる語として、変種や変異、レジスター、集団語などの語が新たに使われるようになった。しかし、伝統的な国語学の流れを引き継ぎ、位相という語も並行して使われ続けている。

［文献］田中章夫『日本語の位相と位相差』（明治書院 1999）　　　　　　　　　　　　　　　　　［白岩広行］

一段化

いちだんか
ichidanka

文法

　動詞の二段活用が一段活用に変化すること。動詞の活用形を連用形に揃える方向に変化する傾向がある。たとえば、九州東部では「起きる」の未然形・連用形が「オキ」、終止形が「オクル」のように、イ段「キ」とウ段「ク」の二段にわたって現れる。このような活用を二段活用と言う。一方、標準語では「起きる」の未然形・連用形、終止形は、それぞれ「オキ」「オキル」である。いずれもイ段「キ」しか現れていない。1つの段しか現れないので一段活用と言う。一段化とは、連用形「オキ」に揃えるように、「オクル」が「オキル」に変化する形態音韻現象である。この変化によって、「起きる」の語幹は「オキ」の1種類となり、活用体系が安定することになる。

　一段化は「出る」のような下二段活用動詞にも起こり、九州では未然形・連用形「デ」、終止形「ズル」から「デ」「デル」への変化が起こっている。二段活用が残っている地域は、九州・和歌山である。九州では全域で二段活用が保持されているが、和歌山では分布地域が縮小している。

　東日本ではサ行変格活用の一段化も見られる。たとえば、青森・岩手には、終止形が「スル」、未然形が「スネ（ー）」の地域がある。いずれも「ス」という共通の語幹を持つ。また、岩手・福島では、終止形が「シル」、未然形が「シネー」で、いずれも「シ」という語幹が使われ、中部地方・香川・山口では、終止形が「セル」、未然形が「セン」で、いずれも語幹が「セ」になっている。

　カ行変格活用「来る」も、語幹が「キ」「コ」へ一段化する方言がある。たとえば、近畿の未然形「キーヘン」や東北の仮定形「コレバ」などである。

［文献］小林隆『方言学的日本語史の方法』（ひつじ書房 2004）　　　　　　　　　　　　　　　　［有元光彦］

イディオレクト
idiolect
(社会)

　ある一個人の持つことばを指す語。個人語と呼ぶこともある。

　同じ言語、同じ方言の話者であっても、一人ひとりの話者の持つことばの体系は個人ごとに少しずつ異なっている。言語や方言は、それら個人のイディオレクトの集合体として捉えられる。たとえば、日本語という言語は1億を超える話者のイディオレクトの集合体である。個々のイディオレクトには細かな相違点がいくつもあり得るが、ことばによる意思疎通ができるのは共通点の方が多いからである。イディオレクト間の共通点が、その言語や方言の特徴を形づくっている。

　ある方言を調査する場合、小集落の全数調査でもないかぎり、その方言の話者すべてを対象として言語実態を明らかにすることは現実的に不可能である。したがって、限られた人数の話者を選んで調査対象にするのがふつうである。この時得られる調査結果は、あくまで個人のイディオレクトの反映である。

　イディオレクトは、地域差のほか、世代差や性差、家庭環境、個人の性格など、さまざまな要素によって異なるから、特定の話者から得られた調査結果をその方言の特徴として一般化するのには慎重でなくてはならない。方言の研究にあたっては、多様かつ多数の話者を対象に調査して一般化を裏付けるか、あくまで個人の事例と割り切ってイディオレクトとしての記述に徹するなどの方法が求められる。また、イディオレクトを分析するためには、その個人の社会的属性を可能な範囲で詳しく把握する必要がある。

[文献]「個人語」亀井孝・河野六郎・千野栄一編『言語学大事典　第6巻　術語編』(三省堂 1996)　[白岩広行]

忌みことば
いみことば
taboo word
(語彙)

　古来、縁起をかついで、または人への気づかいとして、ある場面で縁起がよくないことを連想させる表現を避ける習慣がある。そのような習慣に関わる表現、ないし表現の仕方のこと。他に、禁句やタブーと呼ぶこともある。具体的には、次のような例がある。

・宴会や会合の終わりを「終わり」ではなく、「お開き」と言う。
・鏡割りを「割る」ではなく「開き」にし、「鏡開き」と言う。
・「するめ」「すり鉢」を「する」に通じるので、「あたりめ」「あたり鉢」と言う。
・「葦(あし)」が「悪し」に通じるので「よし」と言う。

　忌みことばは、連想させる表現自体(「終わり」や「する」など)を指すこともあれば、それを置き換えた後の表現(「お開き」や「あたり」など)を指すこともある。また、「死」を連想させるために「四(し)」と読まず「よ」「よん」と読む、というように読み方を変える場合や、言い換えることばがない場合は使わないという選択肢を選ぶなど、さまざまな場合がある。

　忌みことばには地域特有の言い回しも多い。たとえば「死ぬ」ということばは、移動系の語の「スグ」「ハシル」「マイル」や、転倒系の語「マロブ」「コケル」などに置き換えられる。青森には「お山さ行ぐ」という忌みことばがある。この「お山」は、地元の霊山「恐山」を指し、「あの世への入り口」とも言われる恐山に向かうことをたとえにして「死ぬ」という表現の代わりとしている。また、マタギの山ことばや漁師の沖ことばなど、特定の職業にも忌みことばがあり、そこにも地域差がある。

[文献] 楳垣実『日本の忌みことば』(岩崎美術社 1973)
[中西太郎]

意味論
いみろん
semantics
`文法`

言語の意味に関する側面を研究する言語学の一分野。語用論も言語の意味を扱うが「言外の意味」を扱うとされ、「文字通りの意味」を扱う意味論とは異なる分野とされる。

まず、言語の意味と言っても意味論は、たとえば「子ども」という名詞や「眠る」という動詞などが、現実世界のどのような個体や動作であるかを詳細に分析することはしない。これらは単純に「『子ども』という特徴を持つ個体の集合」、「眠っている個体の集合」として扱う。「子どもであること」「眠るという動作」の意味を詳細に研究するのは、言語が関わる側面に限っても、哲学や辞書学である。

ある言語の母語話者は、その言語の任意の文（平叙文）がいつ真（true）でいつ偽（false）であるか、すなわち真理条件（truth-condition）に関する直感（真理条件的直観（truth-conditional judgment））を持っており、（真理条件的）意味論はこれと言語形式の対（pair）を主なデータとして扱う。具体的な文(1)と(2)の意味論的な関係を考えよう。
(1) RAC745が石垣を出て、与那国に着いた。
(2) RAC745が石垣を出た。

日本語の母語話者は、現実世界でどんなことが起こっているのかにかかわらず、(1)が真である時(2)が必ず真である（「(1)は(2)を論理的に含意する」((1) entails (2))と言う）という直感を持っている。換言すると日本語の母語話者は、ある特定の日にRAC745という便名で識別される飛行機が、石垣空港を出発したかどうかや与那国空港に着陸したかどうかを確かめることなく、(1)が真であるならば(2)が必ず真であると分かる。意味論は母語話者がこのような直感を持つことを説明することを1つの研究目的としている。

(1)(2)の文字通りの意味すなわち真理条件は、命題論理を用いて(3)(4)のように表現される。1は「真」、iffは論理的に同値であることを示す「ときまたそのときに限り（if and only if、日本語の略語は「ときり」を使う）」を表す。空港名には空港コードを用いている。
(3) 1 iff RAC745 left ISG & RAC745 arrived at OGN
(4) 1 iff RAC745 left ISG

(3)が(4)を意味論的に含意していることは論理記号「&」の意味から分かる：「&」で結合された2つの命題の両方が真のとき、命題全体が真である。すなわち(3)が真である時は、「&」の左にある命題（＝(4)）も必ず真である。このように、文の意味を真理条件とすると、先述の母語話者の直観を捉えることができる。

意味論は多くの場合、文の意味を基本的な研究単位とし、上述のような文と文の間の意味的な関係のほか、文の意味から推測できる句や語の意味も分析する。現代形式意味論が探求している最も重要な仮説の1つに、文の意味は合成的（compositional）に得られるというものがある。端的に言うと、文の意味はその構成要素とそれらの合成によってのみ得られるという仮説である。

たとえば(2)の真理条件は、言語表現（linguistic expressions）「RAC745」が指示する（refer）個体（entity, individual）が、言語表現「石垣空港を出た」が指示する集合（set）に含まれるとき真、と言い換えることができる。「石垣空港を出た個体の集合」を、ラムダ演算子を用いて特性関数（characteristic function）(6)と表現すると、以上は一般的に(5)〜(7)のように表現される。
(5) ⟦RAC745⟧ = RAC745
(6) ⟦石垣空港を出た⟧ = λx. left-ISG(x)
(7) ⟦RAC745が石垣空港を出た⟧
　= 1 iff ⟦石垣空港を出た⟧(⟦RAC745⟧)
　= 1 iff [λx. left-ISG(x)](RAC745)
　= 1 iff left-ISG(RAC745)

［文献］田中拓郎『形式意味論入門』(開拓社 2016)

［山田真寛］

依頼表現
いらいひょうげん
request expressions
【文法】

　聞き手の行為を要求する表現に、依頼、命令・禁止、誘い、助言・忠告表現などがある。依頼表現は、話し手の行為を伴わず、行為の決定権が聞き手にあり、話し手にとって利益になる聞き手の行為を要求するという特徴を持つ。

　標準語で依頼を表す典型的な形式としては、「手伝って｛くれ／ください｝」などの「してくれ」「してください」がある（狭義の依頼表現）。ただし、実際には、動作の実行をせまられる聞き手の心理的負担をやわらげるため、さまざまな表現を用いて依頼を表している（広義の依頼表現）。たとえば、「ちょっとすみませんが、手伝ってくださいませんか」のように、否定疑問文「｛ん／ない｝か」にしたり、前置き表現「すみませんが」をつけたり、さらに「手を合わせ、申し訳なさそうな表情を作る」などの非言語メッセージも駆使することがある。また、依頼表現に先行して、「荷物が重くて持ち上げられないんです。」のような状況説明を組み合わせて依頼発話を成したり、依頼発話の前に「ちょっとよろしいでしょうか？」といった状況確認のやり取りをして、一連の依頼の談話をなしたりすることもある。依頼表現の研究は、こういった依頼をなすための要素すべてが射程に入る。

　狭義の依頼表現の地域差やその分布を元にした形成過程の解明、依頼発話の地域差（篠崎・熊谷2006、小林2014）などがある。

［文献］熊谷智子・篠崎晃一「依頼場面での働きかけ方における世代差・地域差」国立国語研究所『言語行動における「配慮」の諸相』（くろしお出版2006）、小林隆「配慮表現の地理的・社会的変異」野田尚史ほか編『日本語の配慮表現の多様性 歴史的変化と地理的・社会的変異』（くろしお出版2014）　　　　　　　　［中西太郎］

因子分析
いんしぶんせき
factor analysis
【調査】

　観測変数が、直接測定できない要因（共通因子）の影響を受けて決定すると考える、多変量解析法の1つ。たとえば、国語、数学、英語、理科、社会の5教科の試験結果（観測変数）において、試験結果を説明する共通因子を仮定し、「理系的能力」、「文系的能力」といった背後にある要因を見つけ出す。

　因子分析は計算が複雑であるため、通常は統計ソフトを利用する。仕組みを知らなくても結果が得られるため、注意が必要である。

　因子分析のモデルでは、それぞれの変数が共通因子のほかに独自因子（誤差のように扱われる）の影響を受けると考える。

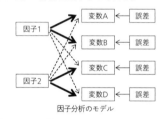
因子分析のモデル

【因子負荷量と寄与率】各因子の変数への影響力を因子負荷量と言う。−1から1の間の値をとる。因子負荷量を二乗和した値は、共通因子によって説明される割合（共通性）で、残りは独自因子の影響（独自性）となる。共通性と独自性の合計は1である。

　寄与率は、各因子がどの程度変数についての説明ができるかを表す。寄与率を合計したものを累積寄与率と言い、抽出した因子数でどれだけの説明力があるかを表している。

【因子の抽出】因子の抽出法には、主因子法、最尤法（さいゆうほう）、最小二乗法、主成分法などがあり、近年は最尤法が多く用いられる。抽出する因子数は、固有値1以上、一定の累積寄与率などの客観的な数値からも決定できるが、因子数が多いと解釈が困難になるため3〜5因子

で試す方法もある。

【因子解釈】計算によって得られる初期の解からは因子の解釈は難しい。なるべく変数ごとに1つの因子が対応するようにすることで因子の解釈が容易になる。そのために因子の軸の回転を行う。回転には直交回転と斜交回転がある。直交回転は、因子間の相関はないが、斜交回転の場合、因子間に相関が生じるため寄与率を求めることができない。

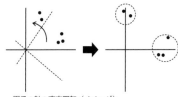

因子の軸の直交回転（イメージ）

因子の解釈は、高い因子負荷量を持つ変数グループの特徴から総合的に判断する。

変数	因子1	因子2
A	0.854	0.234
B	0.756	-0.103
C	0.664	-0.095
D	-0.034	0.739
E	0.104	0.651

回転後の因子負荷量（イメージ）

各ケースの因子ごとの重みを因子得点と言う。因子の解釈が変数だけでは難しい場合、因子得点と各ケースの特性を手がかりに因子の解釈を進めるとよい。また因子得点からケースの分類も可能である。

【評定の段階数と量的変数】社会言語学における言語意識調査などでは、「よく使う」「やや使う」「どちらでもない」「あまり使わない」「使わない」のような順序尺度による評定が行われる。因子分析は量的変数に対して用いる分析法だが、評定の段階数が多い場合（主に5段階以上）、間隔尺度すなわち量的変数と見なして因子分析を適用することが多い。

[文献] 松尾太加志・中村知靖『誰も教えてくれなかった因子分析―数式が絶対に出てこない因子分析入門』(北大路書房 2002) ［鑓水兼貴］

イントネーション
intonation

音調

句や文あるいは発話におけるピッチ変化の言語的な使用。同じくピッチに基づく言語的単位である声調やアクセントとは異なる。声調やアクセントは、特定の音節や語と結び付き、語の意味の区別に関与し得る。たとえば標準語における「箸」と「橋」は同一の分節音で構成されるが、高ピッチの配置の違いで区別される。このようなピッチ特徴は、語に結び付いているので、アクセントである。一方イントネーションは、語より大きな単位に結び付き、語の意味には関わらない。たとえば「雨は止んだ？」（疑問）と「雨は止んだ。」（平叙）において、前者の発話末にはピッチの上昇があること、後者にはそれがないことにより、疑問と平叙とが区別される。このようなピッチ変化の使用がイントネーションの一例である。もっとも、日本諸方言の場合、あるピッチ変化が語に結び付いているとも、句や文に結び付いているとも言えるような境界的な事例がしばしば観察され、アクセントとイントネーションの峻別は常に容易である訳ではない。

【機能】イントネーションの機能はさまざまである。(1)その1つが発話意図の伝達であり、前述の平叙と疑問の区別はそれにあたる。(2)フォーカス（焦点）の表示も主要な機能の1つである。「宮本武蔵が勝った。」という文は、佐々木小次郎ではなく宮本武蔵が勝ったという意味で発話する場合と、負けたのではなく勝ったという意味で発話する場合とでピッチパタンが異なる。(3)統語構造の違いによってもイントネーションが異なることがある。この場合、イントネーションには統語構造の違いを表示する機能があると言うことができる。たとえば「格好良いお父さんのスーツ」では、［［格好良いお父さんの］スーツ］という統語構造（お父さんが格好良い）と［格好良い［お父さんのスーツ］］という統

語構造（スーツが格好良い）とでピッチパターンが異なる。(4) 発話の継続・終了を表す機能もある。発話が終了する時に発話末のピッチが低下する現象はあらゆる言語に観察される。また、発話が終わらず継続していることを示すために、標準語では、句末のピッチが高められたり、上昇下降調が用いられたりする。なお、話し手の感情や精神状態がピッチによって伝達されることがあるが、このような非言語的なピッチの変動は、イントネーションに含めないのがふつうである。

【音調句と句末音調】概して、日本諸方言のイントネーションは、音調句形成と句末音調によって記述できる。発話はイントネーションによっていくつかの部分に分割することができるが、この過程が音調句形成であり、分割された部分を音調句と呼ぶ。たとえば、「格好良いお父さんのスーツ」のように全体を1つの音調句にまとめることも、「格好良い／お父さんのスーツ」のように2つの音調句に分割することも可能である。音調句の境界を示すはたらきをするピッチパタンは句音調と呼ばれる。句音調は方言ごとに異なる。標準語を含め、多くの日本語方言では、句頭のピッチ上昇によって音調句境界が示される。音調句形成はフォーカスや統語構造とよく相関する。音調句形成を支配する原理の大部分は諸方言に共通しているが、方言差もある。

句末音調とは、音調句末に局所的に生じるピッチ変化のことである。標準語の一定の疑問文に生じるピッチ上昇がその典型例である。どのような句末音調がいくつ存在するかは方言ごとに異なる。句末音調は、発話意図や発話の継続・終了の表示などに主として用いられるが、フォーカスや統語構造の表示にも用いられ得る。句末音調の機能にも方言差が観察される。たとえば伝統的な鹿児島方言では、疑問文に上昇調を用いない。

[文献] 郡史郎「日本語のイントネーション―型と機能」『日本語音声2　アクセント・イントネーション・リズムとポーズ』(三省堂 1997)　　　　[五十嵐陽介]

インフォームドコンセント
informed consent
調査

　十分に情報を得た上で合意すること。医療現場において医療従事者が患者や家族に対して病状や治療方法を十分に説明し、それを受けて患者や家族が自らの意志で合意を行うことをいう場合が多いが、言語の調査・実験においても、事前の説明とそれに基づく合意が必要である。

【提示すべき情報】言語の調査・実験において被調査者・被験者に示すべき主な情報は次のとおりである。①調査・実験の目的・意義。②方法。③場所、時間、期間。④実施責任者。⑤参加の任意性。⑥危害・健康被害・痛み等の不快な状態等が発生する可能性とそれへの対応。⑦調査により不利益が生じることがないということ。⑧個人情報の取り扱い。⑨データの公開と研究成果の公表。⑩謝金・謝礼。⑪問い合せ・苦情等の連絡先。①〜④は必須項目である。⑤には調査・実験の開始後でも参加を取りやめることができるという内容を盛り込む。⑥には1回の調査・実験の時間に対する配慮、予想される身体への負担とそれへの対応のしかた等を盛り込む。⑦の不利益とは、調査・実験に参加する（参加しない）ことにより後のケアに不利益が生じることがないということである。医療の場合は必須の項目だが、言語の場合も、もしこのようなことがあれば盛り込む必要がある。⑧については個人情報の管理方法を（→フェイスシート）、⑨についてはデータの公開方法と研究成果の公表方法を盛り込む。

【同意書】以上の内容を説明した後、被調査者・被験者に参加の意志を確認し、参加同意書にサインしてもらう。その後、調査を開始する。なお、インフォームドコンセントと同意書の内容は、事前に調査者が所属する組織の倫理委員会に諮り、許可を得る必要がある。

[木部暢子]

ヴォイス
voice

文法

　動詞の形態法に関する文法カテゴリーの一種で、動詞が選択する名詞句の格形式を左右する形態法。日本語では「態」と訳される。異なるヴォイスでは同じ意味役割の名詞句が異なる格形式で表される。能動態「先生が学生を褒めた」では動作主「先生」は主格助詞「が」でマークされ、対象「学生」は対格助詞「を」でマークされる。一方、同じ出来事を受動態「学生が先生に褒められた」で表す場合は、動作主「先生」は与格助詞「に」でマークされ、対象「学生」は主格助詞「が」でマークされる。

【接尾辞を使った3つのヴォイス】日本語の標準語には接尾辞を用いたヴォイスが3つある。受身（接尾辞は-(r)are）、使役（接尾辞は-(s)ase）、可能（接尾辞は -e/rare）である。受身文では能動文の主語が与格助詞「に」または複合格助詞「によって」で表され、能動文の目的語が主格助詞「が」で表される。使役文では、行為者である使役者が主格で表され、能動文の主語に対応する要素である被使役者が対格助詞もしくは与格助詞で表される（太郎が二郎｛を／に｝行かせる）。被使役者の格標示を左右する要因としては動詞の他動性と被使役者の意志が指摘されている。たとえば、与格助詞「に」は対格助詞「を」に比べて被使役者（二郎）の意志性が強い。可能文では、能動文の主語に対応する要素（S）と目的語に対応する要素（O）の格標示に関して3つのパターンがあることが指摘されている。Sが与格助詞「に」でマークされ、Oが主格助詞「が」でマークされるパターン（太郎に英語が話せる（こと））、Sが主格助詞でマークされ、Oも主格助詞でマークされるパターン（太郎が英語が話せる（こと））、そして能動文と同様にSが主格助詞でマークされ、Oが対格助詞「を」でマークされるパターン（太郎が英語を話せる（こと））である。最後のパターンは格形式と意味役割の対応関係が能動文と同じであり、態としての性質を欠いている。可能文には、「することができる」という補助動詞を用いたものもある。

　接尾辞を用いる3つの態のうち受身と使役は、接尾辞の形式などにバリエーションがあるものの標準語に類似する形式が全国の方言で用いられている。ただし、受身文と使役文が表す意味的な範囲には地域的なバリエーションがある。たとえば、使役の項にあるように、首里方言では標準語の間接受身文とテモラウ型受益構文が表す内容を使役文で表すことがある（當山2013）。

【可能文の多様性】可能文は述部の構成に関しても格枠組みに関しても地域的なバリエーションがある。東北地方と北海道では「動詞終止・連体形＋（ニ）イー」という述語で状況可能を表すことがある。能力可能に関しても、近畿地方の「ヨー＋動詞」、九州地方北部の「動詞連用形＋キル」、「動詞連用形＋エル」といった述語が用いられる。これらの可能表現では、能動文の主語が斜格化せず主格のままである傾向があり、ヴォイスとしての性質がない（「太郎が書く」に対し、「太郎がカクニイー」「太郎がヨーオヨグ」「太郎がカキキル」）。

【願望文】願望文もヴォイスとしての性質を示すことがある。願望文では、述部が「動詞連用形＋タイ」であり、形容詞と同様の活用をする。動詞が単独で用いられる場合と同じ格形式をとる場合（私は冷えた水を飲みたい）と目的語が主格でマークされ二重主格になる場合（私は冷えた水が飲みたい）がある。後者の格枠組みで用いられる場合、名詞句が異なる格形式で表されるので、願望文はヴォイスとしての性質を示す。

【補助動詞を使ったヴォイス】補助動詞を使った構文でヴォイスとしての性質を備えているのは、標準語の場合、受益構文「てもらう」・「てくれる」・「てやる」と希求構文「てほしい」である。受益構文は、動詞が単独で用い

られる場合とは異なる格形式と意味役割の対応が見られたり、新しく項が加わったりするのでヴォイスとしての性質を持つ構文と考えることができる。たとえば「孫が新聞を読んだ」と「彼は孫に新聞を読んでもらった」を比べた場合、前者では動作主「孫」が主格助詞でマークされ、後者では与格助詞「に」でマークされている。また、後者には前者にはない受益者「彼」が導入されている。「孫が新聞を読む」と「孫が私に新聞を読んでくれた」を比べた場合、後者には前者にはない受益者「私」が導入されている。希求構文には2つの格枠組みがあり、動詞の主語が主格助詞でマークされる場合と与格助詞でマークされる場合がある（例：私は彼｛が／に｝来てほしい）。

希求構文にも地域的バリエーションがあることが知られている。標準語でも用いられる「てほしい」は西日本で優位な表現であり、東日本の伝統方言では「てもらいたい」が優位であったことが指摘されている（真田1980）。

【ヴォイスと他の文法カテゴリー】ヴォイスの性質を持つ形態素が他の文法カテゴリーの性質を併せ持つことがある。たとえば、接尾辞 -e/rareによって派生する可能は、格枠組みの観点からヴォイスの性質を持つとともに、意味的には可能というモダリティを表す。

ヴォイスとアスペクトの性質を兼ね備えた構文としては、結果構文と逆使役構文を挙げることができる。たとえば、「母が庭に布団を干した」では対象「布団」が対格助詞「を」でマークされているが、「庭に布団が干してある」という結果構文では対象「布団」は主格助詞「が」でマークされている。「干す」の動作主は結果構文では出現することができない。なお、「てある」という述部を持つ結果構文がヴォイス的性質を示すのは東日本に典型的に見られる現象であり、西日本では結果構文が格枠組みの変化をもたらさない方言もある（例：「太郎がケーキば作ットー」（福岡方言）、「太郎、ケーキ、作ッタール」（ウチナーヤマトゥグチ）、工藤・八亀2008）。

東北地方・北海道と関東地方の一部で用いられている自発接尾辞 -(r)asar / -(r)arには逆使役の用法があることが知られている。語彙的アスペクトをダウティ（Dowty 1979）流に状態（state）、行為（activity）、到達（achievement）、達成（accomplishment）に4分類した場合、他動詞と逆使役で派生した自動詞のアスペクト特性は達成と到達に対応する。逆使役は格枠組みの変化を引き起こす点でヴォイス的であると同時にアスペクト特性を変える機能も併せ持っている。

【語彙的自他対】自動詞と他動詞の対もヴォイス的な性質を持つものと見なされることがある。語彙的自他対応のあり方には他動詞が有標な使役型（causative, 例：ak-u/ake-ru）、自動詞が有標な逆使役型（anticausative, 例：ore-ru/or-u）、自他双方が有標な両極型（equipollent, 例：mawar-u/mawas-u）、1つの動詞が自動詞としても他動詞としても用いられる自他同形型（labile, 例：tozi-ru）、自動詞と他動詞が語根を共有しない補充（suppletion, 例：sin-u/koros-u）の5つのタイプがある。自他動詞対の中には方言によって異なるタイプに属するものがある。「教える／教わる」は標準語では両極型（語幹の長さで比べると自動詞有標型）だが、首里方言ではnara-juN/naraas-uNであり、使役型である（佐々木・當山2015）。

[文献]真田信治「語法上の"ゆれ"の地理的背景」『言語生活』342 (1980)、工藤真由美・八亀裕美『複数の日本語　方言から始める言語学』（講談社2008)、當山奈那「沖縄県首里方言における使役文の意味構造」『日本語文法』13-2 (2013)、佐々木冠・當山奈那「日本語族における他動性交替の地域差」パルデシ プラシャント・桐生和幸・ナロック ハイコ編『有対動詞の通言語的研究』（くろしお出版2015） ［佐々木冠］

受身
うけみ
passive

文法

　能動文の主語が降格し直接目的語などが主語に昇格するヴォイス。能動文の主語が降格する点で受身は逆使役と同様である。

　日本語の受身には直接受身と間接受身がある。両者とも述語が語幹と受身接尾辞（-(r)areなど）によって構成される。直接受身では主語が動詞の内項に対応する（太郎が花子になぐられた←花子が太郎をなぐった）一方、間接受身では主語が動詞の内項以外の要素に対応する（佐々木が清原にホームランを打たれた←清原がホームランを打った）。間接受身は「傘を持たずに外出した人たちが雨に降られた」のように自動詞からも形成できる。

　間接受身文は、受益性においてテモラウ型受益構文と対立する。「花子が太郎に前の席に座られた」では、花子は太郎の行為により迷惑を被ったことが含意され、「花子が太郎に前の席に座ってもらった」では、花子は太郎の行為の受益者と解釈される。間接受身文とテモラウ型受益構文は参与者が1つ増える点で使役文と共通している。

　受身の形式上の地域的変異としては降格した動作主の格形式と述語の語構成が挙げられる。中央方言の多くでは降格した動作主は「に」、「によって」で表されるが、「から」「にかって」などの形式で表す地域が東北地方と九州にある。

　/r/が母音間にない受身接尾辞-(r)aeが東北地方に分布し（kagaeru、書かれる）、受身述語がkakarut（書かれる）などの二段活用を継承した形式になる地域が九州地方に分布する。標準語の変格活用動詞の受身述語はカ変が未然形接続のko-rare-ru、サ変がs-are-ruだが、連用形接続のki-rare-ru、si-rare-ruなどの形式が各地に分布している。

　　　　　　　　　　　　　　　　[佐々木冠]

ウチナーヤマトゥグチ
uchinaa yamatoguchi

社会

　伝統的な沖縄諸方言と日本語諸方言との接触によって、言語が混交していく過程で第一言語（沖縄諸語）の影響を受けて生まれた新たな言語変種。世代を越えて継承されている。この言語は接触言語として、現行のいずれの概念とも異なる特徴がある。また、「ウチナーヤマトゥグチ」が「沖縄大和口」に対応する俗称である点に留意しなければならない。

標準語の影響が語彙・文法・音韻のさまざまな形で観察され得るが、ウチナーヤマトゥグチの場合、西日本方言の影響が見られる。たとえば、ウチナーヤマトゥグチでは、「あの子は英語話シキレルヨ」のように能力可能を「シキ(レ)ル」の形式で表現する。標準語の「しきる」は「料理を全部たべきった」のように完了の意味を表し、能力可能の意味を表さない。これに対し、九州方言では「タベキル（食べることができる）」が能力可能の意味で用いられる。このことから、ウチナーヤマトゥグチの「シキ(レ)ル」には、九州方言の影響があると考えられる。沖縄語がもともと「サリーン」（条件可能）と「シユースン」（能力可能）の2つの区別を持っていたことも要因の1つとして強く働いている。

　奄美、宮古、八重山地域にも、伝統的な方言と日本語との接触言語が存在し、それぞれウチナーヤマトゥグチとは異なる言語的特徴を持つ。たとえば、ウチナーヤマトゥグチの「あいつが食ベヨッタ（あいつが食べるのを私は見た）。」のような直接証拠性を明示する「ショッタ」形式は、宮古八重山では用いない。また、琉球列島から本土各地に移住した人々の言語接触も想定する必要がある。さらに、ハワイにおける琉球諸語とウチナーヤマトゥグチと英語の接触言語、南米における琉球諸語とウチナーヤマトゥグチとスペイン語やポルトガル語の接触言語がある（→ピジン・クレオール）。

　　　　　　　　　　　　　　　　[富山奈那]

S字型モデル
えすじがたもでる
S-curve model

社会

ある事象の普及率の変化を時系列で見た場合、S字型の曲線にあてはまるように変化が進むとするモデル。S字カーブモデルとも呼ばれる。初期は緩やかに普及し、一定以上普及すると急激に加速し、最後は再び緩やかになる。"slow quick quick slow"と表現される。

【言語変化現象への適用】言語変化現象の説明には、よくS字型モデルが使用される。たとえば一部の語彙で変化した現象が語彙全体に波及する語彙拡散（lexical diffusion）においてはS字型曲線状に変化が広がるとされる。

また、ある言語現象の普及・衰退過程にもS字型モデルが使用される。国立国語研究所が山形県鶴岡市で実施した経年調査においては、音声・音韻31項目の標準語使用率がS字型の曲線で変化している。

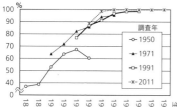

山形県鶴岡市における音声・音韻項目の共通語化（国立国語研究所・統計数理研究所 2014より）

【数理的分析】S字型モデルは、調査結果として表れるというだけでなく、S字曲線を描く数式に近似させることにより、今後の予測を行う数理的分析が可能となる点で重要である。特にロジスティック曲線を用いたロジスティック回帰分析が多く用いられる。

[文献] 真田治子「言語変化のS字カーブ— 解析手法の比較とその適用事例」『埼玉学園大学紀要 人間学部篇8』(2008)、『第4回鶴岡市における言語調査 ランダムサンプリング調査の概要 資料編：第1分冊「音声・音韻」編』(国立国語研究所・統計数理研究所 2014)　[鑓水兼貴]

N型アクセント
えぬけいあくせんと
N-pattern prosodic system

音調

語や文節の長さが増えてもアクセントによる対立数が一定数以上増えないアクセント体系のこと。上野善道によって提唱された。語声調との類似点も多いがこれとは区別される。

鹿児島方言はN＝2の二型アクセント方言である。語の長さにかかわらず、最後が下降する型（A型）と最後が上昇する型（B型）の2種類しかない。

A 「葉」「鼻」「女」　「蒲鉾」　　「肋骨」
　 ハ､ ハナ､ オナゴ､ カマボコ､ アバラボネ
　 F　 HL　 HL　　 HL　　　 HL

B 「歯」「花」「男」　「朝顔」　　「喉仏」
　 ハ､ ハナ､ オトコ､ アサガオ､ ノドボトケ
　 H　 H　　H　　　H　　　　H

（上線は高く発音すること、\は下降、Hは高、Lは低、Fは下降を表す。）

【N型アクセントの特性】N型アクセント体系を持つ方言に見られる特徴に文節性がある。文節性とは「自立語＋付属語」が1つの単位となってアクセントが実現し、付属語自体にアクセントの対立が認められないような性質である。たとえば、鹿児島方言では、名詞（鼻・花）と助詞が1つの単位になり助詞のアクセントは実現しない。A型とB型はアクセント型を指す。

A 鼻: ハナ ハナガ ハナカラ ハナカラモ
B 花: ハナ ハナガ ハナカラ ハナカラモ

九州の二型アクセントにおける特徴的な現象に複合アクセント法則がある。複合アクセント法則とは複合語のアクセント型が前部要素のアクセント型を引き継ぐというものである。たとえば鹿児島方言ではハナワ（鼻輪）、ハナミズ（鼻水）、ハナヅマリ（鼻づまり）のように前部要素がA型ならば複合語全体もA型、ハナワ（花輪）、ハナヨメ（花嫁）、ハナ

マツリ(花祭)のように前部要素がB型ならば複合語全体もB型になる。ただし長崎方言や天草市本渡方言のように一定条件下で複合アクセント法則に従わない方言も報告されている。そのため、複合アクセント法則はN型アクセントの一般的な特性とは見なされない。

【N型の種類】日本の方言におけるN型アクセントは一型、二型、三型の3種類が報告されている。一型アクセント体系は宮崎県都城市・小林市近辺に分布する。小林市方言では文節末の音節のピッチが上昇するのが一般的である。一型アクセントと無アクセントの違いとして一定したピッチ特徴があるかないかを挙げることもあるが、最も大きな違いはアクセント実現の単位が融合するかどうかである。たとえば次に示すように、一型アクセントの方言では「AのB」は必ず2つの単位で実現するのに対し、無アクセントの方言では統語構造やフォーカスによって1つの単位に融合して実現することもある。

一型:(ヤマダノ)(イモート)
　　 *(ヤマダノイモート)
無型:(ヤマダノ)(イモート)
　　 (ヤマダノイモート)

二型アクセント体系はアクセント実現の単位(語や文節)における下降の有無が対立し、鹿児島方言のように下降する型をA型、下降しない型をB型とすることが多い。二型アクセント体系の多くは九州の西南部に見られるが、このほかに琉球方言や福井県などで報告されている。

三型アクセント体系を持つ方言は島根県隠岐島において報告されていたが、2010年代に入り福井県や南琉球において報告された。福井県の三型アクセントは下降の有無のほかに上昇ないしは下降の位置が問題となる。琉球方言の三型アクセントのうち宮古池間・多良間方言は語や文節(名詞+助詞)単位では記述できない点が大きな特徴と言える。

[文献] 上野善道「N型アクセントとは何か」『音声研究』16-1(2012)　　　　　　　　　　[松浦年男]

応答表現
おうとうひょうげん
backchannel responses
【文法】

対話において先行する発話に対する反応を示す表現。聞き取り表示の「相づち」と「先行発話への態度表明」との2つに分けられる。たとえば、

「すみませんが、(A1:はい)今日は(A2:はい)止めましょうか(A3:はい)」

でのA1、A2の「はい」は聞き取りが成功していることを示す「相づち」である。一方、A3の「はい」は、相手のまとまった情報に対しての態度表明であり、肯定の認定にもなっている。

態度表明としての応答表現には、「はい」「うん」「いいえ」「まあ」のような応答詞と呼ばれる感動詞と、それに共起したり、その代わりに使われたりする、(「ちょっと待って」に対する)「いいですよ」、(「寒いね」に対する)「そうだね」のような態度表明的な述部定型表現がある。態度表明的な応答表現には、承諾、拒否、未知情報への接触、肯定、否定などさまざまな表現がある。また、頷きや笑いなどの非言語表現が応答になることもある。

国立国語研究所1999には、肯定、否定の応答辞の全国的分布が示されている。その他、形態的バリエーションや、肯否を担う部分の差(応答詞か続く述部か)、かぶさる音調に着目して分析、類型化する試みも行われている(友定2010)。また、「ナーン(富山)」のように、応答以外に使われる用法の広がりを把握する研究もある(小西2015)。

[文献] 国立国語研究所編『方言文法全国地図4』(大蔵省印刷局1999)、友定賢治「応答詞の地域差」小林隆・篠崎晃一編『方言の発見』(ひつじ書房 2010)、森山卓郎「応答」『日本語文法事典』(大修館書店 2014)、小西いずみ「富山市方言の「ナーン」否定の陳述副詞・応答詞およびフィラーとしての意味・機能」友定賢治編『感動詞の言語学』(ひつじ書房 2015)　　　[中西太郎]

オ段長音の開合
おだんちょうおんのかいごう
kaigō

音韻

現代標準語におけるオ段長音は、歴史的に見ると、古代日本語におけるアウ・カウ・アフ・カフ由来のもの（開音）と、オウ・コウ・オフ・コフ・オホ・コホ・エウ・ケウ・エフ・ケフ由来のもの（合音）とがある。現代標準語においては、これらは区別されず、すべて同じオ段長音である。一方、ロドリゲスの『日本大文典』においては、開音と合音とが表記しわけられており、少なくとも中世以前には両者が異なる発音であったことが知られている。『日本大文典』の記述に基づき、前者は「ヒロガル『オ』」、後者は「スバル『オ』」と呼ばれることもある。江戸時代には、オ段長音の開合について表記上の混乱が見えるようになり、上方では18世紀に入る頃には開合の別が失われたと考えられる。

『日本大文典』に反映された開音と合音の音価の違いについては、従来、開音 [ɔː]、合音 [oː] という開口度の違いとされていたが、豊島（1984）は、円唇性の有無の違いであったとしている。

【方言に残る開合の別】現代標準語においては、オ段長音の開合の別が失われているが、両者の区別を残している方言は各地に見られる。

まず、開音が [ɔː]、合音が [oː] という形でその区別が見られる方言が、新潟県中部にある。たとえば、「湯治」（歴史的仮名遣いで「タウヂ」）は [tɔːdʒi] である一方、「冬至」（同じく「トウジ」）は [toːdʒi] である。『日本大文典』における開合の音価が開音 [ɔː]、合音 [oː] だと推定される根拠の1つとして、新潟方言における発音が挙げられる。

京都府奥丹後から兵庫県但馬地方、鳥取県全域、島根県出雲地方及び隠岐島の諸方言においては、開音が [aː]、合音が [oː] という形で開合の区別が保たれている。「だろう」（歴史的仮名遣いで「ダラウ」）は [daraː] である一方、「十」（同じく「トフ」）は [toː] である。

福岡県北部を除く九州のほぼ全域においては、開音が [oː]、合音が [uː] という形で開合の別が保たれている。琉球列島の多くの方言や、新潟県糸魚川市、佐渡島の一部の方言にも同様の形での開合の区別が見られる。ただし、佐賀・長崎・宮崎・鹿児島の4県における「笑う」「払う」「習う」などの「アウ」は開音に対応するにも関わらず、例外的に合音相当の [uː] で現れる。そのほか、波照間島方言で [a]／[uː] であるなど、開合の別の保たれ方にも地域的変異が見られる（上野編 1989. 下図は同 P.17から）。

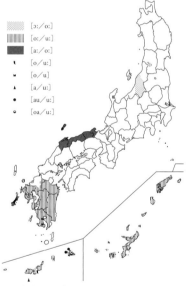

開合（歴史的仮名遣いアウ・アフ／エウ・エフ・オウ・オフ・オホ）の区別

[文献] 豊島正之「「開合」に就て」『国語学』136（1984）、上野善道編『日本方言音韻総覧』『日本方言大辞典　下』（小学館 1989）

［平子達也］

音韻史
おんいんし
historical phonology

音韻

言語の歴史的な変化のうち、音声面で起こるものを音韻変化と言い、音韻変化の連続として記述されるものを音韻史と呼ぶ。一般に、音韻変化には、音韻体系の変化にまで及ぶものと、音価のみが変化して音韻体系には変化が及ばないものがある。

【文献音韻史と方言】日本語の音韻史は、文献資料を用いた研究に基礎を置いてきた。文献資料はそのほとんどが、近畿地方の方言、すなわち中央方言の過去の状態を反映したものであるが、文献資料から明らかになった過去の中央方言の状態が、現代諸方言に見られることもある。

たとえば、語頭のハ行子音は現在多くの方言において [h]（「ヒ」「フ」を除く）であるが、奈良時代の文献に使われる万葉仮名としての漢字の中国語原音や、中世のキリシタン資料においてハ行をfで綴っていることなどから、古代日本語の語頭ハ行子音は [p] あるいは [ɸ] であったことが知られている。現代の諸方言においても、八丈島方言や静岡県旧井川村方言などで語頭のハ行子音が [p] で実現するのをはじめ、琉球列島や東北地域において、語頭のハ行子音を [p] あるいは [ɸ] で発音する方言が多く認められる。

そのほか、土佐方言においていわゆる四つ仮名の区別が認められたり、島根県出雲方言などでオ段長音開合の区別や合拗音の存在が認められたりするなど、文献音韻史上に確認される現象が諸方言に認められることは少なくない。

軽々に文献と方言とを結び付けることは危険だが、方言側に古代中央方言の音韻的・音声的特徴が保存されていると考えられる現象があることは確かである。

特に、琉球列島の諸言語が文献音韻史に関する問題について重大な貢献をもたらすことはすでに指摘されている。たとえば「上代特殊仮名遣い」と呼ばれる奈良時代の文献に見られる現象についても、琉球列島の諸言語との比較から興味深いことが分かる。上代特殊仮名遣のうち、イ列乙類音はツキ$_\mathrm{乙}$（月）〜ツクヨ$_\mathrm{甲}$（月夜）のように、ウ列音と交替するものと、キ$_\mathrm{乙}$（木）〜コ$_\mathrm{乙}$ノ$_\mathrm{乙}$ハ（木葉）のようにオ列乙類音と交替するものとがある。奈良時代の文献資料ではこの2つのイ列乙類音は書き分けられていないが、たとえば宮古大神方言で「月」がksks、「木」がki:であるなど、琉球列島の一部の方言においては両者の発音が異なっている（Pellard 2016など）。

【文献以前の音韻史と方言】諸方言（文献資料に反映されたものも含む）を比較し、諸方言の共通の祖先の言語（日本祖語あるいは日琉祖語）を再建することによって、文献以前の音韻史を再建することも可能である。たとえば、琉球列島の諸方言と奈良時代日本語を比較することで、日琉祖語の段階には少なくとも /*a, *i, *u, *e, *o, *ə/ の6つの母音があり、また、奈良時代日本語がその先史において *e > i, *o > u という音韻変化を経験したと考えられることが明らかになっている（服部1978-79、Pellard 2016など）。

【方言の音韻史：方言文献の存在】中央方言以外に、文献資料が残っている方言は多くないが、たとえば沖縄本島の首里語は、15世紀頃の漢字資料・朝鮮資料などが残っており、現代までの音韻変化を具体的にたどることができる。そのほか、18世紀頃の薩摩方言に関するロシア語資料、『万葉集』東歌に代表される東国方言に関する資料など、中央方言以外の方言に関わる資料もいくつか存在する。

[文献] 服部四郎「日本祖語について (1-22)」『言語』7 (1)-(3), (6)-(12), 8 (1)-(12), (1978-79)、Pellard, Thomas「日琉祖語の分岐年代」田窪行則・ジョン・ホイットマン・平子達也編『琉球諸語と古代日本語—日琉祖語の再建にむけて』（くろしお出版 2016）[平子達也]

音韻論
おんいんろん
phonology

🔖 **音韻**

　言語における音の機能を解明することを目的とする研究分野。「音素」に代表される音の最小機能単位を取り出し、それが当該の言語において、幾つあり、どのような体系と構造をなしているのかを明らかにする。また、形態素や語などにおける、その取り出した単位の配列や、複合・派生などの過程における交替現象も扱う。分節音のみならずアクセントなど超分節的要素も音韻論の対象となる。

　音素を認定し表示することを「音素分析」と呼ぶ。音素分析によって、現実には連続体である音声を、音素という離散的な単位で、合理的かつ音声学的に矛盾なく説明することが音韻論的記述である。

　音素を認定する際、いくつかの作業原則がある。まず、各単音の分布を明らかにした後、同一環境にあって語の区別に関与する単音があった場合、それらの単音は「対立」すると言い、互いに異なる音素に該当すると解釈される。たとえば、島根県奥出雲町仁多方言の [onaɣi]「鰻」と [osaɣi]「兎」を比較した時、2つの単語の弁別は [o] と [a] の母音の間にある子音 [n] と [s] によって行われている。この時、[n] と [s] は互いに対立すると言い、ここから音素 /n/ /s/ が取り出される。「鰻」と「兎」のように1か所だけが異なる対を「最小対（ミニマルペア）」と呼ぶ。

　一方、2つ以上の単音が互いに現れる環境を異とし、同じ環境に決して現れない時、それらの単音は「相補分布」をなしていると言う。相補分布をなす単音は同一音素に該当する可能性がある。それらが同一音素に該当するか否かを判定する際には、その相補的な分布が、音声学的に（共時的に）説明できるかが重要になる。たとえば、仁多方言では、[onaɣi]「鰻」と [giri]「旋毛」のように、破裂音 [g] は語頭（および撥音の後）、破裂性の弱い [ɣ] は母音間に現れ、相補分布をなす。母音は口が開いており、その母音に挟まれた子音の破裂性が弱まることは、前後の環境に同化されたものとして説明できる。よって、[g] と [ɣ] とは同一音素 /g/ に該当するということができる。この [g] と [ɣ] のように同一音素と解釈される単音を「異音」と言う。また、[g] と [ɣ] のように環境による異音は「環境異音」と呼ばれる。一方、[ɣ] の破裂性の度合の1回ごとの揺れなど、音環境に依存しない異音を「自由異音」と呼ぶ。

　音声的な観察・記述と音韻論的な分析（音素分析）とは、同時並行的に行うべきものであり、必ずしも音声的な記述をすべて終えてから、音素分析に入るわけではない。たとえば、実際の調査では、記述したものの一部分をその場で類似の音に置き換え、対比させながら発音し、その言語にとって意味のある音の区別、すなわち、対立を能動的に確認することができる。「[onagi] と [onaɣi]、どちらが正しいですか」と仁多方言の話者に尋ね、「どちらでもよい」という回答を得たとすれば、この方言において（少なくとも母音間では）[g] と [ɣ] が対立しないということになる。逆に、[giri]「旋毛」のように語頭で破裂音 [g] が現れる単語についても、その [g] を [ɣ] に変えても問題ないか確認する必要がある。当初対立すると考えていた単音が対立しないことが後に明らかになることもある。

　なお、音素分析に際して考慮すべき点としてほかに「体系と構造の観点」がある。また、生成音韻論のように音素を認めない立場もある。それらについては、上野（2004）などを参照されたい。

[文献] 中川裕「フィールドワークのための音声学」宮岡伯人編『言語人類学を学ぶ人のために』（世界思想社 1996）、上野善道「音の構造」風間喜代治ほか『言語学第2版』（東京大学出版会 2004）　　　　　[平子達也]

音響分析
おんきょうぶんせき
acoustic analysis

音韻

言語音の音響特性を観察し、記述・解釈すること。ある言語音の音響特性（分節的特徴だけでなく超分節的特徴も含む）を理解することは、対立する言語音との区別に関わる聴覚的手がかりを明らかにすることに繋がる。音響分析では主に2つのグラフを観察する。1つは波形（waveform）であり、もう1つがスペクトログラム（spectrogram）である。代表的な音響分析ツールとしては Praat（http://www.fon.hum.uva.nl/praat/）がある。

【波形】音は空気を媒介として伝わる振動（疎密波）であり、波の伝わり方を示したものが波形である。Praatでは上部画面に表示される。言語音の波形には次の3つのタイプがある（〔　〕はその特徴を持つ代表的な音類）。(1) 周期的な波形〔共鳴音〕、(2) 非周期的な波形〔無声摩擦音〕、(3) (1)と(2)の混合的な波形〔有声摩擦音〕。

【スペクトログラム】言語音はいくつかの周波数の異なる波の組み合わせでできており、言語音を構成する周波数の変化を表現したものがスペクトログラムである。Praatでは下部画面に表示される。縦軸は周波数を、横軸は時間を表す。エネルギーが強いほど濃く表示される。

【音響分析の利点】音響分析は、調査者の耳を頼りに行う聴覚的印象の記述と比較し、以下の3つの点で優れている。(1) 音を可視化することにより、より詳細な音声特徴の観察が可能である、(2) 基本周波数（fundamental frequency）〔高さ〕、フォルマント（formant）〔母音の音色〕、インテンシティ（intensity）〔大きさ〕、持続時間（duration）〔長さ〕などの物理量（〔　〕は相関する聴覚的特徴）を計測する、すなわち音声特徴の数量化が可能である、(3) 第3者による記述の検証が可能である。

[文献] Peter Ladefoged, *Phonetic Data Analysis*, Blackwell, 2003, 北原真冬・田嶋圭一・田中邦佳『音声学を学ぶ人のためのPraat入門』（ひつじ書房 2017）

[青井隼人]

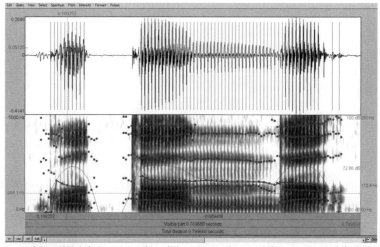

Praatで表示した波形（上）とスペクトログラム（下）。スペクトログラム上の点線はフォルマント、実線は基本周波数、細線はインテンシティを表す。

音声学
おんせいがく
phonetics

【音韻】

　言語音を研究する言語学の一領域。音声学が研究対象とするのは音声、すなわち人間がコミュニケーションのために音声器官を用いて発する音だけである。したがって、以下のような音は音声学の対象外である。(1) 動物の鳴き声、ドアが閉まる音、風の音など人間が発しない音、(2) モールス信号など人間の音声器官を用いないで行われるコミュニケーション、(3) 咳やしゃっくりのようにコミュニケーションを目的としない音。

【音声学の主要3分野】人間のコミュニケーションは主に次の3つの段階に分析できる。すなわち、(1) 発話者が意図を言語化し、音声として発する段階、(2) 発話者によって発せられた音声が空気中を伝わっていく段階、(3) 空気中を伝わった音声が受信者の耳に届き、メッセージとして理解される段階である。以上の(1)〜(3)のどの過程に着目するかによって、音声学は(1)に着目する調音音声学、(2)に着目する音響音声学、そして(3)に着目する聴覚音声学の3分野に分けられる。

【器械音声学（instrumental phonetics）】録音機やその他の器械を用いて音声を記録し、それを観察・分析することによって、その言語音の言語音声学的特徴を明らかにする音声学的手法を器械音声学と言う。耳だけを頼りにした記述と比較した時の利点として、主に以下の3点を挙げることができる。(1) 多くの人に馴染みのない方言音声の観察の根拠となる客観的資料を提示することができる、(2) 音声学的特徴を数量化し、観察対象となる言語音の間で比較することができる、(3) 音という聴覚的刺激を可視化することができる。たとえば、録音した音声は、音響分析によって、図化（波形とスペクトログラム）することができる。

　また、調音音声学的特徴を可視化した例として、パラトグラムを挙げる。

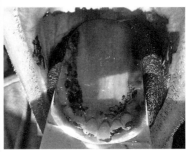
パラトグラムの例。鏡に映した上あごを写真に収めたもの。舌と接触した箇所には墨が付着している。

（静的）パラトグラフィーとは、分節音の調音的特徴（特に閉鎖もしくは狭めの位置）を調べるための調査手法である。粉末状の炭と食用油を混ぜ合わせた墨を話者の口内に塗り、その状態で発音してもらうことによって舌と口蓋との接触を知ることができる。持ち運ぶことができるので、方言音声の調査に使うことが可能である。

【実験音韻論（laboratory phonology）】音韻論的な問いに対して、実証的なデータに基づいて答えようとする手法を実験音韻論と言う。音韻論的構造を音声学的事実から記述・説明しようとする点から明らかなように、実験音韻論においては、音声学と音韻論とを全く異なる分野としては扱わない。

　実験音韻論において主要な観察対象となるのは変異（variation）である。実験音韻論では、変異を音韻論的構造に関係のない音声学的なレベルの問題として片付けてしまうのではなく、変異の十分な理解が音韻論的な表示（representation）や処理（processing）の理解に不可欠であると考える。

[文献] J.C.キャットフォード『実践音声学入門』（大修館書店 2006）、斎藤純男『日本語音声学入門 改訂版』（三省堂 2006）、川原繁人『「あ」は「い」より大きい!?―音象徴で学ぶ音声学入門』（ひつじ書房 2017） [青井隼人]

音声記号
おんせいきごう
phonetic alphabet

音韻

　言語音を表記するために用いられる記号。現在最も国際的に広く用いられている記号体系として、**国際音声字母**（International Phonetic Alphabet; IPA）がある（→巻末付録）。

　IPAの中核的な記号群は**子音**（肺臓気流）と**母音**の2表に整理されている。これらに加えて、子音（非肺臓気流）の記号、二重調音の記号（両唇軟口蓋接近音 [w] や歯茎硬口蓋摩擦音 [ɕ] など）、さらに硬口蓋化 [ʲ] や有気音 [ʰ]、無声化 [̥] などを表すための補助記号が用意されている。また、ストレスや声調などの超分節的特徴を表すための記号も用意されている。

　IPAでは、1つの単音に対して1つの文字があてられており、どのような言語であっても同じ基準で記述することができる。ただし、本来物理的には連続的であり、かつ無限に変異の可能性が考えられる音声を、分析的で有限の記号で書き取るにはどうしても限界があるため、表記の精密さには相対的な段階があり得る。より細かな違いも含めた表記を**精密音声表記**、そうではないものを**簡略音声表記**と言う。

【独特な分節音の表記】方言には、標準語には現れないような独自の分節音が観察される場合がある。そのような分節音を表記する際、方言学では伝統的に仮名が用いられてきた（通常、方言の表記にカタカナを、標準語訳の表記にひらがなを用いる）。方言独自の分節音（正確に言えば、それを含むモーラ）を表記するための仮名を用いた具体的な手段としては以下のような手段がある（具体的な表記を < > に括って示す）。(1) 既存の仮名を別の音の表記として用いる（例：<ｷ> /ji/、<ｴ> /je/、<ｦ> /wo/ など（北琉球沖縄語伊江方言））、(2) 2つの仮名を組み合わせる（例：<ｯﾏ> /ˀma/（同じく伊江方言））、(3) 既存の仮名に補助記号を付け加える。たとえば、南琉球宮古語多良間方言では、語末に（/n/ に加えて）/m r/ が立ち得るが、これらは伝統的に「ﾑ゚」「ﾘ゚」と表記される（例：<ｲﾑ゚> /im/（海）、<ｲﾘ゚> /ir/（西））。

　方言音声の表記は記述する研究者や地元話者によって異なる方法が採られてきた。そのため同じ音声であっても、それを表すための表記が複数存在していた（例：北琉球沖縄語の喉頭化子音 [ˀwa] の表記：<っわ>、<ˀわ> など）。また同じような表記法が別の方言においては異なる音声に用いられる場合もある。たとえば補助記号 <゜> は、鼻音であることを表したり（例：与那国語の <が> [ŋa]）、語末子音であることを表したりする（例：宮古語多良間方言の <ﾘ゚>）。このような状況を苦慮し、近年では琉球列島の言語を統一的に書くための表記法が考案されている（詳しくは小川編（2015）を参照）。

【日本語アクセントの表記法】アクセントの表記法には、以下に挙げるように、いくつかの方法が採用されている（例として挙げるのはすべて標準語の「心」）。(1) IPAの表記法を用いる。具体的には、各母音の高さを表記する方法（例：kòkóròって）やアクセント核の位置をストレス記号で表記する方法（例：kokoˈro）がある、(2) 高い拍を黒丸、低い拍を白丸で表す（例：○●○）。なお拍内で下降する場合は◐のように、上昇する場合は◑のように表記する、(3) 高く発音される拍を上線で示す（例：こ￣こ￣ろ）、(4) ピッチの動きをカギ括弧などを使って表す（例：こ「こ」ろ / こ[こ]ろ / こ↑こ↓ろ など）。

[文献] 国際音声学会編『国際音声記号ハンドブック—国際音声学会案内』（大修館書店 2003）、小川晋史編『琉球のことばの書き方』（くろしお出版 2015）[青井隼人]

音節
おんせつ
syllable

【音韻】

韻律的単位の1つ。母音を中心とした音のまとまり。

【構造】音節はまず頭（onset；O）と韻（rhyme；R）とに分けられる。韻はさらに核（nucleus；N）と末（coda；C）に分けられる。

音節の構造

音節を構成する上で必須となる要素は核である。言い換えれば、核を持たない音節はあり得ないが、頭もしくは末、あるいはその両者を欠く音節はあり得る（例：ja.ra.bi CV.CV.CV（子ども）、um.ma VC.CV（祖母）、u.ja V.CV（父）、mi.dum CV.CVC（妻）；以上すべて南琉球宮古語多良間方言の例）。なお、核に立つ音素は多くの場合母音であるが、後述するように、ある種の子音が核に立つ場合も言語・方言によってはあり得る。

【開音節と閉音節】音節は、末があるかないかによって、閉音節（closed syllable）と開音節（open syllable）とに分類できる。閉音節は音節末がある音節（つまり(C)VC）であり、開音節は音節末がない音節（つまり(C)V）である。標準語は開音節構造が基本であり、閉音節は限定的にしか見られない。しかし方言には閉音節が豊富に観察されるものがあり、たとえば鹿児島方言には［kuʔ］（首、口）や［kaɴ］（紙）などの語がある。

【軽音節と重音節】音節は、その長さが1モーラであるか2モーラであるかによって、軽音節（light syllable）と重音節（heavy syllable）とに分類できる。軽音節は1モーラの長さの音節（日本語の場合は(C)V）、重音節は2モーラの長さの音節（同じく(C)VCもしくは(C)VV）である。なお、3モーラの長さの音節を超重音節（super heavy syllable）と言う。

【核になる子音（syllabic consonants）】音節核になるのは典型的には母音であるが、英語のbottle［bʌtl̩］やbutton［bʌtn̩］のように流音 /l/ や鼻音 /n/ が音節核になることもある。日本語の中にも、たとえば江戸（下町）ことばには［m̩ma］（馬）のような例がある。また宮古語にもmsju［m̩cu］（味噌）やnda［n̩da］（どこ）のように音節核に立つ鼻音がある（以上は多良間方言の例）。

【音節の機能①：音素の分布パターンを記述する】音節は音素の分布パターンを記述する上で重要となる単位である。たとえば標準語において、音節末には次のような子音しか立つことができないという制約がある。(1) 鼻音 /n/（例：/an.pan/［ampaɴ］（あんパン）、/an.zu/［andzu］（あんず）、/an.ko/［aŋko］（あんこ））、(2) 後続する子音と同じ阻害音（例：/kap.pa/（河童）、/kat.taa/（カッター）、/as.sa.ri/（あっさり）、/bag.gu/（バッグ））。また宮古語多良間方言の流音 /r/ は音節の頭にも末にも立ち得るが、両者で音声実現が異なる。すなわち音節頭でははじき音［ɾ］で現れるが、音節末ではそり舌側面接近音［ɭ］で現れる（例：uril［uɾiɭ］（降りる））。

【音節の機能②：語の長さを測る】英語をはじめとする多くの言語において、音節は語の長さを測る単位としても機能する。日本語の大多数の方言において、語の長さを測る基本的な単位はモーラである（ただし音節が全く関与しないわけではない）が、鹿児島方言のように、音節が長さを測る単位として機能する方言もあり、そのような方言を俗にシラビーム方言と呼ぶ。

［文献］窪薗晴夫・本間猛『音節とモーラ』（大修館書店 2002）

［青井隼人］

音素

おんそ
phoneme

（音韻）

　ある1つの方言において意味の区別に役立つ音の違い。アクセントやイントネーションなどの韻律の違いは音素に含まれない。

　湯湾方言（奄美大島）にはku:「粉」とki:「木」という単語がある（「:」は長母音）。後者のiは「い」と「う」の間のような音で、中舌狭母音と呼ばれる。もし東京方言で育った人がuとiの発音を聞くと、どちらも「う」に聞こえてしまう。言い換えれば、uとiの違いが湯湾方言では意味の区別に有効な音素の違いとなるが、東京方言ではならない。音声の厳密な違いは角かっこで囲み、音素の違いは斜線で囲む習慣があるため、上記の違いは以下のように書き表すことができる。

	音声の違い	音素の違い
湯湾方言	[u]と[i]	/u/と/i/
東京方言	[u]と[i]	/u/

　湯湾方言の「押す」と「置く」の語形変化（ハイフン (-) は語根と接辞の境界）を示す。

[uk-i]	置け	[us-i]	押せ
[uk-aɴ]	置かない	[us-aɴ]	押さない
[uk-o:]	置こう	[us-o:]	押そう
[uk-imai]	置くべき	[uɕ-imai]	押すべき

「置く」の語根は [uk] である。しかし、「押す」の語根には [us] だけではなく、[uɕ] もある。よく見ると、後ろに続く母音が [i] の時にだけ [uɕ] になり、それ以外の母音（[i]、[a]、[o]）の時には [us] になることが分かる。このように、音環境から音の違いを予測できる関係性は相補分布と呼ばれ、相補分布している音同士は1つの音素であると見なされる。つまり、[s] と [ɕ] は1つの音素 /s/ であり、[uɕ-imai] は /us-imai/ と解釈される。この時、実際の音声である [s] と [ɕ] は、音素 /s/ の異音と呼ばれる。

[文献] 上野善道「音の構造」風間喜代三ほか『言語学第2版』（東京大学出版会 2004）　　　[新永悠人]

音便

おんびん
euphonic change

（音韻）

　連用形のうち、特に「～タ」「～テ」の形（タ形、テ形）において、「タ」「テ」の直前の音声が起こす音韻変化。音便には、ウ音便、促音便、撥音便、イ音便の4種類がある。また、動詞では、現れる音便が動詞の種類によって異なっている。文献によっては、その原因を発音のしやすさに求めるものもあるが、客観的な証拠は見あたらない。

【ウ音便・促音便】動詞「買う」のタ形には、「カッタ」「コータ」という形が見られる。「カッタ」では促音「ッ」が現れるので促音便と呼び、東日本に見られる。「コータ」では長音「ー」（仮名で書くと「ウ」）が現れるのでウ音便（長音便）と呼び、西日本で聞かれる。ウ音便は、「買う」のようなワ行（ア行）五段活用動詞だけでなく、「読む」「飛ぶ」のようなマ行・バ行五段活用動詞にも見られる。たとえば、山口・高知・九州に見られる「ノーダ（飲んだ）」、「トーダ（飛んだ）」である。母音が異なる「ヌーダ（飲んだ）」、「ツーダ（飛んだ）」は、大分・宮崎・鹿児島で聞かれる。また、ウ音便が短音で現れる方言もある。たとえば、「コタ（買った）」、「ヨダ（読んだ）」、「トダ（飛んだ）」で、これらは鹿児島に分布する。

　促音便は「トッタ（取った）」、「カッタ（勝った）」などラ行・タ行五段活用動詞に起こり、全国的に分布している。「蹴る」に関しては長野・埼玉に短音便形「ケタ（蹴った）」、徳島・高知にはウ音便形「ケータ（蹴った）」がわずかに見られる。

　ウ音便は動詞だけでなく、形容詞にも起こる。「タコーナル（高くなる）」、「ウツクシューナル（美しくなる）」などで、西日本に分布する。

【撥音便】「読む」のタ形は「ヨンダ」となり、撥音「ン」が現れる。このような音韻変化を撥音便と呼ぶ。標準語では、マ行・バ行・ナ

行五段活用動詞に撥音便が現れる。標準語のナ行活用動詞は「死ぬ」しかないが、中国地方には「イヌ（帰る）」があり、「インダ（帰った）」が現れる。また、青森・秋田・長崎五島では「トンダ（研いだ）」が現れることがある。

【イ音便】「書く」のタ形は「カイタ」となる。このように、「イ」になる音韻変化をイ音便と呼ぶ。イ音便が現れるのは、カ行・ガ行・サ行五段活用動詞である。たとえば、「書いた」では、全国的に「カイタ」であるが、「カエタ」（福島）、「カイダ」（山形）、「カエダ」（秋田・宮城・福島）も見られる。「研いだ」は、全国的な「トイダ」のほかに、東北に「トエダ」が現れる。「貸した」は東日本では「カシタ」で、イ段音「シ」が現れるが、西日本には「カイタ」、鹿児島や山陰・中部・北陸地方には「カセタ」が分布している。

これらのイ音便形では、しばしば「イ」が直前の母音と融合する。「書いた」は「ケータ」（大分・長崎・宮崎）、「ケーダ」（岩手）、「ケタ」（宮崎・鹿児島）、「ケダ」（青森・秋田）、「キャータ」（長崎・熊本）、「カータ」（山口・広島・島根）。「研いだ」は「テーダ」（岡山・長崎・熊本）、「テダ」（宮崎・鹿児島）となる。「貸した」は「ケータ」（大分・宮崎）、「キャータ」（佐賀・長崎・熊本）である。

【テ形】全国的にタ形とテ形には同じ音便が起こるが、異なる方言もある。九州西部では、タ形「買った」は「コータ」であるが、テ形「買って」は「コッ」となる。「読んだ」は主に「ヨーダ」であるが、「読んで」は「ヨン」である。南琉球宮古方言では五段活用動詞に音便形がない。たとえば、「カイッティ」（kai-tti, 買って）、「カキッティ」（kaki-tti, 書いて）、「トゥビッティ」（tubi-tti, 飛んで）、「タチッティ」（tatʃi-tti, 立って）となる。

[文献] 内間直仁『琉球方言文法の研究』（笠間書院 1984）、有元光彦『九州西部方言動詞テ形における形態音韻現象の研究』（ひつじ書房 2007）、大西拓一郎編『新日本言語地図』（朝倉書店 2016） [有元光彦]

音変化
おんへんか
sound change

(音韻)

音の通時的な変化。どの言語も時間と共に変化するが、特に音とその体系が変化しやすい。

【音声学的な分類】音変化はまず音声学的観点から分類できる。音変化の発動と過程に着目すると、調音を容易にしようとする傾向によるものと、音響・聴覚的な特徴の誤認と再解釈によるものに分けられる。つまり、話し手に起因する音変化と聞き手に起因する音変化の2種類が存在するのである。さらに、音変化は特定の位置（語頭、音節末など）や隣接する音の環境にのみ起こる条件変化と、どの環境でも起こる無条件変化に分けられる。

条件変化の典型的な例としては同化が挙げられる。同化は音がその前後の環境に影響され、近接する音の音声特徴を新しく共有するようになる変化である。多くの場合、調音的な条件をもとに話し手に起因する変化として起こる。逆に、異化では近接する音と共有している特徴を失うが、これは、聞き手の誤認と再解釈によることが多い。

弱化では破裂音から摩擦音への変化や母音の短縮や中舌化のように発音が弱まる。強化はその逆の方向を示す変化である。弱化は完全な音の脱落まで発展することもあり、逆にもともとなかった音が新しく加わる添加・挿入も見られる。さらに、音の並び順が入れ替わるという音位転倒もある。

【音韻論的な分類】音変化は音声学的観点（調音、空気力学、音響、聴覚など）から分類と説明が可能だが、これとは別に体系と機能からの観点も必要である。特に音変化を音韻体系への影響という観点からも考えるべきである。同化などによって音素の環境変異の増加や減少が生じたり、環境変異の一部のみが他の音素と合流したりする変化では音声実現が変化しても音韻体系自体には変化が見られな

い。一方、2つの音素が合流しその対立が失われ、音韻対立と音素の数が減少する変化は音韻体系の組み換えを伴う。また、同じ音素の環境変異は名称通り環境から予測できるが、その環境がのちに変化し予測が不可能となった場合、もともと環境変異だった音が音素の地位を獲得する。その結果、音素が2つに分裂して、音韻対立と音素の数が増加し、音韻体系の組み換えが見られる。さらに、ある音韻対立が他の音に転移することもある。たとえば語頭子音の有声・無声の対立が高・低というピッチの対立に転移する声調発生という変化がその一例である。

そのような音韻体系の構造に影響を及ぼす変化の過程では、構造の均整や節約と有用な対立を保とうとする体系的な圧力が見られる。たとえば、体系の空き間を埋め、対立を保とうとする連鎖変化が見られる。ゲルマン諸語やロマンス諸語に見られる、すべての母音や子音が並んで変化する推移はその例である。

【音変化の規則性】厳密には音の変化と音変化は別の概念である。比較言語学で言う狭義の音変化は例外もなく規則的に起こると定義されており、音法則とも呼ぶ。つまり規則的でない音の変化は音変化と認めず、音変化の例外には借用や類推など必ず何らかの原因があると考える。これは音変化が当該音を含むすべての語彙に機械的に起こり、音変化が語彙ではなく音に適用するものだという考え方による。実際、音の変化の多くは規則的に起こる。

なお、音変化に例外を認める場合、例外は特に説明を必要としないものとして扱われることがあるが、それにより研究の進歩が停滞する恐れがあり、注意を要する。

[文献] アンドレ・マルティネ『一般言語学要理』（岩波書店 1972）、ロマーン・ヤーコブソン「史的音韻論の諸原則」服部四郎編『言語の分析 ロマーン・ヤーコブソン選集1』（大修館書店 1986）、Hock, Hans, *Principles of historical linguistics*. Mouton de Gruyter, 1991., Labov, William, *Principles of linguistic change 1: Internal factors*. Blackwell, 1994.　　　　　[トマ・ペラール]

外来語
がいらいご
foreign borrowing

語彙

「その語がもともとどのことばであったか」という観点から分類した語の種類を「語種」と言う。日本語は、和語、漢語、外来語、混種語の4つの語種に分けられる。多くの言語では、他言語から借用した語はすべて外来語とされるが、日本語の場合、古来中国から借用した語は漢語に分類され、外来語とは区別される。アイヌ語や韓国朝鮮語、東南アジアの諸言語などからの借用語も外来語であるが、日本語における外来語は、中世末期以降に借用された西欧由来の語を指して使われる場合が多い。

【方言の外来語①一般のポルトガル語】中世末期から近世初期にかけて、キリシタン信仰とともにさまざまな西洋の物質文化、精神文化が日本に輸入された。これに伴い、多くの外来語が方言語彙として各地で受容された。その代表的な例として「ボーブラ」(カボチャ)と「ビードロ」(ガラス)の二語がある。「ボーブラ」は、「カンボジアの瓜」を意味するポルトガル語Cambodia abóboraに由来する外来語で、「ボーブラ」のほか、「ボブラ」「ボンボラ」「ドフラ」などの語形で、九州、中国、四国および秋田県などで使用されてきた。「ビードロ」は、「ガラス」などの意味を持つポルトガル語vidroに由来する外来語であるが、各地の方言集の記録から、「ガラス製のおはじき」「おもちゃ」「のぞき眼鏡、のぞきからくり」「つらら」「魚の煮汁が冷えて透明に固まったもの。煮こごり」「木に残っている熟柿」「布きれのよれよれになったもの」「紫色の肉状のもの」「赤紫色」「みんみんぜみ」「ぎんやんま」など、多種多様な意味の方言として使用されてきたことが分かる。語形も「ベイゾロ」「ビロオド」「ビドゥル」「ベイボロ」「ビイロロ」「ビイロリ」「ベエドロ」「ベイダカ」など、さまざまである(『日本国語大辞典　第2版』による)。「ボーブラ」「ビードロ」のほかにも、各地の方言の中には多くのポルトガル語由来の外来語が見られる。そのうち、西日本方言の「バンコ」(banco、腰掛け)、東京以西の方言「ヒリョーズ」(filhos、がんもどき)などは、広い地域で使用されてきた方言語彙である。

【方言の外来語②キリシタン用語】「バテレン追放令」で知られる「バテレン」は、ポルトガル語padreに「伴天連」などの漢字をあて、その漢字音より生じた語であるが、キリシタン禁制、迫害、偏見などの歴史的・社会的な背景から、九州地方などでは、「お転婆」「変な人」「放蕩者」「道楽者」などの意味で使用されてきた。他方、「神父」「修道女」「カトリック信徒」「外国人」「お洒落な人」などの意味で使われてきた地域もある。また、長崎県内のかくれキリシタンやカトリックの信者を中心として、ラテン語由来の「オラショ」(oratio、祈り、祈祷文)、ポルトガル語由来の「クルス」(cruz、十字架)、「コンタツ」(contas、念珠)、「パライゾ」(paraiso、天国)、「ゼンチョ」(gentio、異教徒)などの語が使用されてきた。

【方言の外来語③その他】長崎、熊本、福岡、山口、島根、香川の方言「チング」(友人)は韓国朝鮮語「친구」由来の外来語である。上記のとおり、朝鮮半島に近い地域で使用されてきた。他方、「ジャガイモ」には「ジャガタライモ」「オランダイモ」「カピタイモ」など、外国語に由来する多くの方言がある。秋田県の男鹿半島や福島県で使用されてきた「アップライモ」や「カンプライモ」はオランダ語aardappelに由来する方言語彙である。

①〜③の「方言の外来語」は、いわゆる「伝統的な方言語彙」である。これらの語のほとんどが、共通語化の影響を受けて、次第に使用されなくなってきている。

[文献] 橘正一『方言学概論』(育英書院1936)、楳垣実『日本外来語の研究』(研究社出版1963)　　[小川俊輔]

係り結び
かかりむすび
kakari-musubi

文法

本居宣長『てにをは紐鏡』に由来し、文中の助詞と文末の活用形に見られる呼応関係を指して使われることが多い。学校文法により最も広く知られた例としては、ゾ・ナム・ヤ・カがあれば連体形で、コソがあれば已然形で文を終止する古典日本語の現象がある。

【日本本土諸方言】古典語に見られる係り結びのうち、コソによる係り結びは江戸時代に入っても用いられ、西日本諸方言を中心に、現代でもさまざまな用法で使われている（大西 2003）。

(1) 大阪府（コソアレ＞コサレ）
　マメナリャ<u>コサレ</u>　長生キガ　デケタンヤ
(2) 徳島県三好郡
　ホンナコトユータケド　ウチ<u>コソ</u>　ワル<u>ケレ</u>
　他方、古典語の連体形で結ぶ係り結びは、中世までに中央語から姿を消したが、八丈方言に、カによる係り結びが残っているとされる。
(3) ドケイ<u>カ</u>　イク<u>ノウ</u>？
　（どこへ行くのかなあ？）

金田（1998）によるとノウは上代東国語ナムの連体形に由来し、古典語の係り結びを保っていると言う。

【琉球諸方言】琉球諸方言には広く係助詞duが焦点を示すのに用いられている。このduは、古典語のゾと同源語と見られ、祖語の*töから次のように変化したと考えられる（『おもろさうし』は「ど」）。

(1) 日琉祖語 *tö ─上代東国 tö
　　　　　　　 ─上代奈良 sö ── 中古 zo
　　　　　　　 ─琉球祖語 *do ── 現代琉球 du

首里方言では、duが文中に用いられると、通常の終止形ではなく、連体形が用いられる。また、*ka（『おもろさうし』「か」）に由来するgaが疑問文に使われる場合、文末に語形変化が見られる。

(2) 首里方言（『沖縄語辞典』）
　a. sjumuci <u>junuN</u>. (本を読む。)
　b. waagadu <u>junuru</u>. (私が読むのだ。)
　c. sjunuciga <u>junura</u>? (本を読むのだろうか。)

(2c)のjunuraは、「居る」を意味する動詞の未然形uraに由来する形だが、「連体形」にこだわらなければ、呼応関係がある点で、係り結びと考えることができる。

琉球諸方言では古典語のゾ、カと同源語であるdu、gaが焦点を表すために用いられており、古典語の係り結びが残っていると言える。しかし、方言によっては、必ずしも文末との形態的な呼応関係を保持しているわけではない（かりまた2011）。たとえば宮古伊良部方言では(3a)のようにduの有無は文末の形態に直接的には影響しない（Shimoji 2011）。

(3) 宮古伊良部島伊良部
　a. kuri=u(=du) kaa. (これを買う。)
　b. ndzi=u=<u>ga</u> kaa? (どれを買う？)
　c. kunu hun=nu=<u>ru</u> kaa? (この本を買うの？)

形態的な呼応がないという点では、この方言には係り結びはない。しかし、古典語でゾ（あるいはナム・コソ）が平叙文、カが疑問詞疑問文、ヤが真偽疑問文にと分かれていたように、この方言ではduが平叙文(3a)、gaが疑問詞疑問文(3b)、ru（古典語に対応形なし）が肯否疑問文(3c)に用いられている。よって古典語係り結びに見られる特徴のうち、焦点助詞と文のタイプとの意味的な呼応については、生きていると見ることができる（衣畑2016）。

[文献] 金田章宏「現代日本語のなかの係り結び」『月刊言語』27-7 (1998)、大西拓一郎「方言における「コソ〜已然形」係り結び」『国語学』54-4 (2003)、かりまたしげひさ「琉球方言の焦点化助辞と文の通時的なタイプ」『日本語の研究』7-4 (2011)、Shimoji, M. Quasi-Kakarimusubi in Irabu. *Japanese/Korean Linguistics* 18. CSLI (2011)、衣畑智秀「南琉球宮古語の疑問詞疑問係り結び」『言語研究』149 (2016) 　　　　[衣畑智秀]

格
かく
case

文法

格は述語と名詞句の間の関係を表す名詞の形態的特徴である。文を構成する要素を主要部（head）と依存部（dependent）に分けると、述語は主要部、それと関係を持つ名詞句は依存部になる。格は依存部標示（dependent-marking）の1つである。一方、述語と名詞句の関係を述語の側で標示する現象である一致は主要部標示（head-marking）の1つである（Nichols 1986）。

【主な格】 方言を含めて日本語を記述する上で必要と考えられる主な格の種類とそれに対応する代表的な文法関係および意味役割を以下に示す。

主格（nominative）：主語。
能格（ergative）：他動詞主語。
対格（accusative）：直接目的語。
与格（dative）：間接目的語。
奪格（ablative）：移動の起点。
位格（locative）：位置。
方位格（allative）：方向。
具格（instrumental）：道具。
共格（comitative）：一緒に行う相手。
属格（genitive）：名詞を修飾する要素。
所有格（possessive）：所有者。

【主語を表す格】 主語は標準語では格助詞「が」によって表されるが、方言によっては他の形式で表される場合がある。たとえば、主語が無助詞である方言が関東地方から東北地方にかけて分布している。大分県総務部総務課（1991）によると、大分県内の方言には主格の形式が4通りあり、大分県中部方言では標準語と同様、格助詞「が」が用いられ、大分県北部方言では格助詞「ぐ」が、東部方言と西部方言では格助詞「の」に由来する「ん」が、そして、南部方言では格助詞「い」が用いられる。「ここに白い花がある」を表す文はこれらの地域で次のように表されるという。

中部方言　コキイ　シリイ　ハナ<u>ガ</u>　アル
北部方言　コキイ　シリイ　ハナ<u>グ</u>　アル
東部方言　コキイ　シレエ　ハナ<u>ン</u>　アル
西部方言　コキイ　シロカ　ハナ<u>ン</u>　アル
南部方言　コキイ　シリイ　ハナ<u>イ</u>　アル

主語を表す格として能格という用語が用いられることがある。たとえば、直接目的語や非動作主自動詞の主語が無助詞で表される琉球語の方言で、他動詞の主語や動作主自動詞の主語に付属する格助詞「が」を能格の格助詞として記述する場合がある（松本1990）。また、埼玉県東南部方言で状態文の主語をマークする「がに」が原田（2016）によって能格の格助詞として記述されている。格助詞「がに」は意味役割としては経験者を表す名詞句に付属することが多い。この格助詞は茨城県南西部と千葉県全域でも用いられている。水海道（茨城県南西部）方言を記述した佐々木（2004）は格助詞「がに」を「経験者格」の助詞として記述している。

【目的語を表す格】 対格は標準語では格助詞「を」で表されるが、方言によっては他の形式で表される場合がある。たとえば、琉球列島には対格が無助詞である方言が分布している。「をば」から生じた「ば」が対格の格助詞として機能している方言が九州地方と東北地方そして利根川の下流域に分布している。関東から東北にかけて形式名詞から生じた「こと」「とこ」が対格の格助詞として機能している方言が分布している（日高2003）。

【その他の格】 与格と位格は標準語ではともに格助詞「に」で表される。この2つの格が形式的に区別される方言もある。水海道方言では間接目的語は与格助詞「げ」でマークされ（孫ゲ小遣ヤル）、存在の位置を表す名詞句は位格助詞「に」でマークされる（庭ニ池アル）。間接目的語を表す格形式としては、ほかに、「んかい」（首里方言など）や「さ」（東北地方）がある。

奪格はほとんどの方言で標準語と同じ「から」およびその音声的な変異形式によって表

される。九州以南の地域では、奪格助詞で乗り物を表す場合がある（例：「車カル会社ニ通勤スル」（車で会社に通勤する）熊本県菊池市方言、藤本2002）。奪格助詞が受身文の動作主を表す方言が山形県を中心とする東北地方と九州地方西部に分布している（たとえば、九州では「泥棒ガ警察カラウタレタ」「先生カラオコラレタ」）。

方位格は標準語では格助詞「へ」によって表されるが、九州地方と東北地方を中心とする地域では「さま」から生じた「さ」「さん」などの格助詞が用いられている。

具格は標準語では格助詞「で」によって表されるが、琉球列島で話されている方言には具格助詞「さーに」や「し」といった格助詞が用いられる場合がある。これらの格助詞はサ変動詞から変化して生じたものと考えられている（中本1990）。

共格はほとんどの方言で格助詞「と」およびその音声的な変異形式によって表される。

属格助詞は標準語や本土方言の多くでは「の」である。標準語のように連体修飾格が1つしかない体系では属格と所有格を区別する必要がない。一方、属格と所有格が区別される方言もある。水海道方言には連体修飾格を表す助詞が3つある。属格助詞「の」（「机ノ脚」）、所有助詞「が」（「俺ガモノ」）、場所格連体の助詞「な」（「前ナモノ」（前にあるもの））である（佐々木2004）。

【格配列】主語と目的語を表す要素の格形式の体系はその言語の類型論上の特徴を考える上で重要な要素である。世界の言語の主語と直接目的語の標示方法（格配列, alignment of case marking）は、対格型、能格型、活格型、中立型、三項型に分類される。対格型は、自動詞主語と他動詞主語が同じ格形式（主格）で直接目的語が異なる格形式（対格）をとる格体系である。主格が形態的に有標で対格が無標の体系を特に有標主格型と呼んで区別する場合もある。能格型は、自動詞主語と直接目的語が同じ格形式（絶対格）で、他動詞主語が異なる格形式（能格）をとる格体系である。活格型は、自動詞の主語が他動詞の主語と同じ格形式をとるものと直接目的語と同じ格形式をとるものに分裂する格体系である。中立型は、主語と目的語が同じ格形式になる体系である。三項型は自動詞主語と他動詞主語と直接目的語がそれぞれ別の形式をとる体系である。The World Atlas of Language Structures Online (http://wals.info)によれば、名詞句（代名詞を除く）で最も多く見られる格配列は中立型であり、対格型、能格型の順で続く。活格型と三項型は世界の言語の中で最も少ない格配列である。日本語の多くの方言は、対格型の格配列である。ただし、格標示に用いる形態素にはヴァリエーションがある。

近年、方言の統語構造の記述が進む中で、名詞類の一部において自動詞主語の格形式が2種類ある活格型になっている方言があることが明らかになった（下地2015）。これらの方言は九州および琉球列島に分布している。また、琉球祖語の格配列が分裂自動性を呈するものであったとする分析も下地（2015）により提案されている。

[文献] Nichols, Johanna, Head-marking and dependent-marking grammar. *Language* 62., 1986, 中本正智『日本列島言語史の研究』（大修館書店 1990）、松本泰丈「「能格」現象と日本語：琉球方言のばあい」『国文学　解釈と鑑賞』55-1（1990）、大分県総務部総務課『大分県史：方言編』（1991）、藤本憲信『熊本県菊池方言の文法』（熊本日日新聞情報文化センター 2002）、日高水穂「『のこと』とトコの文法化の方向性：標準語と方言の文法化現象の対照研究」『日本語文法』3-1（2003）、佐々木冠『水海道方言における格と文法関係』（くろしお出版 2004）、下地理則「琉球諸方言における有標主語と分裂自動詞性」日本方言研究会編『方言の研究』1（ひつじ書房 2015）、原田伊佐男『埼玉県東南部方言の記述的研究』（くろしお出版 2016）　　　　　　　　[佐々木冠]

過剰修正
かじょうしゅうせい
hypercorrection

【一般】

　ことばに対する規範意識に基づいて自身のことばに変更を加え、結果として規範から逸脱した形式が産出されるに至ること。「誤れる回帰（false regression）」とも言う。修正すべきことばの特徴がことさらに意識され、本来であれば修正する必要のない部分にまで変更が施されるために起こる現象である。たとえば、標準語の「せ」「ぜ」にシェ・ジェという口蓋化した音が対応している方言では、「汗」がアシェ、「税金」がジェーキンのように発音される。こうした方言の話し手が標準語を志向した時、「シェ・ジェ⇔セ・ゼ」という対応規則を立て、規則にしたがって自身の発音を修正することが意識される。そして規則を適用しなくてもよい部分にまでこれが及ぶと、「ジェーアール（JR）」をゼーアールと発音するような現象が起こるのである。このほか、「貝」をケァ、「高い」をタケァと言う地域に見られるカイベツ（キャベツ）という語も、キャを方言的な音声と認識したために生じた「直しすぎ」の結果と考えられている。

　現在進行中の言語変化には誤用として批判されるものも少なくないため、もとの「正しい」形を維持しようとして過剰修正が起こる場合もある。ミレル（見られる）やオキレル（起きられる）などのいわゆる「ラ抜きことば」は一段動詞の可能表現として口頭語ではかなり広まっているが、一方で依然として日本語の乱れの代表格のように扱われてもいる。こうしたことを背景に、あらたまった場などで「ラ抜きことば」に対する修正意識が過剰にはたらいた結果、ハシラレル（走れる）、カエラレル（帰れる）のように五段動詞の可能表現までもが「修正」されてしまうことがある。

［文献］秋田県教育委員会編『秋田のことば』（無明舎 2000）、都染直也編『JR山陰本線　鳥取─和田山間　グロットグラム集』（甲南大学方言研究会 2003）　　［髙木千恵］

活用
かつよう
conjugation

【文法】

　動詞や形容詞など述語になることのできる語が、その意味や機能によって起こす語形変化のこと。大きく活用形と活用の種類が問題となる。

【動詞の活用：活用形】活用形とは、1つの動詞が語形変化した各形式を指す。活用形は、「語幹＋活用語尾」から構成されている。どのような活用語尾がつくかは、活用形の意味・機能や語幹の種類によって決まる。活用形には、基本的に標準語と同じく、未然形、連用形、終止形、連体形、仮定形、命令形の6つの形を設定できる。たとえば、長崎県五島市下崎山町方言「書く」の活用形を次に示す。

　未然形：カカン（書かない）
　連用形：カッ（書き）
　終止形：カッ（書く）
　連体形：カッ（書く）
　仮定形：カケバ（書けば）
　命令形：カケ（書け）

　未然形「カカン」では、語幹kak-に活用語尾-aNがつくことによって、kakaNが形成される。連用形「カッ」では、活用語尾-iがつくことによって、kak-i→ka?となる。終止形・連体形「カッ」では、活用語尾-?がつくことによって、kak-?→ka?となる。仮定形「カケバ」では、活用語尾-rebaがつくことによって、kak-reba→kakebaとなる。命令形「カケ」では、活用語尾-reがつくことによって、kak-re→kakeとなる。

　九州方言や琉球方言などでは、タ形やテ形は独特な形を持っているため、連用形とは別に立てる必要がある。下崎山町方言「書く」のタ形・テ形を次に示す。

　タ形：カイタ、カタ
　テ形：カッ

タ形「カイタ」では、語幹kak-に活用語尾-taがつくことによって、kak-ta→kaitaとなる。

この過程ではiが脱落して、kaita→kataとなることもある。一方、テ形「カッ」では、活用語尾-teがつくことによって、kak-te→ka?となり、促音が現れる。しかし、たとえば「取って」では、語幹tor-に活用語尾-teがつくと、tor-te→totteとなり、-teがそのまま現れる。また、「読んで」では、yom-te→yoNのように、撥音が現れる。このように、同じ活用語尾-teがついても、語幹の種類によって現れる音声が異なる。このテ形の「テ」「デ」に相当する部分に現れる音声の種類は、方言によって異なっている。上述の下崎山町方言では、促音・撥音・「テ」・「デ」の4種類の音声が現れるが、熊本県天草市の一部では、促音・「テ」・「デ」の3種類であったりする。また、鹿児島県の一部では、促音・撥音の2種類しか現れない方言もある。さらに、現れる音声も促音・撥音の代わりに、長崎県島原半島の一部では「チ」「ジ」や「ヒ」が現れる方言もある。また、鹿児島県甑島では「レ」「ネ」が現れる。

このように、標準語の「テ」「デ」に相当する音声の種類、それらの音声がどの種類の動詞に分布するか、その分布の仕方の地域差、音便などが関わるため、テ形は非常に複雑なシステムと言える。

【動詞の活用：活用の種類】活用は、語形変化のパターンによっておおよそ3種類に分けられ、活用の種類と呼ばれる。五段活用、一段活用、変格活用である。五段活用は語形の変化が大きいため、強変化とも呼ばれ、一段活用は語形の変化が小さいため、弱変化とも呼ばれる。また、変格活用は不規則な変化をするため、強変化とも呼ばれる。ただし、弱変化・強変化という用語は、別の意味で用いられることもある。

五段活用は、カ行・ガ行・サ行・ワ（ア）行・マ行・バ行・ラ行・タ行・ナ行の9種類に下位分類される。このうち、ナ行では、西日本の方言で「シヌル」（死ぬ）、「イヌル」（帰る）といった特殊な形を持つものもある。一段活用は、基本的に上一段・下一段に下位分類されるが、九州東部や長崎県では上二段・下二段が残存している地域もある。変格活用には、「来る」「する」「行く」が含まれている。

琉球方言は、本土方言とは異なる活用の種類を持っている。たとえば沖縄本島の首里方言の五段活用には、ワ（ア）行五段活用は見られず、代わりにダ行五段活用がある。「被る」であれば、「カンダン（被らない）」「カンジ（被り）」「カンジュン（被る）」となる。一段活用は、上一段だけが見られる。変格活用では、「来る」「する」「行く」のほかに、「くびる」（kund-～kunč-）や「見る」（nnd-～nu-）も複数の語幹を持っている。また、青森県津軽方言では、一段活用動詞と五段活用動詞の区別がなくなりつつあるようである。変格活用動詞は、k-u（食う）、k-uru（来る）の2種類である。

【形容詞の活用】形容詞の活用形も、動詞と同様、「語幹＋活用語尾」から構成され、その種類も同じである。たとえば下崎山町方言の「高い」は、次のように活用する。

未然形：タコナカ（高くない）
連用形：タコナッ（高くなる）
終止連体形：タカカ（高い）
仮定形：タカカレバ（高ければ）
タ形：タカカッタ、タッカッタ
　　　（高かった）
テ形：タコーテ（高くて）

未然形・連用形では、taka-ku→takoというようにウ音便が起こっている。このウ音便は西日本に広く見られる。一方、東日本では「タカクナイ」の形が広く聞かれる。また、「タカーナイ」という形が山陰に分布しているが、近年その分布は縮小傾向にある。

終止連体形の末尾の「カ」は、九州で広く使用されており、「カ語尾」と呼ばれている。九州以外の本土方言では、「イ語尾」が使用される。イ語尾形は関西・四国を除き、おおよそtaka-i→takeeというように母音の融合

が起こり、「タケー」となっている。終止連体形の「タケー」が他の活用形の語幹として使用される「無活用化」「整合化」という現象も観察される。たとえば、東北には「タゲグネ」、南九州には「タケネー」などの形がある。整合化とは、「特定の活用形において音韻変化により発生した形を語幹に再度取り込むことで活用体系を安定化させるために起こった変化」である（大西編 2016）。沖縄首里方言では、「アマサン」（甘い）のように、語尾は「サン」である。連体形は「アマサル」で、終止形とは異なる形である。タ形では、広く「タカカッタ」が見られる。しかし、東北や九州南東部では「タケ（ー）カッタ」「タゲカッタ」など、整合化が見られる。また、「タコカッタ」のように、ウ音便の連用形が語幹部分に現れる形もある。これは大分県を中心に分布している。これも整合化現象の一種である。

【タ形の「タ」】「出した」の「た」の部分の発音は、全国的に「タ」であるが、「ケ」「トー」「ツ」が現れる地域もある。たとえば、「ダシケ」（長野）、「ダイケ」（静岡）。形容詞でも「タケッケ」「タッガイケ」（高かった）のように「ケ」が現れる。近年、長野・鳥取でも新たに「ケ」が現れている。また、「ダシトー」（新潟）、「ダイトー」（山梨）（出した）のように「トー」が現れる地域もある。新潟・山梨では形容詞でも「タカカットー」（高かった）のように「トー」が見られる。高知や鹿児島でも以前は「トー」が使用されていたが、近年では見られなくなっている。沖縄首里方言では「カチャン」（書いた）のように -aN という独特な形である。

[文献] 有元光彦「沖縄・首里方言の規則動詞の形態音韻論：試論」梅光女学院大学日本文学会編『日本文学研究』29（1993）、坂本幸博「津軽方言の動詞活用体系について」『国語学』54-1（2003）、有元光彦『九州西部方言動詞テ形における形態音韻現象の研究』（ひつじ書房 2007）、大西拓一郎編『新日本言語地図』（朝倉書店 2016） ［有元光彦］

仮定表現
かていひょうげん
conditional expressions

文法

　2つの出来事や状態（「事態」）が互いに依存し合って成立していることを表す複文で、先行する事態が成り立つと仮定した場合の関係を表す。「条件文」とも言う。先行事態を前件、後続事態を後件とする。標準語の形式「ト、バ、タラ、ナラ」の主な用法に次の5つがある。(1) 予測的条件：未来に前件が成立した場合に何が起こるかを予測し、判断や態度を後件に表す。①A「あした雨が降れば船は出ないだろう」、B「そこに行ったら電話しろ」、(2) 反事実的条件：事実に反する前件が仮に成り立った場合にどんなことが起こりえたかを後件に述べる。②A「もっと早く起きればよかった」、B「昨日手紙を書けば間に合ったのに」、(3) 認識的条件：前件が事実かどうか、予定や意向があるかどうかが発話の時点で決まっている場合に、それが仮に事実だった場合に、または予定や意向がある場合にどうするか判断や態度を表す。③A「隣に泥棒が入ったのならうちも気をつけないといけない」、B「手紙を書くなら、字をきれいに書いてくれ」、(4) 総称的条件：前件と後件の依存関係が習慣的または法則的に成り立つことを表す。④「その角を右に曲がると郵便局があります」「昔は田植えがすめば飲んだものだ」、(5) 事実的条件：前件が過去に実際に起こった時どうなったか、あるいは何が分かったかを後件に述べる。⑤「そこに行ったら会は終わっていた」（有田 2017）。(5)は「偶然確定条件表現」とも言う。

【形式】標準語と同形のト、バ、タラ、ナラおよび関連形式は日本全国にあり、各形式がどんな用法を持つかで地域差がある（三井 2009）。近畿・四国はタラが優勢で、熊本県北部などの九州の一部でナラの用法の広さが際立ち、南東北にトの用法が広い地域が点在する。そのほかはバ類が優勢だが、「フリャー」

「カキャー」のような融合形が中部、中国・九州北東部に、二段活用形（「オクレバ」「オクリャー」）が九州東部にある。ほかに、九州北西部に限定のギリに由来のギー類（「ギット」「ギーニャー」含む）が勢力を持つ地域があり、大分北部にテカラ・チカラ類（「フッチカラ」）、沖縄本島にネー類（「フイネー」「ウキーネー」）、宮古・八重山にティカー類（「フユーティカ」「ウィーティカ」）などの方言固有の形式がある。中央語の古形の未然形バにあたる形式が岩手県の一部地域（「カカバ」）、沖縄本島（「カクラバ」）に残る（大西編2016）。

【予測的条件と後件の発話意図】後件が行為要求の①-Bの場合、全国的にバ類・ト類よりもタラ類が好まれるが、九州のナラが優勢な地域では「タ形＋ナラ」、九州南西部及び岩手・秋田の一部地域では「タ形＋トキ」「タ形＋トキャー」が現れる。ギー類も①-Bに使われにくい地域がある。

【認識的条件と準体形式】(3) 認識的条件には、全国的にナラ類または断定の助動詞に由来する形式が現れ、しばしば「ノ」相当の「準体形式」が前接するが、地域差がある。東北・関東の「カクアンダラ・カグゴッタバ」、近畿・四国の「カクネヤッタラ・カクトジャッタラ」、九州の「カクトナイバ」など。（大西編2016、日高2017）。

【仮定形式の事実用法】(5) 事実的条件を表すタラ類は、確定条件形式のタリの已然形タレバが源とされる（小林1996）。東北・九州の一部地域には古形のタレバ類（タリャー・タイバ・タバ・タヤなど）が見られ、東北ではタッケも強い勢力を持つ。

[文献] 小林賢次『日本語条件表現史の研究』（ひつじ書房 1996）、三井はるみ「条件表現の地理的変異」『日本語科学』25 (2009)、大西拓一郎編『新日本言語地図』（朝倉書店 2016)、有田節子「日本語の条件文分類と認識的条件文の位置づけ」・日高水穂「認識的条件文の地理的変異の類型」有田編『日本語条件文の諸相』（くろしお出版 2017）　　　　　　　　　　　　　　　　［有田節子］

可能表現
かのうひょうげん
potential expressions
文法

　動作主体が意志的に動作を行おうとする場合、その動作の実行が可能／不可能であることを表す表現。

【可能の形式】可能の意味を表す方言形式には、(1) 助動詞（(ラ) レル）、(2) 接辞-eru（可能動詞・ラ抜きことば）、(3) 補助動詞（エル・キル・オーセルなど）、(4) 補助形容詞（ニイイ）、(5) 副詞（ヨー・エなど）、(6) 語彙的可能動詞（デキル・ナルなど）などがある。起源的に他の意味・機能を表していた形式が多いが、その元の意味・機能によって分類すれば、①自発（ヴォイス）系、②完遂（アスペクト）系、③その他に分けられる。①自発系は自然に動作が出来るといった意味を表したもので、(1) 助動詞（ラ）レル、(6) 語彙的可能動詞デキル・ナルなどがある。主語をがもしくはニ、目的語をガで表すことが多い。②完遂系は動作を最後まで実行するといった意味を表したもので、(3) 補助動詞（エル・キル・オーセルなど）や (5) 副詞エなどがこれに該当する。主語をガ、目的語をヲで表示する。(2) 接辞-eru（可能動詞・ラ抜きことば）については、自動詞出自説と補助動詞エル出自説の二説がある。

【可能の意味】可能の意味は、(1) 動作の実現までを述べるか潜在的な可能性のみを述べるか、(2) 動作の実現を（不）可能にする条件は何か、の、2つの軸によって分類される。

(1) 実現の有無
　a. ようやく逆上がりができた（実現）
　b. 行こうと思えば行けたのに（潜在）

可能（potential）と言えるのは後者だけであるが、日本語では同じ可能形式が両者を表すことが多い。方言によっては実現を表す形式を欠く場合がある。

(2) 可能の条件
　c. 100メートル10秒で走れる（能力）

d. グランドが工事中で走れない（状況）

cは動作主体の能力を、dは状況による（不）可能を述べるものである。方言には、この2つを同じ形式で表現するものと異なった形式で表現するものがある（下表は「読ム」の例）。

地域	能力可能	状況可能
秋田	ヨメル・ヨメネ	ヨムニイー・ヨマエネ
山形内陸	ヨミイ・ヨマンネ	
新潟北部	ヨメル・ヨメネ	ヨマレル・ヨマンネ
東京	ヨメル・ヨメネー	
長野	ヨメール・ヨメーネ	ヨメル・ヨメネ
京都	ヨーヨム・ヨーヨマン	ヨメル・ヨメヘン
大阪	ヨーヨム・ヨーヨマン	ヨメル・ヨマレヘン
高知	ヨーヨム・ヨーヨマン	ヨメル・ヨマレヘン
福岡	ヨミキル・ヨミキラン	ヨマルル・ヨマレン
長崎	ヨミユル・ヨミエン	ヨマルル・ヨマレン
鹿児島	ヨミガナル・ヨミガナラン	
沖縄	ユミユースン・ユミユーサン	ユマリーン・ユマラン

各地方言の可能形式（鈴木ほか2006）

能力可能を表す形式と状況可能を表す形式のそれぞれが担う意味範囲は、方言によって若干異なることがある。また、方言によっては条件をさらに下位区分して表現するところもある（例：大分の、時間的余裕があって（不）可能であることを表す補助動詞ダスなど）。

【可能否定文による禁止表現】可能の否定文は標準語では、

e. ここは駐車できません

f. （乾燥剤の袋の表示）食べられません

のように、話し手の意図を聞き手に押しつけずに禁止を表すための丁寧な表現として使用されることがあるが、四国方言などでは能力可能（副詞ヨー）、状況可能（接辞-eru）を表す形式とは別に、助動詞（ラ）レルが禁止の意味を表す形式として日常的に使用される。

g. そんなことセラレン

もともと語用論的な推論によって得られた禁止の意味が特定の形式に定着したものである。可能の意味を表す形式と同じ形式が禁止を表す方言もある（山形市方言など）。

[文献] 渋谷勝己「自発・可能」『シリーズ方言学2 方言の文法』（岩波書店 2006）、鈴木良次ほか編『言語科学の百科事典』（丸善 2006） ［渋谷勝己］

漢語
かんご
sino-japanese

語彙

日本語の語種の一種（→外来語）。狭義には古来中国から借用した語を指す。広義には日本でつくられた和製漢語（「哲学」など）を含み、字音語（音読みする語の意）とも呼ばれる。

日本語の漢字には、主として古代中国語での発音に基づいた読み方（音）と、その意味に対応する和語をあてた読み方（訓）とがある。1つの漢字に複数の音が存在するのは、各時代における漢字の中国音が繰り返し輸入されたからである。その音が借用された時代によって、呉音、漢音、唐音（宋音）に区分される。

【方言と漢語】方言は主として日常の生活場面における話しことばとして使用される。これに対し、漢語は文章語としての性格が強く、公用文や新聞紙面などにおける書きことばとして使用されている。標準語においては漢語は話しことばとしても使用されるが、たとえばNHKのニュース番組では、アナウンサーが読み上げる原稿では和語が用いられ、テレビの画面には漢語が示される場合がある（たとえば、「取り除くのが難しい」と「撤去が困難」）。これは、漢語と書きことばの親和性が高いことを示す事例である。

【方言に残る漢語語彙】以上の方言と漢語の基本的な性格から、方言には漢語が少なく、「方言特有の漢語」はいっそう少ない。以下では、これまでの方言研究において特に注意されてきた三語について紹介する。

・徒然（とぜん） 兼好法師『徒然草』は「つれづれぐさ」と読む。「つれづれ」という和語は『伊勢物語』『枕草子』『源氏物語』などに現れるが、これらの作品に「とぜん」は見られない。他方、『平家物語』『曽我物語』には「とぜん」と「つれづれ」とが併存する。平安時代、「とぜん」は漢文の世界によく用いられ

ていたが、鎌倉時代には和漢混淆文にも用いられるようになった。室町時代の口語資料・抄物になると「つれづれ」は用いられず、「とぜん」ばかりである。東北、中部（静岡・愛知）、九州では「とぜん」由来の方言（「とぜんこ」「とぜんなか」など）が広く使われており、「寂しい」「たいくつ」「空腹」など意味もさまざまである。

・舎弟（しゃてい）　現代日本語において「舎弟」という語を耳にするとすれば、ヤクザ映画を通してだろう。その意味するところは、兄貴分につき従う弟分である。「舎弟」が日本の文献に初めて現れるのは、平安時代の漢詩文集においてであり、鎌倉・室町時代には『延慶本平家物語』『太平記』などの軍記物語に頻出する。使用者は武士で、意味は「嫡子よりも格下の男子」であった。江戸時代になると以上の意味の「舎弟」が地方の庶民層にも使われるようになり、長子相続、兄弟間の序列関係などの社会的背景に支えられ、現在でも「弟」の意味で関東や東北地方の方言に残っている。

・南蛮（なんばん）　「南蛮」は、もともと、古代中国で「南方の異民族」を指す蔑称として用いられた語で、日本でも『色葉字類抄』『太平記』などにこの意味の用例がある。室町時代以降はルソンやジャワなどの東南アジア諸国、また、日本に渡来するスペイン人・ポルトガル人を指すようになり、これが転じて東南アジア等を経由してスペイン・ポルトガル人によってもたらされた舶来品や渡来作物の名として用いられるようになった。「南蛮文化」「南蛮貿易」「南蛮漬け」「鴨南蛮」などは標準語として使われるが、方言では、唐辛子（関東を除く東日本）、タマネギ（近畿全域および中国・四国地方の一部）、南瓜（宮崎・熊本）、イチジク（兵庫・香川・愛媛・熊本・鹿児島の一部）などの意を表す。

[文献] 佐藤雄一「方言にあらわれる漢語・外来語―東日本方言」『国文学解釈と鑑賞』70-1 (2005)、澤村美幸『日本語方言形成論の視点』（岩波書店 2011）　[小川俊輔]

感情語彙・感覚語彙
かんじょうごい・かんかくごい
emotion vocabulary / sensory vocabulary

語彙

感情語彙は、感覚や観念に伴って起こる快・不快あるいは緊張・弛緩の現象、喜・怒・哀・楽・恥・好・厭・驚などを表す語、感覚語彙はいわゆる五感（視覚・聴覚・臭覚・味覚・触覚）の表現。

方言の感情語彙・感覚語彙には微妙な意味的ニュアンスがあるので、標準語に置き換えることが難しい語も多い。たとえば中国地方には、痛みを表す次のような語がある。

・ウズク　頭・歯・傷口のズキズキと鈍い痛み
・ハシル　歯・傷口などのピリピリとした痛み
・ニガル　腹の刺し込むような痛み
・オバル　腫物が熱をもって鈍くズキズキとした痛み

痛む箇所と痛み方によって、それぞれの語が使い分けられている。ウズク以外は、共通語に対応する語はない。

また、オノマトペによる表現も多く、その意味的なニュアンスは複雑である。オノマトペは東北地方で豊富であると言われ、独特の語がある。青森県などで、腹が痛いのを「腹がニヤニヤする」と言うが、この感覚を他の語で言い換えるのは困難であろう。このため、記述については、使用場面や意味的なニュアンスを細かく調査することが必要である。川崎 (1976) は、北海道・東北で使用される「アズマシー」について、

「快くて、気持ちがくつろいで、のびのびできて、拘束されない自由さがあって、せかされるということがなくて、居心地がよくて、ほっとする気持ちと満足感が結びついていて、悠々としている、それらを全部いっしょにしたようなと、いえるでしょうか。」

と説明している。

広島県では、億劫であることを「タイギー」と言い、若い世代もふつうに使い、やはり共通語では表現しにくく、そもそも方言意識もない。このため、感情語彙・感覚語彙は、方言が使われ続ける代表的分野の1つである。

川本（1982）によれば、青森県方言の場合、感情的なものは、メンドクラシ（面倒くさい）のようにシク活用が多く、感覚的なものは、ヤッコエ（やわらかい）のようにク活用が多いとある。これは、一般的に、シク活用は主観的表現が著しく、ク活用は客観的に表現することが著しいとされることと一致している。

また、山口（1982）によると、各地の調査から、感情を表すものは、マイナス評価の語がプラス評価の語よりも圧倒的に多い。この偏在は、地域に住む人間の関心の寄せ方として、一般性のあるものと考えられる。

全国分布については、『日本言語地図 第1集』に、「まぶしい」「くすぐったい」「きなくさい」などの分布図がある。また、真田・友定編（2015）では、分布類型として、
・周圏的分布（寂しい） トゼン（東北） サビシイ（中央部） トゼン（九州）
・東西分布（ずるい） ズルイ（東日本） コスイ（西日本）
・東：単純、西：複雑（恐ろしい） オッカナイ（東日本） オトロシイ、キョーテー、オゾイ、エズイ（西日本）

の3つのパターンを挙げているが、これだけではないと思われる。

[文献] 川崎洋『母の国・父の国のことば』（NHK出版1976）、川本栄一郎「東北方言の感情語・感覚語」佐藤喜代治編『講座 日本語の語彙 第8巻』（明治書院1982）、山口仲美「感覚・感情語彙の歴史」森岡健二ほか編『講座 日本語学 第4巻』（明治書院1982）、真田信治・友定賢治編『県別方言感情表現辞典』（東京堂出版2015）、真田信治・友定賢治編『県別方言感覚表現辞典』（東京堂出版2018）　　　　　　　　　[友定賢治]

感動詞
かんどうし
interjection

語彙

一般的な特徴としては、驚き、歓喜などの気持ちの表出や、応答、呼びかけの用法を持ち、構文的には他の要素から独立し、単独で文をなすことができる語とされる。「まあ」「ありがとう」「もしもし」などさまざまなものが感動詞として一括されている。

出自からは、原生感動詞と転成感動詞とに分けられる。前者は、「ああ」「へえ」「ほほう」のように、生理的な発声と恣意性を有する一般的な言語記号との中間的な性格を持つもので、もともとの感動詞と言えるもの。後者は、「あれっ」「どれ」「ほんと」など、代名詞や副詞からの転成と考えられるものである。

意味から分類する場合、自らの感動を言い表すものと、応答に用いられるものとの2つに分ける考え方、あるいは、呼びかけを加えて3つに分ける考え方が一般的である。

地域性については、澤村（2011）に、「失敗したときの感動詞」について、西日本には、シマッタ、チクショーなど動詞・形容詞・名詞などからの転成による「概念系感動詞」が多く、東日本には、オノマトペや生理的な音声など「非概念系感動詞」が多いという報告がある。応答詞については、『方言文法全国地図 第4集』に「いや」（図165）と「うん」（図163）の分布図が掲載されているが、方言の応答詞の解明は不十分である。さらに、感動詞をよく用いる話し方をするかどうかといった運用の地域差なども解明されていない。

[文献] 鈴木一彦「感動詞とは何か」『日本文法本質論』（明治書院1976）、山口尭二「感動詞・間投詞・応答詞」鈴木一彦・林巨樹編『研究資料日本文法 4』（明治書院1984）、「特集感動詞」『月刊言語』34-11（大修館2005）、澤村美幸『日本語方言形成論の視点』（岩波書店2011）、小林隆・澤村美幸『ものの言いかた西東』（岩波書店2014）、友定賢治編『感動詞の言語学』（ひつじ書房2015）　　　　　　　　　　　　　[友定賢治]

間投助詞
かんとうじょし
interjective marker

文法

　話しことばにおいて、文中の文節末に現れ、聞き手に注意を促したり、間を置いたりするのに用いられる語。間投助詞と文末詞とを明確に分けることは、文の定義とも関わって困難であり、間投的用法の語として捉えておく。

　ナ行音の「な、ね、の」が広く用いられるが、「に」もわずかには用いられている。ほかには「よ」「さ」もあり、「な＋申し」からなる「なもし」も愛媛県などで用いられている。これらには使用地域や位相差などが認められ、文中に繰り返し使用されることもあり、方言的特徴を代表するものとされることもある。たとえば広島県西部は「ノー」が、東部では「ナー」が使われ、広島県方言の地域差を認識する大きな要素となっている。あるいは、「昨日サー、友達とサー、会ってサー」の「サー」は西日本方言話者は、標準語の象徴のように捉えている。

　研究としては、間投助詞に限定して考察するのではなく、間投詞、フィラーなどを含めて考察するのが望ましい。フィラーは、話の始まりや語句の繋ぎに発する無意味な音声と説明されたが、現在は、日本語話しことばの重要な要素とされ、分析も進んでいる。

　間投詞には、人称代名詞系のもの、指示代名詞系、副詞系、接続詞系、動詞系、文系のものなど多様に認められ、その地域性も認められる。たとえば「モ　チットモ　アータ　シラダッタモンダケン。」のような人称代名詞系の「あなた」の間投詞用法は九州地方に顕著である。

［文献］山根智恵『日本語の談話におけるフィラー』（くろしお出版 2002）、定延利之『ささやく恋人、りきむリポーター』（岩波書店 2005）　　　［友定賢治］

勧誘表現
かんゆうひょうげん
hortative expressions

文法

　話し手が聞き手にともに同じ行為をするよう誘いかける表現。モダリティの一種ともされる。標準語では、意志形のショーおよび無標形スル、それに終助詞が付いたショーカやスルカ、否定形疑問のシナイ（カ）などを主に使用する。勧誘表現は、大きく2つのタイプに分けられ、一方が話し手と聞き手が1つのグループとして共同して行う行為の実行を聞き手に提案するもの（グループ型）、もう一方は、話し手が実行している・しようとしてる行為について聞き手へ参加するよう誘うもの（引き込み型）である。ショウ・ショウカ・スルカ・シナイカ形式のうち、ショウカについては、引き込み型としての使用ができない。たとえば、「これから買い物だけど、君も一緒に｛行こう／*行こうか／行くか／行かないか｝？」においては、「行こうか（ショウカ）」のみが不適切である。グループ型については、「今からみんなで海に｛行こう／行こうか／行くか／行かないか｝」のように、上記すべての形式を用いることができる。

　八丈や琉球の一部の方言では勧誘表現専用形式（勧誘表現のみを表したり、それが主な用法であるような形式）があるが、本土諸方言では勧誘表現専用形式を持っているということはあまりなく、標準語と同様、しばしば意志形や意志形疑問、否定形疑問などが使用される。否定意志形疑問（イクマイカなど）を用いる地域もある。また、標準語における「ゴミはゴミ箱に捨てましょう」など、ともに行うことを前提としない、命令に近い用法のように、方言によっては年少者への命令に、勧誘表現と同じ形式を用いる場合もある。

［文献］日本語記述文法研究会『現代日本語文法4 第8部・モダリティ』（くろしお出版 2003）、大西拓一郎編『方言文法調査ガイドブック3』（国立国語研究所 2009）
　　　［林由華］

擬音語・擬態語
ぎおんご・ぎたいご
onomatopoeia / mimetics

🈒 **語彙**

擬音語とは、ものの音や、生物の声を模写する語、擬態語とは、言語音が持つ音象徴（sound symbolism）を利用して、動作や様子、感覚や感情を表す語を指す。両者を合わせて、オノマトペ（onomatopoeia）と呼ぶこともある。

諸外国の言語に比べ、日本語には擬音語・擬態語が豊富にあると言われる。日本語の擬音語・擬態語は、(a)「どきどき」のように、語基を繰り返したり、(b)「きらり（きらーり）」のように、語基に特有の接辞が接続するなど、形態的に一定の特徴を共有するものが多い。

近年の研究で、擬音語・擬態語にも歴史的な変化があることや、豊富な地域差があることが分かってきた。全国的な擬態語の地域差の例は、小林・篠崎（2010）に「大声でなく様子」が紹介されている。より狭域な地域差の例を下に示す。下図は、奄美群島沖永良部島における「秋の蟬」の言語地図である。この蟬は鳴き声が特徴的で、擬音語が名称に利用されており、地域的なまとまりごとに一定の形式が共有されている。

方言の基本的な擬音語・擬態語を調べるには、沖縄言語研究センター発行の第4調査票（津波古・上村編 2003）を利用することができる。また、各地の方言辞典や談話資料に現れる語例を収集し、それを基に調査を行うことで、より効率的に地域特有の表現を集めることができる（→談話分析）。小野正弘編（2007）には、古語や方言も含め、日本の豊かな擬音語・擬態語が収録されている。

[文献] 小野正弘編『擬音語・擬態語4500 日本語オノマトペ辞典』（小学館 2007）、小林隆・篠崎晃一編『方言の発見』（ひつじ書房 2010） ［横山晶子］

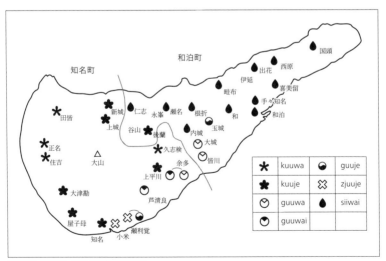

「秋の蟬」の呼び名（沖永良部島）横山作成

記述文法
きじゅつぶんぽう
descriptive grammar

　ある言語体系の総合的記述を示した学術成果のこと。記述文法は、学習・規範文法（prescriptive grammar）に対立する概念である。学習・規範文法は、正しい言い方と間違った言い方を区別し、言語学習という実用的な目的を持つ。

　これに対して記述文法書は、あくまで言語学的な観点から、その言語の体系を実態に即して正確に記述することを目的としている。しばしば、参照文法（reference grammar）という言い方もなされるが、これは学習・規範文法と記述文法に対して中立的な表現である。学習者が言語を学ぶ際に参照する文法、という意味でも使われるし、言語学者がある言語の事実を知るために参照する文法、という意味でも使われるからである。

【記述文法のカバーする内容】記述文法の目的は、その言語体系の正確な記録である。よって、当然言語体系全体にわたって幅広く記述されていなければならない。言語体系全体を扱うという目標の完璧な達成が不可能だとしても、その言語の主要な仕組みが読者に伝わるように、「音韻から複文まで」幅広く記述する必要がある。そのためには、音韻論から複文構造までの記述を行うための一般言語学的な基礎知識を得る期間が必要であり、さらに長期間のフィールドワークと、執筆に集中できる期間が必要である。一冊の記述文法書を仕上げるためには、どんなに少なく見積もっても数年間の時間が必要である。

　以下に示すのは、日琉諸方言の記述文法書を想定した標準的な記述内容（章立て）である。各項目は、さらにいくつかのサブセクションから構成され得るが、ここでは省いている。

(1) 言語の基本的な情報
　(a) 地理・系統
　(b) 話者数、民族構成、産業
　(c) 人類学的記述（親族名称体系、家畜の名称体系、儀礼の記述など）
　(d) 教育・メディア・活性度（今後話者数を維持できるか）
　(e) 先行研究のサマリー
　(f) 類型論的なサマリー（音韻と文法の基本情報）
(2) 音韻論
　(a) 音素目録（調音位置・調音様式の図含む、最小対のリスト、異音とその環境）
　(b) 音節構造・音素配列（単純語の場合、合成語の場合、頻度別の構造）
　(c) （形態）音韻規則（一般規則と形態素個別の規則）
　(d) プロソディー（リズム、アクセントやトーン、イントネーション）
(3) 文法の基本的な単位の認定・定義
　(a) 文の諸要素の定義（語、接辞、接語、節、句）
　(b) 節の基本構造（基本語順、動詞文と名詞文）
　(c) 品詞分類
　(d) 文法関係
(4) 形態論
　(a) 形態法（複合、接辞化、重複の例）
　(b) 動詞形態論（屈折・派生）
　(c) 名詞形態論（屈折・派生）
　(d) 形容詞形態論
　(e) 品詞転換の派生
(5) 代名詞の構造と体系
(6) 名詞の構造
(7) 数詞の構造と体系
(8) 動詞の構造
(9) 形容詞の構造
(10) 連体詞の構造と体系
(11) 名詞句
　(a) 修飾部（属格名詞句、形容詞、連体詞、連体節など）
　(b) 主要部（形式名詞など特殊な主要部

含む）
　（c）準体
（12）述語句
　（a）動詞述語
　（b）名詞述語
　（c）形容詞述語
（13）節の構造とタイプ
　（a）定形節・非定形節の区別
　（b）項の数による節の分類
　（c）動詞述語文・名詞述語文
（14）助詞（格助詞、副助詞、終助詞の記述）
（15）複文構造
　（a）等位接続
　（b）従位接続
　（c）節連鎖
　（d）言いさし
（16）文の機能
　（a）疑問詞と指示詞の体系
　（b）平叙文・疑問文・命令文
　（c）肯定文と否定文
　（d）コピュラ文（等価・包摂）
　（e）場所
　（f）所有
　（g）有生性
　（h）定性・特定性
　（i）テンス・ムード・アスペクト
　（j）ヴォイス（受動、使役、相互、再帰、逆使役、その他）
　（k）可能
　（l）待遇
　（m）主題化・焦点化
（17）資料
　（a）テキスト（談話資料）
　（b）語彙（文法書の中で用いられたすべての語のリスト・意味の辞書的な記述）

【消滅危機方言の記述文法のリスト】
　以下は、琉球諸語と本土諸方言を扱っている記述文法書及び文法概説のリストである（2018年時点）。商業出版されたものに限らず、学位論文も含めている。記述文法を書く人はこれらを参考にすることができる。

【関東】原田伊左男（2016）『埼玉県東南部方言の記述的研究』（くろしお出版）
【北陸】小西いずみ（2016）『富山県方言の文法』（ひつじ書房）
【九州】窪薗晴夫、森勇太、平塚雄亮、黒木邦彦（2015）「甑島里方言記述文法書」（関西大学学術リポジトリ）
【琉球】白田理人（2016）「琉球奄美喜界島上嘉鉄方言の文法」博士論文（京都大学）
【琉球】横山（徳永）晶子（2017）「琉球沖永良部島国頭方言の文法」博士論文（一橋大学）
【琉球】林由華（2013）「南琉球宮古語池間方言の文法」博士論文（京都大学）
【琉球】原田走一郎（2016）「南琉球八重山黒島方言の文法」博士論文（大阪大学）
【琉球】占部由子（2017）「南琉球八重山西表船浮方言の文法概説」修士論文（九州大学）
【琉球】下地賀則（2018）『南琉球宮古語伊良部島方言』（くろしお出版）
【琉球】ハイス・ファンデルルベ（2017）「琉球沖永良部語正名方言の記述文法研究」博士論文（琉球大学）
【琉球】Shimoji, Michinori（2008）A grammar of Irabu, a Southern Ryukyuan language PhD thesis (Australian National University)
【琉球】Pellard, Thomas（2009）Ōgami: Éléments de description d'un parler du Sud des Ryūkyū PhD thesis (EHESS)
【琉球】Niinaga, Yuto（2014）A grammar of Yuwan, a northern Ryukyuan language. 博士論文（東京大学）

［文献］下地理則「文法書を編纂する」パトリックハインリッヒ・下地理則編『琉球諸語記録保存の基礎』（東京外国語大学アジア・アフリカ言語文化研究所 2011）、小西いずみ『富山県方言の文法』（ひつじ書房 2016）、下地理則『南琉球宮古語伊良部島方言』（くろしお出版 2018）

［下地理則］

気付かない方言
きづかないほうげん
unnoticed dialectisms

【社会】

　方言とは、標準語と共通する要素も含めて、ある地域で話されることばの総体を指す。しかし、俗に「方言」という場合、標準語と異なる、その方言特有の要素だけを指すことも多い。そのような方言特有の要素のうち、方言特有であることに気付きにくいものを「気付かない方言」、あるいは「気付かれにくい方言」などと言う。

　気付かない方言には、九州の「はわく（ほうきで掃く）」のように語形が標準語と異なるものもあるが、名古屋周辺の「つる（机などを運ぶ）」、西日本で広く使われる「なおす（片づける）」のように語形は標準語と共通で意味が異なるものが多い。語形が共通だと、語の意味が方言特有であることに気付きにくいためだと考えられる。

　語彙のほか、東北南部・関東の「あるって（歩いて）」という活用形、北海道・東北北部の自発を表す「〜さる（自然と〜になる）」という助動詞など（→自発表現）、文法に関するものも多い。

　近年では、感動詞や会話の進め方など、もともと言語事象として意識にのぼりにくい要素についても方言差の研究が進んでいる。

　気付かない方言は、研究上、方言差の実態と方言意識のズレの現れと捉えられる。巷間で話題に上がりやすいため、インターネットでも気付かない方言を紹介する記事は数多く見かけられる。「気付かない方言」に気付くことは、方言に興味を持つきっかけになりやすい。

[文献] 小林隆・篠崎晃一編『方言の発見―知られざる地域差を知る』（ひつじ書房 2010）、早野慎吾「気づかない方言」井上史雄・木部暢子編著『はじめて学ぶ方言学―ことばの多様性をとらえる28章』（ミネルヴァ書房 2016）
[白岩広行]

希望表現
きぼうひょうげん
desiderative expressions

【文法】

　主体（主語）が自分の行為や状態の実現として望んでいること、もしくは主体以外の者の行為や状態の実現として望んでいることを表現したもの。標準語では主体の希望は「たい」、主体以外の行為や状態に対する希望は「てもらいたい」「てほしい」で表される。ただし、話者（一人称）以外の希望を表現する場合、「そうだ」「らしい」などを付与しないと不自然になる。

　諸方言では、①連用形接続のタイ類（全国）、②終止形接続のタイ類（山形）、③意志形接続のゴタル類（熊本・鹿児島）、④連用形接続のブシャン類（琉球）、⑤仮定の形式と好悪評価の形容詞（中国西部・四国西部）などの形式を用いる。たとえば②は「シヌダエ」（死にたい）のように使われる。③は「イコーゴタル」「イコゴチャッ」（行きたい）などを指す。ゴタルは西南部のみで希望表現として用いられ、九州全域では「しそうだ」の意味で用いられる。④は「イキブシャン」（行きたい）などを指し、連用形相当の形式に「ブシャン」（ほしい）が接続している。⑤は、「イキャーエー」「イッタライイ」（行きたい）などの形で現れる。琉球諸方言では、④のブシャン類のほかにイタ類とされる希望表現があり、「小便／大便がしたい」「眠りたい」などの生理的に不可避な欲求に用いられる（例：「ニヴタムヌ」（眠い）宮古方言）。南琉球の宮古方言では希望表現として動詞未然形接続のバーなども用いられる（例：「イカバー」（行きたい、行ってほしい））。

　近畿では、否定の希望の表現として、「シテホシナイ」のほかに「シテイラン」がある。後者は主にその出来事が実現すると話し手の迷惑になる場合に用いられる。

[文献] 大西拓一郎編『方言文法調査ガイドブック3』（国立国語研究所 2009）
[林由華]

基本周波数
きほんしゅうはすう
fundamental frequency
【音韻】

　正確には音声基本周波数と言う。略称はF0（エフゼロ）で単位記号はHz。声帯振動を音源とする波形の周期に対応する周波数であり、時間あたりの声帯の振動数に一致する。声の高さの感覚（ピッチ）を決定する主要な物理的特徴であり、他の条件が同じならば、基本周波数が高いほど、声の高さが高いと知覚される。このことから慣習的に「ピッチ周波数」と呼ばれることがあるが、基本周波数は物理的属性であるのに対して、ピッチは心理的属性であり、両者は1対1の関係にない。たとえば、基本周波数が2倍になっても、声の高さが2倍になったように感じられるとはかぎらない。厳密には、両者は区別されるべきである。

　基本周波数の時間的な変化は、アクセントやイントネーションを形成する。従来、日本語諸方言のアクセントおよびイントネーションは、研究者の聴覚印象に基づいて定性的に分析されるのが一般的であったが、現在では基本周波数の計測に基づいた定量的分析が頻繁に行われる。これにより、より客観的な分析が可能となった。一方で基本周波数の計測に基づく分析は、聴覚印象に基づく分析では通常考慮されないさまざまな要因を考慮する必要がある。たとえば基本周波数には著しい性差があり、また個人差も大きく、さらに話し手の感情、体調などによっても変動し得る。分析の際には、これらの要因の効果を最小化し、比較可能なデータを得るための工夫が必要となる。ほかにも、基本周波数は無声音には欠如すること、狭母音は広母音より高い基本周波数を有すること、阻害音区間は基本周波数が低下したり欠如したりする上、前後の基本周波数にも影響を与えることなどを考慮する必要がある。

［文献］レイ・D・ケント，チャールズ・リード『音声の音響分析』（海文堂出版 1996）　　　［五十嵐陽介］

疑問表現
ぎもんひょうげん
interrogative expressions
【文法】

　聞き手に対して情報要求を行う表現。情報の真偽が不明であることを表す真偽疑問文（yes-no question）と、不明な情報を疑問詞で表す疑問詞疑問文（wh question）がある。

【疑問文の文末音調】標準語の疑問表現は、（1）文末に疑問助詞「か」を添える、（2）疑問詞を用いる、（3）文末の音調を上げる、のうちの1つ以上の要素を持つ。東京方言では一般的に、真偽疑問文、疑問詞疑問文のいずれも、疑問助詞の省略が可能である一方、文末の上昇音調は必須のものとなる。

	真偽疑問文	疑問詞疑問文
疑問助詞	任意	任意
疑問詞	—	必須
文末音調	上昇音調	上昇音調

東京方言の疑問表現の要素

　一方、諸方言の中には、疑問表現の要素として、文末が上昇音調ではないものがある。たとえば、鹿児島方言では、真偽疑問文、疑問詞疑問文のいずれにおいても、疑問助詞の使用が必須である一方で、文末は下降音調をとる（木部2010）。

	真偽疑問文	疑問詞疑問文
疑問助詞	必須	必須
疑問詞	—	必須
文末音調	下降音調	下降音調

鹿児島方言の疑問表現の要素

　疑問表現の要素として、文末が上昇音調ではない方言は、東北や北陸、九州などの方言に見られる（木部2010）。

【疑問文の拡張的意味機能】典型的な疑問表現は、聞き手に対する情報要求（質問）をするものであるが、真偽疑問文が下降音調をとると話し手自身の納得を表し（「明日は休みか↓」）、疑問詞疑問文が下降音調をとると詰問

(「これは何↓」)や反語(「誰が来るか↓」)などの意味を持つようになる(「↓」は文末の下降音調を示す)。また、聞き手がいない場合は、疑いの意味を表す。さらに、「てくれる(か)↑」「てくれない(か)↑」のような授受動詞の疑問文は依頼表現として用いられ、意向形の疑問文「しようか↑」は申し出表現、意志動詞の否定疑問形「しない(か)↑」は勧誘表現として用いられる(「↑」は文末の上昇音調を示す)。

【否定疑問文の意味機能】こうした質問以外で用いられる疑問表現のうち、特に否定疑問による表現形式は、諸方言においても、多様な意味機能を持っている。たとえば、近畿以西の方言では、意志動詞の否定疑問形を命令表現として多用する傾向がある。また、東海地方の方言では、「イカマイカ(行こう)」(愛知県三河方言、静岡県西部方言)、「イコマイカ(行こう)」(愛知県尾張方言)のように、否定の意志・推量を表すマイの疑問形を勧誘表現として用いる。

断定辞の否定疑問形「ではないか(じゃないか)」は、確認要求表現として用いられる。東京方言の「ではないか(じゃないか)」は、命題確認要求(「雨が降るんじゃないか↑」)と知識確認要求(「やっぱり雨が降ったじゃないか↓」)をともに表すが、関西方言では、命題確認要求では(ト)チガウカ/チャウカ(「フルントチガウカ↑」)を用い、知識確認要求ではヤンカ(「フッタヤンカ↓」)を用いる。ただし伝統的な方言で、知識確認要求を「ではないか」類の否定疑問形で表す方言は多くはなく(松丸2007)、中央語で新しく発達した表現だと言える。

[文献] 松丸真大「「確認要求表現」とその分布―否定疑問形式を中心に」『日本語学』26-11(明治書院2007)、木部暢子「イントネーションの地域差―質問文のイントネーション」小林隆・篠崎晃一編『方言の発見』(ひつじ書房2010)　　　　　　　　　　[日高水穂]

逆使役
ぎゃくしえき
anticausative

【文法】

逆使役は他動性交替に関わる動詞の文法的カテゴリー。同じ結果事象を表す自動詞と他動詞の対において、「開く・開ける」(ak-u/ake-ru)のように他動詞の側が有標なものを使役型と呼び、「折れる・折る」(ore-ru/or-u)のように自動詞の側が有標のものを逆使役型と呼ぶ。逆使役という概念は1970年代のV.P. Nedjalkovらによる使役対の類型論的研究によって言語学の世界にもたらされた。

上の例は語彙的自他動詞対だが、接辞などの生産的形態法を用いて他動詞から動作主のない自動詞を派生する場合も逆使役と見なされる。日本語には自発述語の1つの用法として逆使役を持つ方言がある。自発接尾辞は地域によって形態が異なり、北東北、北海道、栃木県、静岡県の大井川流域などでは-(r)asarが用いられ、山形県、福島県、熊本県などでは-(r)arが用いられる。

逆使役は直接目的語が主語に昇格する点が受身と共通だが(大キナ丸ヲ書イタ、大キナ丸ガ書カサッタ、大キナ丸ガ書カレタ)、他動詞主語のあり方が受身とは異なる。たとえば受身文の場合、他動詞の主語に対応する要素は斜格(「に」または「によって」)で表現できる(例:チョムスキーによって書かれた本)が、逆使役構文の場合は斜格であっても他動詞文の主語に対応する要素を表すことができない(例:「(*誰かによって)大きな丸がカカサッテイル」(描かれている))。

[文献] V.P. Nedjalkov, G.G. Silnitsky The Typology of Morphological and lexical causatives. In: Frenc Kiefer (ed.), *Trends in Soviet Theoretical Linguistics*. Dordrecht: Reidel Publishing Company, 1973.　[佐々木冠]

九琉祖語（九州・琉球祖語）
きゅうりゅうそご
Proto-Kyushuan-Ryukyuan

【歴史】

　琉球語と九州方言とが系統樹において姉妹関係にあるとする仮説において、琉球語と九州方言のみを子孫とする祖語の名称。日本列島の言語の系統関係に関する通説では、琉球列島の諸方言はまとめて琉球語、日本本土の諸方言はまとめて日本語と呼ばれ、琉球語と日本語は日琉祖語を親とする姉妹関係にあるとされる。この通説では、九州方言は日本語の下位方言となるので、琉球語と九州方言は、従姉妹関係かそれより遠い関係となる。一方、九琉祖語仮説では、琉球語と九州方言とが九琉祖語を親とする姉妹関係をなす。

　琉球語と最も近い関係にある本土の方言は九州方言であるとの指摘は、伊波普猷、服部四郎、野原三義、上村幸雄などによってなされてきた。しかし従来の研究は、琉球語と九州方言とが、音声、語彙、文法において類似している事実を指摘するに留まっており、問題の類似性が系統的な近縁性を示すものか否かは十分に検討されてない。両者の共通点としてこれまで指摘されてきたものの多くは、日本本土の他方言にも観察される（ナバ「茸」、ネマル「腐敗する」、ホメク「蒸し暑くなる」など）。そのようなものは日琉祖語にまで遡る古い特徴である可能性が高い。狭母音の前の/r/の脱落なども、西南部九州と琉球列島の諸方言の共通点であると指摘されるが、この変化は系統を超えて並行的に生じたものである。さらに共通点の一部（ニサイ「青年」など）は借用に過ぎない。九琉祖語仮説を立証するためには、九琉祖語において新たに生じ、その子孫にのみ継承された特徴を見つけ出す必要がある。そのためには、九州方言と琉球語のみが共有する特徴を見つけ出し、それが日琉祖語にまで遡る古い特徴ではないこと、それが並行変化や借用に起因しないことを証明する必要がある。　　　　［五十嵐陽介］

共時論・通時論
きょうじろん・つうじろん
synchrony / diachrony

【一般】

　ある時点の言語状態を追求する共時論と複数の時点の間の言語変遷を追求する通時論は言語学の主要な研究法と観点である。

【共時論】共時論では1つの言語状態、つまりある時点に観察される言語体系に着目する。共時論で扱われる時点は現在の場合が多いが、それは必然的ではない。過去のある時点における言語状態も共時論の対象となる。したがって歴史言語学においても共時論的な観点が可能である。

　このように時間の流れから切り離された状態を研究する共時論は言語現象の説明を通時的な変遷に求めず、言語の体系構造や機能、または話者の脳内文法や普遍文法のみに求めることが多い。

【通時論】共時論に対して、通時論ではある一時点の言語体系ではなく時間の流れに沿った言語の変化に着目するが、通時論は歴史言語学と同意ではない。歴史言語学においては共時的な観点と通時的な観点の両方が可能である。

　通時論では言語現象の説明を前の言語状態に起こった変化に求め、その手法は生物学における進化論に類似している。

【対比と相補】19世紀にソシュールが共時論と通時論を絶対的に対立する概念として提唱した。しかし、両者を混同してはいけないものの、両者は、対立するというより相補する観点と見た方が妥当であろう。

　まず、共時的には説明できず通時的に考えなければならない現象が多く存在する。たとえば印欧諸語に見られる動詞活用の特徴が通時的にしか説明できないということは比較言語学の大きな成果である。一方、通時論は変化だけに着目し、その変化が生じる共時的な言語体系を重要視しないと従来批判されてきたが、2つの時点の間に見られる体系的・構造

的な変化を重要視する構造主義的な通時論も早くから提唱された。通時論は時間軸に沿って変化に着目すると言っても、その変化は必ず異なる共時的な言語状態の間に起こるもので、変化の研究も共時的な記述に基づく必要が認められる。

また、共時論は静的な観点と考えられがちだが、言語の共時的な変種を考慮に入れた動的共時論（dynamic synchrony）も必要である。言語は単一なものではなく個人差、年代差、性差、社会層差など、変種も多く存在し、常に変化が起こりつつある多様で流動的なものであることが、方言学や社会言語学の成果によって明らかになっている。

[文献] アンドレ・マルティネ『一般言語学要理』（岩波書店 1972）、ピーター・トラッドギル『言語と社会』（岩波書店 1975）　　　　　　　　　　[トマ・ペラール]

キリシタン資料
きりしたんしりょう
Christian materials

歴史

「キリシタン資料」の定義は、研究者によって揺れがあるが、16世紀末から17世紀前半頃にかけて、主にイエズス会宣教師によって編述された文献資料を指すことが多い。そのうち、1590年に天正遣欧使節が持ち帰った印刷機によって、天草、長崎などで出版された資料を「キリシタン版」と言う。禁教・迫害によって国外退去を余儀なくされた宣教師がマニラやローマで出版した資料もある。

「キリシタン版」は、その内容から「宗教書」「文学書」「語学書」に大別される。「宗教書」には『どちりな・きりしたん』『ばうちずもの授けやう』『おらしよの翻訳』などがあり、キリシタンの教義、洗礼や祈祷の方法などが書かれている。「文学書」には『平家物語』『伊曽保物語』（西洋の『イソップ物語』の翻訳）などがある。両書は口語で書かれ、また、ローマ字表記されており、室町時代の口語の実態を知るための第一級の資料である。「語学書」については『日葡辞書』『日本大文典』の二書が特筆される。『日葡辞書』は32,000語以上の見出し語を収録、ポルトガル語による注解、例文があり、方言、卑語、仏法語、文書語、詩歌語などの注記も見られる。特に、当時キリシタンの中心地であった九州地方の方言については、Ximo（シモ）の注記で多くの語が収録されている。『日本大文典』は、イエズス会の日本語研究の集大成とも言うべき位置にある文献で、大部分は都（京都）のことばについての記述だが、各地の方言についても言及があり、16世紀の方言の状況を知ることのできる貴重な資料である。

[文献] 豊島正之編『キリシタンと出版』（八木書店 2013）　　　　　　　　　　　　　　[小川俊輔]

禁止表現
きんしひょうげん
prohibitive expressions
📘文法

　聞き手に対して強制的にある行為を行わないことを要求する表現。

　標準語では、動詞の終止形に終助詞「な」を付した形(「書くな」など)が専用形式として用いられる。「てはいけない」「てはだめだ」などの不許可・非許容の表現を用いて禁止を表すこともある。

　スルナ類の禁止表現は、諸方言においても全国的に使用される。特異な形式としては、中田地方の一部の方言に、古典語の「な+連用形+そ」(「な書きそ」など)に由来するとされる諸形式(長野方言のナナ〜ト(ナナカイト)、静岡方言のソ(カイソ)、山梨方言のチョ(カイチョ)など)が見られる。

　命令表現の尊敬語命令形に対応する「書きなさるな」のような形は標準語では用いられないが、西日本の諸方言では、富山方言の(ラ)レル+ナ(カカレンナ)、広島方言のナサル+ナ(カキンサンナ)、福岡方言のナル+ナ(カキナンナ)鹿児島方言のヤル+ナ(カッキャンナ)といった尊敬語形+ナの形が用いられる。これらの形式は、スルナ類の禁止表現に比べると、威圧感の弱いやさしい表現となる。

　不許可・非許容の表現を禁止に用いるのは、諸方言においても同様である。特に、関東から中国地方にかけての諸方言では、カイチャーダメダ(関東方言)、カイタラアカン(近畿方言)、カイチャーイケン(中国方言)といった形が専用の禁止形の代替表現として多用される。また、四国方言では、可能否定形(カカレン)を禁止表現として用いるが、これも専用の禁止形の代替表現として多用される。このほか、関東地方を中心に、ノデワナイの形(カクンジャネー、カクジャネー、カクデネー)を禁止表現として用いる方言がある。

　　　　　　　　　　　　　　　　［日髙水穂］

句・節
く・せつ
phrase / clause
📘文法

【節】1つの述部(predicate phrase)と、その述部が必要とする項(argument)からなるまとまり。以下の湯湾方言(奄美大島)の例で四角で囲んだ部分が項、下線を引いた部分が述部である。

① zjuu =ga anmaa =ba abita.
　「父が母を呼んだ。」
② kun hana =nu kjura-sa.
　「この花が美しい。」
③ an məərabi =ga cineko.
　「あの娘がツネコだ。」

①の述部は動詞、②は形容詞、③は名詞から成り、それぞれを動詞述部、形容詞述部、名詞述部と呼ぶことができる。項は常に名詞句(noun phrase・NP)である。名詞句の必須要素(すなわち、名詞・代名詞)を主要部(head)と呼び、修飾する要素を修飾部(modifier)と呼ぶ。①のzjuu「父」、anmaa「母」、②のhana「花」、③のməərabi「娘」は主要部であり、②のkun「この」、③のan「あの」は修飾部である。項は常に名詞句であるが、名詞句が常に項である訳ではない。③のcineko「ツネコ」は名詞句であるが項ではなく、述部である。

【節の種類】節には主節、名詞節(または補文節)、連体節、副詞節の区別がある。主節とは文を言い切る述部を含む節を指す。名詞節とは、主節の項(名詞句の主要部)となる節を指す。以下に湯湾方言の例を示す。④では下線部分が名詞節で、格助詞の=nan「に」を取っており、主節の述部であるhintoo sjui「返答する」の項になっている。

④ ura=ga j'u-si=nan hintoo sjui.
　「お前が言うことに(私が)返答する。」

また、以下のように「言う」、「思う」、「書く」などの言語に関わる動詞の内容を指す節を名詞節と呼ぶ場合がある。この場合、その名詞節には=cji「〜って」という接語が付く。

⑤ ura=ga j'icjan=cji j'icja.
　「お前が言ったって(あの人が)言った。」

連体節とは名詞句の修飾部を埋める節であ

る。⑥では下線部分が修飾部で、hanasi「話」(主題を表す=jaと融合してhanasjəə「話は」)が主要部である。
⑥ ura=ga j'icjan hanasjəə huntoo=kai?
　「お前が言った話は本当かい？」
　副詞節とは上記以外の（副詞的な）働きをする節である。⑦の下線部分が副詞節である。
⑦ ura=ga j'anboo, kikjan=doo.
　「お前が言わなければ、（あの子は）聞かないよ。」

【句とその種類】節は句によって構成され、句は自立語によって構成される。代表的な句に、名詞句と動詞句がある。さらに、「述部」という用語の曖昧性を回避するために、言語学的な意味での述部を「述語句」と呼ぶ場合がある（下地 2018）。句と密接に関係する韻律的特徴（ピッチの変動）を句音調と呼ぶ（川上 1995）。

動詞句（verb phrase・VP）は述部を埋めることができ、1つ以上の動詞から成る。1つの動詞から成る動詞句の例は上記の例文①のabita「呼んだ」である。2つ以上の動詞から成る動詞句の例は、abi+kijan「呼べない」のような複合語、abiti kuriran「呼んでくれない」のように補助動詞（kurir-「くれる」)を伴うもの、abi=n siran「呼びもしない」のように軽動詞（sir-「する」）を伴うものがある。

記述文法における「動詞句」は上記のように動詞のみから成るまとまりを意味するが、生成文法における「動詞句」は動詞と目的語（名詞句）の両者を含むまとまりを意味する点で注意が必要である。

【句の中のまとまり】句が2つの単純語から成るのか、1つの複合語から成るのかを見分ける基準として、構成要素間に接語を入れることができるかどうかという基準がある。先のabi+kijan「呼べない」は間に接語を入れることができないが、abi=n siran「呼びもしない」は間に=n「も」という接語を入れることができる。したがって、前者は複合語、後者は2つの単純語として分析することができる。

[文献] 川上蓁「句の源流」『日本語アクセント論集』（汲古書院 1995)、下地理則『南琉球宮古語伊良部島方言』（くろしお出版 2018)　　　　　　　[新永悠人]

敬語
けいご
honorifics

（待遇表現）

話し手が聞き手や話題にのぼる人や物との関係（上下・ウチソト・親疎など）についてどのように把握しているか、どのように配慮をしているかを表すことば。「敬語」を用いる基準は文化的・習慣的に決まっているので、話し手の気持ち・意図（「敬意」「配慮」「気遣い」など）と発せられたことばの意味・効果（「尊敬」「謙譲」「丁寧」など）は必ずしも一致しない。

敬語には「狭義の敬語」、「広義の敬語」という2つの考え方がある。狭義の敬語とは目上の人に対する「敬意」「配慮」「気遣い」をことばに反映させたもので「尊敬語」「謙譲語」「丁寧語」などを指す。広義の敬語とは、「狭義の敬語」に聞き手や話題の人物を話し手と対等に扱うような表現や低めるような表現（いわゆる「マイナス敬語（南 1974）」）も含めたことば（待遇表現）を指す。以下、「敬語」と言う場合、「狭義の敬語」の意味で用いる。

【敬語を用いる基準】敬語を用いるかどうかは、話し手が（1）誰に、（2）どのような場面で、（3）何を伝えるのか、また（4）言語・方言にどのような敬語形式があるかによって決まる。

（1）に関して、敬語は話し手より「目上」の聞き手や話題の人物に用いることが多い。「目上」とは、人間関係を上下（年齢、社会的な階級・役割）、ウチソト（親族・社内の人か、親族以外・社外の人か）、親疎（親しいか、親しくないか）、性別（男性・女性）などの軸で捉えた場合の「上・ソト・疎」などに相当する。標準語では上下関係の軸を原則としながらも、ウチソトや親疎の軸が優先される場合があるが、方言によってはウチソトや親疎の軸よりも上下（親＞子、兄姉＞弟妹など）や性別（年下の夫＞年上の妻など）の軸が優先されるものもある。

（2）に関して、私的な場よりも公的な場の

方が敬語が多用される。授業や会議、式典などではその場にいる聞き手が同等や目下の人であっても聞き手に対する敬語が用いられる。

（3）に関して、相手に何を伝えるかも敬語の使用に影響を与える。たとえば、お礼、依頼、断り、謝罪ではより相手に配慮する態度を表明する手法の1つとして敬語の使用が求められる。内容の重要度、相手に負担をかける度合が高ければ高いほど、敬語も多用される傾向がある。

（4）に関して、敬語を表す形式にはさまざまな種類がある。敬語は従来「尊敬語」「謙譲語」「丁寧語」の3分類に分けることが多かったが、2007年の文化審議会答申「敬語の指針」以来、尊敬語（「いらっしゃる・おっしゃる」型）、謙譲語Ⅰ（「伺う・申し上げる」型）、謙譲語Ⅱ（丁重語：「参る・申す型」）、丁寧語（「です・ます」型）、美化語（「お酒・お料理」型）の5つに分類するのが一般的となっている。さまざまな品詞を敬語化することができるが、特に動詞の敬語形式が発達している。

①置換型（敬語動詞・敬語補助動詞など）：非敬語形式を敬語形式に置き換える（「行く」→「いらっしゃる」、「読んでいる」→「読んでいらっしゃる」）。

②添加型（敬語接辞など）：敬語標式を付加することで生産的に敬語形式を作る（「読む」→「読みます」、「意見」→「ご意見」）。

【敬語の種類とその形式】以下、日本語の敬語の種類と形式について「敬語の指針」を踏まえ、その特徴を記す。

（1）尊敬語：聞き手または話題の人物の行為・ものごと・状態などについて、その人物を立てて（話し手より高めて）述べるもの。動詞に関しては、置換型として「いらっしゃる」（「行く」「来る」「居る」の意味）、「召し上がる」（「食べる」「飲む」の意味）、添加型として「お／ご～になる／なさる」（お読みになる、お読みなさる）、「（ら）れる」（読まれる）などがある。名詞に関しては、置換型として「こちら」「方」（人）、添加型として「お／ご」を付加するもの（お手紙、お宅）や「さん」「様」を付加するもの（山田さん、山田様）などがある。形容詞に関しては添加型として「お／ご」を付加するものがある（お早い、ご満足）。

（2）謙譲語Ⅰ：話し手側から聞き手側または話題の人物に向かう行為・ものごとについて、その向かう先の人物を立てて述べるもの。動詞に関しては、置換型として「伺う」（「行く」の意味）、「申し上げる」（「言う」の意味）があり、添加型として「お／ご～する」（お届けする）などがある。名詞に関しては、添加型として、「お／ご」を付加するもの（お電話、ご相談）などがある。

（3）謙譲語Ⅱ（丁重語）：話し手側の行為・ものごとなどを、話や文章の相手（聞き手・受け手）に対して丁重に述べるもの。行為などが向かう先（高めるべき相手）が話題に上らなくてもかまわない。動詞に関しては、置換型として「参る」（「行く」の意味）、「申す」（「言う」の意味）、添加型として「いたす」（利用いたす）などがある。名詞に関しては、自分のことを控えめに表現する「愚」「小」を付加する添加型の「愚弟」「小宅」などがある。

（4）丁寧語：聞き手に対して丁寧に述べるもの。動詞に関しては、置換型はなく、添加型の「ます」（行きます）がある。名詞・形容詞・形容動詞に関しても添加型のみで「です」（学生です・高いです・静かです）やより丁寧の度合いが高い「（で）ございます」（学生でございます・高うございます・静かでございます）が用いられる。なお、形容詞については「ございます」を付加させるのが基本であったが、「です」も用いられるようになってきた。

（5）美化語：ものごとを美化して述べるもの。名詞のみで添加型の「お／ご」（お酒・お料理など）を付加する。これらを付加しないとぞんざいな表現となる語彙もある。

【敬語における方言差】方言の敬語の発達段階

には地域差があり、東日本（一部は無敬語地帯）よりも西日本の方が敬語の形式が豊富である。さらに、西日本では身内敬語も発達している。近畿地方では「ハル」という尊敬標示がある（ただし、この「ハル」は目下の身内や動物にも使える場合があるため、尊敬よりも広い意味を表すとも言われている）。近畿地方のように方言敬語がある程度維持されている地域もある。また、標準語化に伴い方言の敬語も標準語にとってかわられている地域や方言敬語と標準語の敬語が併用され、両者の間に待遇の段階差が生じている地域もある。

沖縄県首里方言では、首里王国時代に階級制度があったため、階級の違いが言語の違いにも反映されていた。敬語も感動詞・名詞・動詞などの形式が階級によって異なり、それぞれ「士族敬語」・「平民敬語」と呼ばれた。

【敬語調査法】話し手・聞き手・話題の人物の属性や関係性によって使い分けがあるかないかを調査する。敬語専用の形式がある場合は、非敬語形式と敬語形式の使い分けの基準はどのようなものか、敬語の形式に段階性があるか、非敬語形式や敬語形式の共起関係や承接関係はどのようになっているかなどを調べる。また、語用論により丁寧になる表現（婉曲的な依頼や命令など）についても確認する。一般的な調査手法として、エリシテーション調査（質問調査）、テキスト（自然談話）収集が考えられる。両方の調査から得られたデータを補填しながら体系を整理することが重要である。

[文献] 林四郎・南不二男編『敬語講座』（明治書院 1973-1976）、藤原与一『方言敬語法の研究』（春陽堂 1978）、亀井孝・河野六郎・千野栄一編著『言語学大辞典』（三省堂 1995）、国立国語研究所『方言文法全国地図 第6集』（財務省印刷局 2006）、文化審議会「敬語の指針」（文化審議会答申 2007）、井上史雄・木部暢子編著『はじめて学ぶ方言学』（ミネルヴァ書房 2016）　　　　［重野裕美］

形式名詞
けいしきめいし
formal noun

文法

名詞のうち、実質的な意味が希薄で、もっぱら文法的な機能を果たすもの。たとえば、「太郎が結婚した<u>こと</u>を聞いた」の「こと」は、直前までの「太郎が結婚した」を名詞化するために使用されており、実質的な意味が希薄である。ほかに同様の機能を果たす形式名詞には「もの」「はず」「わけ」などがある。形式名詞は、述語や格成分になるという点では普通名詞と同様だが、常に修飾語句を伴うという特徴がある。たとえば、形式名詞「こと」は「*<u>こと</u>を聞いた」のように、修飾語句なしでは使えない（「<u>こと</u>を大きくしたくない」のように単独で使用される「こと」は実質名詞である）。

方言にも同様の形式名詞が使用されるが、独自の用法を持つものも存在する。たとえば、関西方言において「チーサイ<u>ブン</u>　クダサイ（小さいのをください）」のように使用される「ブン（分）」や、福岡方言において「イカレン<u>ゴト</u>　ナッタ（行けなくなった）」のように使用される「ゴト（如）」などがある。

また、形式名詞はコピュラや助詞などと組み合わさって、別の文法機能を果たすことがある。たとえば、「この本は授業で読んだ<u>もの</u>だ」の「もの」は、希薄ではあるものの「具体物」という実質的な意味を持ち、「この本」と等価の関係にある。しかし、「昔はこの本をよく読んだ<u>もの</u>だ」における「もの」にそのような意味はなく、「ものだ」で1つの助動詞のようになり、「過去の習慣」といった独自の意味を表す。ほかにも、「ことだ」「わけだ」「はずだ」など、形式名詞がコピュラと結び付いてモダリティ形式として機能している事例は多い。

[文献] 寺村秀夫『日本語のシンタクスと意味Ⅱ』（くろしお出版 1984）　　　　　　　　　　　［野間純平］

形態音韻論
けいたいおんいんろん
morphophonology

【音韻】

　意味を持つ最小単位である形態素は、異なる音形（異形態）で現れる場合がある。たとえば、「戸」toは単独の場合は初頭音がtであるが、「網戸」amidoのように複合語の後部要素となる場合は初頭音がdの異形態で現れる。このような異形態の交替に音韻論的説明を与えるのが、形態音韻論である。上述のt→dの交替は、「皿」saraと「灰皿」haizaraに見られるs→zの交替などとともに、複合境界における無声音から有声音への交替（いわゆる連濁）として一般化できる。

【形態音韻論的交替と異音変異】形態音韻論的な交替は、ある言語で互いに区別される音（音素）同士の間で起こる、形態論的に条件づけられた交替である。上述のt→dの交替は、有声音（「網戸」の場合はiとo）に挟まれる環境で無声子音が有声化する同化のプロセスと捉え得る。ただし、形態素中では「旗」hataのように有声音（この場合はaとa）に挟まれてもt→dの交替は起きない。有声化は形態素境界に限られた現象と言える。また、「旗」hataと「肌」hadaの区別から分かるように、tとdは日本語では別の音素であり、（有声音に挟まれる環境でも）区別されている。一方、1つの音素が異なる音（異音）で実現する「異音変異」は、音声的条件が満たされればあらゆる形式に起き、異音の違いは意味の区別に関わらない。「押す」osuと「押し」oʃiを比べるとs→ʃの交替が見られ、一見、語幹に異形態osとoʃがあるように見える。しかし、母音/i/に先行する/s/は「橋」/hasi/［haʃi］のように形態素中も含めていかなる形式でも［ʃ］になり、[s]と[ʃ]の違いで意味が区別されることはない。このため、[ʃ]は音素/s/の異音とされ、/s/→[ʃ]は異音変異として扱われる。

【形態音韻論的交替の分析】構造主義的分析では、形態音韻論的交替を説明するために、異形態を抽象化して表示した形態音素を設定する。形態音素は//To//（「戸」）のように// //（あるいは{ }や| |で）挟んで示し、また、交替する音を大文字にすることもある。形態音素から音素を導くプロセス（例：「網戸」//ami//＋//To//→/amido/）と、音素から異音を導くプロセス（例：「橋」/hasi/→［haʃi］）は区別される。一方、生成音韻論的分析では、両者を区別せず、基底形（もとになる抽象的な形）から表層形（実際に発音される形）への派生過程として、順序付けられた一連の規則（あるいは制約とその優先順位）によって説明する。複数の異形態のうちどの形を基底形と考えるかについては、単独で現れる形を基底形とするという原則がある。たとえば、上述の連濁現象では、単独の場合に現れるtやsなどの無声音を含む形を基底形とするのが一般的である。ただし、この原則は絶対的ではない。例として、奄美諸島請阿室方言では、音節initial頭でgとkが対立する一方、音節末では中和しており、語末ではkで現れるため、単独形に含まれる音を必ずしも基底形に立てることができない。たとえば、「釘」はkʔukであるが、「釘も」はkʔugimであるため、基底形にはkʔugiが立てられ、単独形は語末母音削除・子音無声化を経ていると分析される。また、上述の連濁についても、複合語に現れる有声音を含む形を基底形とし、語頭での無声化と捉える「頭清説」も存在する。

【形態音韻論の扱う現象】日本語学、方言学において形態音韻論の射程に入る現象として主なものには、（1）連濁、（2）動詞語幹末と接尾辞の境界で起こる子音同化などの交替（例：//noM//＋//Ta//→/nonda/「飲んだ」）、（3）主題助詞や格助詞と先行形式末尾の間に起こる母音融合などの交替（例：//sorE//＋//Wa//→/soryaa/「それは」）がある。

[文献] 窪薗晴夫『日本語の音声』（岩波書店 1999）、早田輝洋「諸言語の音韻と日本語の音韻」早田輝洋編『世界の中の日本語』（朝倉書店 2005） ［白田理人］

形態素
けいたいそ
morpheme

文法

　語根、接辞、接語の総称。言い換えれば、語を可能な限り分割した後に得られる、何らかの意味を持つ最小の形式。ここで言う「最小」は、(意味ではなく)形式においてそれ以上分割できないことを意味する。

【形態素の認定】ある語を分割する基準は、(1) 一部分を別のものに交換できるかどうか、(2) 交換しなかった部分の意味が同じかどうか、で決まる。この2つを満たす場合、その形式は分割可能と判断できる。たとえば、湯湾方言（奄美大島）には、uti「打て」という語とuta「歌」という語がある。これらはその一部分（i、a）を交換することができる。しかし、交換しなかった部分（ut）の意味に全く同一性がない。したがって、これらの語は（この場合には）分割することができない。

　一方、湯湾方言の動詞を詳しく見ると、uti「打て」だけではなく、utan「打たない」、utoo「打とう」という動詞語形もある。これらはその一部分（i、an、oo）を交換することができ、さらに交換しなかった部分（ut）が同じ意味（「打つ」という意味）を表している。したがって、この場合には、先の基準よりut-i、ut-an、ut-ooのように分割することができる。

【形態素と異形態】湯湾方言の語形変化を示す。

ut-i	打て	us-i	押せ
ut-an	打たない	us-an	押さない
ut-oo	打とう	us-oo	押そう
uc-ina	打つな	us-ina	押すな

上記の「打つ」の語形変化を見てみると、語頭の形態素に2種類あることが分かる（utとuc）。これらは同じ母音/i/の前で現れるため、/t/と/c/は別の音素である（音素の項目で述べた相補分布ではない）。このように、同じ意味（「打つ」）を表している形態素が、異なる音素（utとuc）で実現する場合、その実現形は異形態（allomorph）と呼ばれる。形態素と異形態の違いを明示する場合は、前者を波かっこで囲み（{ut}）、後者を斜線で囲む（/ut/と/uc/）。

【自由形式と拘束形式】形態素は自由形式（free form）の場合と拘束形式（bound form）の場合がある。その形式を自立的に発話できるものを自由形式と呼び、できないものを拘束形式と呼ぶ。接辞と接語は常に拘束形式である。語根は、自由形式の場合も、拘束形式の場合もある。たとえば、湯湾方言の名詞語根のmami「豆」はそれだけで発話できるので自由形式である。一方、num-「飲む」という動詞語根はそれだけでは発話できず、何らかの接辞が後続することで初めて自立的に発話できるようになるため（例：num-an「飲まない」）、拘束形式である。

【自立語と形態素】自由形式は自立語（free word-form）とも呼ばれる。自立語は1つの形態素からなる場合もあれば（例：mami「豆」）、複数の形態素からなる場合もある（例：num-an「飲まない」）。

【語根と語幹】語根に任意の数の派生接辞が後続したものを語幹と呼ぶ。派生接辞は付いても付かなくてもよいため、最小の語幹は語根と一致する。mami「豆」やnum-「飲む」は語根かつ語幹である。これらに派生接辞が付けば、mami-kkwa「小さな豆」やnum-arir-「飲める」（可能）のような語幹になる。ただし、前者は自由形式であるが、後者は拘束形式である。後者を自由形式にするには、num-arir-oo「飲めるだろう」のように語を閉じる接辞（屈折接辞）を伴う必要がある。

【意味不明形態素】東京方言の「ビー玉」は「飴玉」や「ガラス玉」と比較することで「ビー」と「玉」に分割可能である。「ビー」の部分は共時的には意味が不明であるが、他の語との区別には役立っているため「無意味」ではない。この「ビー」のような形態素を「意味不明形態素」（上野善道氏の造語）と呼ぶ。

[文献] Haspelmath, Martin and Andrea D. Sims, *Understanding morphology*. 2nd ed., Hodder Education, 2010.

［新永悠人］

形態論
けいたいろん
morphology
【文法】

　語の内部構造や語の形成過程を扱う研究領域。語を構成する形態素には、典型的に語彙的な意味を担う語根と、典型的に文法的な意味を担い、自立して用いることができない接辞がある。

　語は、単一の形態素（すなわち1つの語根）からなる単純語か、複数の形態素からなる合成語かのいずれかに区分される。合成語は、①語根に接辞が接続したもののほか、②語根を2つ（以上）連結させたもの（複合語）もある。さらに、③語根の音形を元に、その（不完全な）コピーをつくって語根に加える重複語もある。接辞境界は - （ハイフン）で、複合語における語根境界は+で、重複コピーと語根の境界は〜で表すのが通例である。以下は、琉球宮古語伊良部島方言の例である。

(1) *jarabi-gama-mmi*（子ども-DIM-PL）
　　「（可愛い）子どもたち」
(2) *buuciri+jarabi*（わんぱく＋子ども）
　　「わんぱくな子ども」
(3) *jarabii〜jarabi*（RED〜子ども）
　　「子どもっぽい」
　　（DIM：指小辞、PL：複数、RED：重複語根）

【屈折と派生】語を、語根と接辞という形態素種別の対立で捉えると、(1)の *jarabi-gama-mmi* も、以下の(4)も同じ構造（語根-接辞1-接辞2）をしていることになる。

(4) *mii-rai-tar*（見る-PASS-PST）
　　「見られた」
　　（PASS：受動、PST：過去）

　一方、より機能的な見方もある。語の品詞によっては、その成立に不可欠の文法カテゴリーが存在する場合があり、日琉諸方言では特に動詞や形容詞において、テンスや従接（きれつづき）といった義務的なカテゴリーがあるのがふつうである。このように、語が成立するために必須のカテゴリーを標示する接辞は屈折接辞と呼ばれる。屈折接辞を除いた成分を語幹と呼ぶ。屈折接辞以外の接辞（すなわち語幹を構成する接辞）を派生接辞と言う。

　このように、語を、単に語根と接辞の連続という形式的なレベルではなく、語の存立にとって必須かどうかという機能的なレベルで捉えなおすと、(1)と(4)は以下のように記述できる。

(1) [語根-派生接辞-派生接辞]語幹
(4) [語根-派生接辞]語幹-屈折接辞

　屈折接辞と派生接辞の区別は自明ではない。端的に言って、語が生じる統語的環境に応じて出没が決まるような接辞群は屈折接辞である。たとえば、伊良部島方言をはじめ日琉諸方言では一般に、テンス接辞やムード接辞は平叙文の文終止環境では必須であるが、副詞節の多くではその出現が抑制される。逆に、接続形などの従属関係を標示する副詞接辞は、文終止環境ではその出現が抑制される。よって、これらはすべて屈折接辞的である。一方、受動接辞は、文終止、副詞節のいずれの環境にも生じ得る。よって、受動接辞は派生接辞的である。

　このような統語的関与性（syntactic relevance）という観点以外にも、規則性（どのような意味の語根とも共起するという特徴）が、屈折・派生の区別の上で重要な観点となる。たとえば、テンス接辞・ムード接辞・副動詞接辞は語根の語彙的意味によらず規則的につくが、受動接辞は状態動詞など、共起できないものもある。前者は屈折、後者は派生である。

[文献] Haspelmath, Martin and Andrea D. Sims, *Understanding morphology*. 2nd ed., Hodder Education, 2010.
［下地理則］

経年調査
けいねんちょうさ
time series survey

「調査」

　基本的に同じ質問・同じ方法によって、一定の間隔をおいて繰り返し実施する調査のこと。同一の対象者に間隔をおいて実施するパネル調査と、別の対象者に同じ質問をして変化を見る時系列調査（継続調査やトレンド調査ともいう）がある。

　パネル調査と時系列調査は平行して実施されることもある。国立国語研究所と統計数理研究所が共同で実施した、山形県鶴岡市における言語調査（鶴岡調査：1950年、1971年、1991年、2011年）や、愛知県岡崎市における言語調査（岡崎敬語調査）がそれである。パネル調査の実施は同一個人を追跡するための行政的手続き・費用、調査協力者数の減少など大変な困難を伴う。時系列調査で同様の結果が得られるなら、それらを実施するほうがコスト・パフォーマンスははるかに優れている。にもかかわらず、鶴岡調査、岡崎調査でパネル調査を実施したのは、時系列調査では分からないこと、すなわちパネル調査でしか確かめられないことがあるためである。時系列調査で得られるトレンドと、個人の変化は必ずしも一致しないためである。

　時系列調査の結果分析は定量的分析となる。パネル調査は、定量的分析も可能であるが、たぶんに定性的分析の対象ともなる。医学、教育学、心理学などの分野においては、量的・質的アプローチを組み合わせた研究デザイン（混合研究法）が、量的アプローチ、質的アプローチに続く第三のアプローチとして確立されつつある（大谷2013）。

[文献] 大谷順子「混合研究法の国際的動向」『社会と調査』第11号（2013）　　　　　　　　[阿部貴人]

京阪式アクセント
けいはんしきあくせんと
Keihan type prosodic system

「音調」

　京阪、つまり、近畿地方の諸方言において行われているアクセントのこと。あるいは、それと似た音調型を示すアクセント、もしくは、京阪諸方言と似たような体系のアクセントのこと。「東京式アクセント」と対立する概念としてしばしば用いられる。

【「京阪式」という用語の問題】上の定義にあるように、「京阪式アクセント」という用語は多義的で、「東京式アクセント」とともに、研究者によってその意味するところが異なる。その由来は、古く服部四郎の研究にまで遡る。服部は、自身の出身地である三重県亀山市方言のアクセントと東京方言のアクセントが規則的な対応を示すことを明らかにし、また、東京方言と似たアクセントが岡山・広島・山口にも分布することを明らかにした。服部は、亀山方言含む近畿諸方言に近いアクセントを持つ方言を甲種方言、東京方言に近いアクセントを持つ方言を乙種方言と呼んだ。その後、服部の甲種方言式アクセントは京阪式アクセント、乙種方言式アクセントは東京式アクセントと呼ばれるようになるが、「京阪式」も「東京式」も（もちろん「甲種」「乙種」も）明確に定義された用語ではなく、現在ではその使用を避ける傾向にある。

【「京阪式」から「中央式」へ】上野（1985）は、各方言のアクセントを類の統合パターンに従って分類したものを「式」と呼び、歴史的に同一の系譜を有すると認められるものを「系」と呼ぶことを提案した。この上野の分類基準に従えば、従来の「京阪式アクセント」には、系統（系譜）の異なる複数の「式」が含まれることになる。たとえば、四国の真鍋島方言や讃岐方言のアクセントは、従来ともに「京阪式アクセント」あるいはそれに準ずるものとされてきたが、その二拍名詞の類の統合パターンは、前者が1類と5類を統合させ

ている一方、後者は1類と3類とを統合させている。「京阪式」として一般的な京都・大阪方言においては、1類はいずれの類とも統合せず、独立しており、真鍋・讃岐の両方言と系統を異とする。

上野（1985, 1987）は、従来「京阪式アクセント」と呼ばれてきたもののうち、二拍名詞の2類と3類とが統合しているもののみを「中央式」と呼ぶ。そして、真鍋島方言のように1類と5類とが統合しているものを「真鍋式」と呼び、また、讃岐方言のように1類と3類とが統合しているものを「讃岐式」と呼んで区別している。

今日、「京阪式」と言えば、京都地域とその周辺部に分布する「中央式アクセント」のみを指すのが一般的である。その分布地域は、京都府（北部を除く）、滋賀県（東北の一部を除く）、岐阜県（西北部のごく一部）、福井県（西部の一部）、奈良県（南端部除く）、三重県（南部除く）、和歌山県（東端部除く）、大阪府（全域）、兵庫県（南部）、徳島県（西部除く）、高知県（西部除く）、愛媛県（東部の一部）と広範である（中井2002）。同じ京阪の中央式アクセントであっても、実際の音調型は方言によってさまざまである。同じ「式」に属し音調型が異なるものは「型」と呼ばれ、中央式の主要な型としては、「京都型」「龍神型」「田辺型」「勝浦型」があるとされる（上野1987）。

[文献] 上野善道「日本本土諸方言アクセントの系譜と分布（1）」『日本学士院紀要』40-3（1985）、上野善道「日本本土諸方言アクセントの系譜と分布（2）」『日本学士院紀要』42-1（1987）、中井幸比古『京阪系アクセント辞典』（勉誠出版 2002） ［平子達也］

形容詞
けいようし
adjective

【文法】

意味的に、状態や性質を表す品詞。ただし、品詞は意味に基づいてではなく、形態統語的条件に基づいて判断されるべきものであるため、同じ意味の語が別の言語・方言では異なる品詞に属する、といったことはよくある。さらに、そもそも形容詞という品詞を立てること自体が、その言語・方言の記述に有効であるか、ということも考慮されなければならない。たとえば、南琉球宮古語伊良部方言においては、語根taka「高い」からはtakamunuやtakaatakaといった形式が派生される。いずれも意味としては「高い」という意味であるが、takamunuは伊良部方言の形態統語的条件に照らし合わせると、名詞と類似する点が多いため（たとえば、連体詞で修飾できる点など）、名詞類とされる。一方、takaatakaについては、名詞とも動詞とも異なる形態統語的ふるまいを見せ、さらに機能の面においても典型的な形容詞の特徴があるため、同方言においては形容詞と判断されている。また、北琉球奄美語浦方言、同湯湾方言、南琉球八重山語波照間方言などにおいては、形容詞という品詞は立てられておらず、形容詞的な意味を担う語は動詞の下位類とされている。これは、それらの語の形態統語上のふるまいが動詞と類似しているためである。

典型的な形容詞は主に、制限用法、叙述用法の2つの用法を持つ。制限用法とは、名詞を修飾するもの（「高い山」）で、叙述用法とは述部になるもの（「あの山は高い」）である。また、言語によっては、比較の用法や、動詞を修飾する副詞用法も持つ。

【形態】日琉諸方言において形容詞とされる語類は形態法上、多様なふるまいを見せる（→形態論）。たとえば、九州方言においてはいわゆるカ語尾が広く観察される。これは、「タカカ　ヤマ（高い山）」や「コノヤマワ　タカカ

（この山は高い）」のようなものである。カ語尾に対して「タカイ（高い）」となるものはイ語尾と呼ばれる。南九州を中心に、イ語尾とカ語尾が併用される現象が観察される。両者の使い分けは、たとえば「ヨカ（いい）」と「ナカ（ない）」だけイ語尾・カ語尾を持ち、あとはイ語尾のみなど、さまざまである。

　形容詞の語末は「タケ（ー）（高い）」「ワリ（ー）（悪い）」などのように母音が融合する場合がある。たとえば福島方言などにおいては、この形に活用語尾が続いたように思える「ワリカッタ（悪かった）」という形式があり、「ワルカッタ」と併存している。このような現象は東北を中心に広く観察される。

　熊本県松橋方言においては「サムカリヨル」や「カナシカリヨル」のように形容詞に「ヨル」が続く現象が観察される。同方言には、「アケヨル（開けている）」のように動作動詞に続き、動作の継続を意味する「ヨル」が存在する。形容詞に「ヨル」が続いた場合、その状態が一時的であること意味する。たとえば、「キョーワ　サムカリヨル（今日は寒い）」は可能であるが、「フユワ　サムカリヨル（冬は寒い）」は不可能である。また、形容詞に「ヨル」が続く現象は「サムカリヨッタ」のように過去の反復を表す場合に用いられることが多い（西日本各地）。

【統語】形容詞述語文の項（→統語論）の標示も多様である。たとえば、宮崎県椎葉方言では、「キシェー　オゼー（汽車が怖い）」（標準語に直訳すると「汽車に怖い」）のように、特に態度の対象を項にとる場合に、与格助詞を用いる。また、埼玉県東南部方言では経験者の項をガニで標示し、「おれガニは頭ガ痛い」とすることもある。

[文献] 工藤真由美編『日本語形容詞の文法—標準語研究を超えて』（ひつじ書房 2007）　　　[原田走一郎]

形容動詞
けいようどうし
adjectival noun

文法

　標準語においては連体形で末尾にナをとり（しずかな部屋）、終止形でダをとる（この部屋はしずかだ）品詞。この品詞が極めて限定的にしか認められない、もしくは不要とさえ言える方言も少なくない。たとえば、南琉球八重山語竹富方言においては、形容動詞とされるのは「デージナ（大変な）」と「カフナ（果報な）」の2つしかない。

　また、標準語の形容動詞と同源と考えられる語であっても、カ語尾を用いる方言（北西部九州方言など）においては、「シズカカ　トコロ（静かな所）」「ココワ　シズカカ（ここは静かだ）」「シズコー　ナカ（静かでない）」のように形容詞と変わらない活用を示すものもある。ただ、このような方言においても、「シズカニ」のように形容詞とは異なる活用を同時に持つ場合がある。このように、形容詞的な活用を示すものを除けば、形容動詞の活用はコピュラの活用と類似することが多く、形容動詞語幹と名詞との類似性の高さが認められる。

　津軽方言においては、連体形で「キレンダ　ハナコ（きれいな花子）」、終止形でも「ハナコ　キレンダ（花子はきれいだ）」となり、両者が同形となる。このような現象は東北北部などに観察される。

　富山県笹川方言においては、終止形で「シズカジャ・シズカナ（静かだ）」の両方を用いることができる。同方言においては、終止形のナは特に詠嘆文で、ジャは真偽判断文で用いられやすい。形容動詞が複数の語尾をとることはしばしば観察される現象である。

[文献] 小西いずみ「富山県笹川方言における形容動詞述語形式—名詞述語と異なる「〜ナ」「〜ナカッタ」等を中心に」『国語学』52-3（2001）　　　[原田走一郎]

原因理由表現
げんいんりゆうひょうげん
cause and reason expressions
文法

　2つの出来事や状態(「事態」)が互いに依存し合って成立していることを明示する複文で、現実に起こった(または起こる)と話し手が確信している事態の間の関係を表す文。大きく次の2つに分けられる。(1)原因結果用法：事態間が原因と結果の関係にあることを表す。①「昨日は雨が降ったので、試合が中止になった。」(2)根拠・理由用法：判断の根拠や行動の理由を表す。②「雨が降っているから、試合は中止しよう。」。必然確定条件表現とも言い、広い意味で条件表現の仲間である。多くの方言において、(1)(2)の両方を表す汎用的な原因理由形式が認められる。

【形式】『方言文法全国地図(GAJ)』(1979-82年調査) 33図「雨が降っているから行くのはやめろ」によると、カラの使用域が東と西で違いがあり、東日本の広域でカラが使用され、西日本では部分的で、カラ以外の形式が勢力を保っている。格助詞に由来するニが中部に、同じくデが中部、近畿、九州南部で優勢である。「形式名詞+ニ」と見なされる形式も多く、その1つであるサカイ(ニ)は近畿を中心に分布し、さらに東北にかけてその変化形と見られるスケ・ハケが広がる。中世期に発達した「形式名詞+ニ」のホド(ニ)と関連付けられるハデ類が津軽地方にあり、その変化形の(エ)ンテ、それにカラ(ニ)が後続したンテガラ、ンテガ(ニ)、エンテガ(ニ)が秋田に分布する。そのほか、(ニ)ヨッテ(近畿南部)、ケー・ケン(中四国、九州)、クトゥ(沖縄本島)、バ(宮古列島など)などがある。なお、『新日本言語地図』(2010~15年調査)では、岩手県太平洋側にケァ、新潟県中部にケ、秋田ではタイニ・テガニ、福岡にキーなど、GAJにはない語形が見られる。

【歴史的変遷】このような東西の分布的特徴は中央語の歴史が一定程度反映している。原因理由表現は、古くは已然形バ(「書けば」「降れば」)で主に表されていたが、中世期以降、已然形バの用法が、恒常条件(「雨が降れば道路が濡れる」のような一般的・法則的な事態間の関係)に偏り、さらにその軸足を仮定条件表現に移すようになる。その過程で、ニが形式名詞を伴うことにより、ユエ(ニ)・ホド(ニ)のような原因理由形式が生まれ、さらにニヨッテ・ヨッテ、そしてサカイ・カラと原因理由表現の中心になる形式が交代しながら発達し、已然形バよりも広い用法を担いつつ伝播したとされる(矢島2013)。琉球宮古のバ類は古形の名残と見られるが、中四国、九州のケー・ケン類の語源については、サカイを由来とするか、カラとするかなど諸説ある(彦坂2011)。

【主節の制限】標準語では主要な原因理由形式ノデの主節に命令・依頼などの要求文がくる場合に制限があり、「雨が降っている{から/ので}洗濯物をかたづけろ」では、ノデよりもカラの方が自然とされる。類似の制限を持つ方言形式の存在も指摘されている。たとえば富山には共通語のノに対応する方言の形式名詞ガにデが接続したガデという原因理由形式があるが、主節に命令表現をとりにくいとされている(方言文法研究会)。逆に名古屋のニのように主節末が命令に限られるものの存在も指摘されている(竹田・三井2012)。

[文献]彦坂佳宣「条件表現からみた近世期日本語の景観」金澤裕之・矢島正浩編『近世語研究のパースペクティブ』(笠間書院2011)、竹田晃子・三井はるみ『「全国方言文法の対比的研究」調査の概要とそのデータ分析：原因・理由表現」『国立国語研究所論集』4 (2012)、矢島正浩『上方・大阪語における条件表現の史的展開』(笠間書院2013)、大西拓一郎編『新日本言語地図』(朝倉書店2016)、方言文法研究会「全国方言文法データベース「原因・理由」」http://hougen.sakura.ne.jp/db/cs_geninriyu/top.html　　　　　　[有田節子]

言語獲得
げんごかくとく
language acquisition
社会

　幼児が最初のことば（母語・母変種）を身に付けるプロセスのこと。2つめ以下の言語や変種を身に付けるプロセスである言語習得と区別することがある。

　その地に生まれた幼児は、両親や祖父母をはじめとするまわりの大人、兄や姉、年長の遊び友達のことばなどを主な材料として、ときに大人とは異なる独自の規則を構築しつつ（規則を過剰に適用する過剰一般化など）、徐々にことばを獲得する。大人や年長者が発することばは、ワンワン（犬）やブーブー（自動車）など、幼児向けに使用されることば（育児語）を含むものであるが、育児語を含め、幼児を取り巻く人々の多くが使用することばは幼児が暮らす地域で使用される方言であり、幼児が身に付ける最初の言語の最初の変種も方言になることが多い。このようにして、たとえば京都で生まれ、京都で育った話者は京都方言を母方言として獲得する。

　しかし、近年では、転勤を繰り返す家庭や、父親と母親の出身地が異なる家庭、ニュータウンに居住する家庭など、父親も母親も幼児に標準語的なことばで話しかけている家庭を中心に、幼児の獲得することばが方言ではなく、標準語的なことばであるケースが増えている。このような子どもたちにとって方言は、幼稚園や小学校で、従来のように方言を獲得して成長してきた子どもたちなどと接触する中で習得する第二変種である。真田信治は、標準語の影響を受けて生まれた新たな方言をネオ方言と呼ぶ。ネオ方言は、第二変種である方言を習得する際に、母変種である標準語の影響（転移）を受けがちな子どもたちに見出されやすいことばである。

[文献] 友定賢治編『全国幼児語辞典』（東京堂出版 1997）、真田信治『関西・ことばの動態』（大阪大学出版会 2001）　　　　　　　　　　　　　　[渋谷勝己]

言語習得
げんごしゅうとく
language learning
社会

　現代社会では、生まれた地域で話される方言と全国共通語の2つの変種を身に付けることが一般化している。話者によってはさらに、言語形成期の期間中に、あるいはそのあとで、転校や進学、転勤などによって別の地域に移住し、その地域で使用される2つめの方言（第二方言）を習得することも増えている。

　第二方言習得の過程についてChambers (1992) は、音韻と語彙の習得を中心に、次の8つの原則をまとめている。(1) 語彙習得は音声・音韻習得よりも早い。(2) 語彙習得は習得初期段階で急速に起こるが、その後その速度が落ちる。(3) 単純な音韻規則は複雑な音韻規則よりも習得が早い。(4) 複雑な規則と新たな音素の習得について、習得者は、習得が初期に起こる早期習得者と、習得が遅れる後期習得者に分かれる。(5) 習得の初期段階では、新たな方言のカテゴリカルな規則と可変的な規則の両者とも、習得者内の変異となって現れる。(6) 音韻習得はまず、音声の変異形となって現れる。(7) 母方言の規則を喪失することは、新たな規則を習得するよりも早く起こる。(8) 正書法に明示される変異形の習得は、それがあいまいなものよりも習得が早い（たとえばcarのrを発音する方言の話者と発音しない方言の話者では、前者がrを発音しない第二方言を習得するよりも、後者がrを発音する第二方言を習得するほうが早い）。

　第二方言の習得レベルは、習得の目的や必要性、母方言と習得目標の方言の言語的類似度、習得者の個性や置かれた社会的環境、などによって多様性が生じる。

[文献] Chambers, J. K. Dialect acquisition. *Language* 68-4. (1992)、渋谷勝己「第二言語習得研究と第二方言習得研究の統合に向けて―現状と問題点」庵功雄・佐藤琢三・中俣尚己編『日本語文法研究のフロンティア』（くろしお出版 2016）　　　　　　　　　　　　[渋谷勝己]

言語生活
げんごせいかつ
linguistic aspects of life
（社会）

　言語を活動と考えると、言語活動は人間生活の1つと捉えられ、言語生活と呼ぶことができる。言語生活の研究は日本では戦後に始まった。言語生活は、次のように4つの活動からなると考えるのが一般的である。

　　表現　文字によるもの—書くこと
　　　　　音声によるもの—話すこと
　　理解　文字によるもの—読むこと
　　　　　音声によるもの—聞くこと

　これら4つの活動は、時代や年齢・職業など、さまざまな条件で異なる。たとえば、現在、電子メールがよく使われているが、若年層ではソーシャルメディアが多くなっている。電子メールのことばを「打ちことば」と呼ぶが、従来の書きことばとはずいぶん異なるものである。さらに、チャットなどでのやりとりは、書くという意識の活動というよりも、むしろ話す感覚であろう。また、従来の書きことばは標準語での整ったものであったが、電子メールでは、方言や「おk」のような略号が多用されるなど、ずいぶん性格が異なっている。

　言語生活の地域差は、まだまだ明らかになっていない。たとえば、東北地方の人は無口だと言うが、他の地方に比較して、どの程度話すことが少ないのか、数量化して実証されていない。

　さらに、定住外国人の増加などで、多言語社会が多くなり、それぞれの地域で、それにどう対応するかが求められる。

［文献］国立国語研究所編『地域社会の言語生活—鶴岡における実態調査』（秀英出版 1953）、西尾実『言語生活の探究』（岩波書店 1961）、国立国語研究所編『地域社会の言語生活—鶴岡における20年前との比較』（秀英出版 1974）、小林隆・澤村美幸『ものの言いかた西東』（岩波書店 2014）　　　　　　　　　　　　［友定賢治］

言語接触
げんごせっしょく
language contact
（社会）

　言語使用者が自身のことばと異なることばに接する出来事。言語学では便宜的に言語を主体的に捉えて、ある言語が他の言語と接触する事象と考える。言語であれ方言であれ、他の言語や方言と接触しないものはない。言語の分化のありかたを描いた系統樹モデルが示すのは、一度分裂した言語はその後互いに影響を及ぼし合うことはないという姿であるが、実際には分裂したあとも異なった言語や方言の話し手同士が接触し、その中で互いのことばが他のことばに影響を受けることはごく一般的に生じている。

　言語接触が起こった場合、その結果として、以下のようなタイプの再編成が生じる。このような再編成は、個々の単語のレベルで生じることもあれば、変種や言語の体系全体に及ぶこともある。また、再編成は、当初は接触した個人の中で起こるが、共同体の多くの成員が同じ言語と同じように接触する、接触が長期化する、といった社会的な要因があれば、共同体全体で再編成を起こす。

【取り替え】他者のことばを借用／習得し、自身のことばを使用しなくなる。使用していた伝統方言を捨てて威信のある標準語へシフトしていくという、標準語化、地方共通語化のかたちで起こることが多い。

【併用】他者のことばを借用／習得し、自身のことばと使い分ける。方言と標準語を場面に応じて使い分けることなどに典型的に見られるが、大阪に移住した仙台方言話者が大阪方言を習得し、場面や場所に応じて大阪方言と仙台方言を切り換えるといった他方言の習得も、現代社会ではよく観察される。

【混交】他者のことば（の一部）と自身のことば（の一部）を混ぜて使用する。標準語と方言を身に付けた話者の方言が、標準語の影響を受けたネオ方言的な性質を帯びることなど

がその例である（→言語獲得）。その他、個別的な語について、言語地理学的な研究でしばしば、2つの方言が接触する地域で発生した混交形式が報告される。2つの方言が接触することによって新たな方言が発生するといった、言語接触におけるピジン化に相当する事象は、互いの母方言で話しても理解可能で、しかもそれぞれの話し手に標準語の能力があるといった状況では起こりにくい。しかし、かつてのハワイやカナダ、ブラジルなど、全国各地から日本人が移住したところでは、話者の標準語能力が高くないという状況もあって、複数の方言の要素が溶け込んだ接触方言（当該地域に特徴的な共通日本語変種）が誕生したケースがある。ただしその方言は、先に移住した人々の方言や、話者数の多い方言の特徴が顕著なもので、たとえばハワイの日系人一世や二世がハワイで使用した日本語変種は山口方言・広島方言色が強いものであった（→ピジン・クレオール）。

【第三のことばの採用】 さまざまな方言を使用する話者が同じ共同体に住むようになり、いずれの話者の母方言でもない、標準語的なことばを話すようになった北海道の例などが該当する。

【維持】 他者のことばは使用せず、第三のことばも採用しないで自身のことばを使用し続ける。かつての城下町などで、江戸時代に他の地域から転封されてきた人々の子孫が継承し、使用する家中弁などがこの例である。

　人の流動性を特徴とする現代社会では方言接触が常態化し、第二方言習得、二方言併用、標準語と方言の切り換え、接触方言の形成といった多様な事象が頻繁に観察される。

[文献] 国立国語研究所『共通語化の過程―北海道における親子三代のことば』(秀英出版 1965)、徳川宗賢「単語の死と生・方言接触の場合」『国語学』115 (1978)、真田信治「ことばの変化のダイナミズム―関西圏におけるneo-dialectについて」『言語生活』429 (1987)、渋谷勝己・簡月真『旅するニホンゴ―異言語との出会いが変えたもの』(岩波書店 2013)　　　　　　[渋谷勝己]

言語地理学
げんごちりがく
geolinguistics, linguistic geography

　場所による言語の変異としての方言について、地理空間の側面からアプローチする研究分野。方言地理学、地理言語学と呼ばれることもある。研究の道具として地図の利用が必須であり、地理学・歴史学・民俗学など言語研究以外の分野に関する知見も積極的に求められる点で、学際的性格を有する。

　方言周圏論的思考の下、主に方言分布から言語史を再構することを主目的とする研究として狭義に捉えられることもある（柴田1969）。一方で、方言が有する空間的側面ならびにその背景にある諸要素は多様かつ複雑である。たとえば、方言の異なりを生じさせる言語変化と言語体系の空間的照合、言語変化の諸相を反映した方言分布の類型化、方言分布と人口統計・社会制度など地域の諸条件ならびに生活・民俗との相関、新規の言語形式が導入される伝播経路の解明など、必ずしも言語史の枠におさまらない（大西2016）。それらを広くまた多角的に結び付けながら研究することが欠かせず、その中から言語史の解明に留まらない広範な知見が産出される。また、時間的世代的間隔を置いた方言分布の比較を基に言語変化と分布変化の関係の分析を基盤とした、方言学の究極目標である方言形成論にも展開している。日本における言語地理学は、1970〜1980年代に盛んに研究され、その後、やや下火になりつつあるように見えるが、上述のように本来、方言学の核心を担う分野であり、さまざまなデータが整備され、それらが活用できるようになった今こそ、広い視野の下で進展させることが求められる。

[文献] 柴田武『言語地理学の方法』(筑摩書房 1969)、大西拓一郎『ことばの地理学―方言はなぜそこにあるのか』(大修館書店 2016)　　　　　　[大西拓一郎]

言語の島
げんごのしま
language island
「地理」

　周囲と言語的に大きく異なる地域、またはそのような言語状況。言語上の孤立を「島」にたとえたもので、実際には陸地内での孤立地域・孤立状況を指す場合が多い。フランスとスペインにまたがるバスク地方では、周囲のロマンス諸語とは異なる、系統不明の言語が使われており、「言語の島」の典型と言える。同じ言語内での方言の差を言う場合は、「方言の島」ともされる。

　日本で言語（方言）の島とされてきた地域として、長野・新潟県境の秋山郷、山梨県奈良田、静岡県井川、石川県能登島や海士町などがある。これらの地域の方言は、地理的環境から周囲との接触が限られていたため、古い特徴を保ち続けたり、独自の変化を遂げたりした。秋山郷では、子音語幹（五段）動詞が「カク（書く）」「カコフト（書く人）」など終止形-u、連体形-oとなるが、先行研究はこれを上代東国語に関連付けている。また、山梨県奈良田は、[ハ]ナガ（鼻が）、ア[メ]ガ（雨が）など周囲の東京式とは異なるアクセントを持つが、これは東京式アクセントから変化して成立したと推測されている。

　集団移住が言語（方言）の島を生む場合もある。沖縄県石垣島白保は、18世紀に波照間島からの集団移住によって形成され、周囲の石垣方言とは異質な方言体系を持つ。山形県山形市の「香澄弁」、佐賀県唐津市や宮崎県延岡市の「御家中弁」は、藩主の移封に伴って移った士族の言語に由来するとされ、一種の社会方言だが、現在は周囲と同化している。

［文献］馬瀬良雄「長野県の方言」飯豊・日野・佐藤編『講座方言学6 中部地方の方言』(国書刊行会 1983)、「言語の島」『言語学大事典 第6巻 術語編』(三省堂 1995)、上野善道「「上げ核」の由来―奈良田アクセントの成立過程」坂詰力治編『言語変化の分析と理論』(おうふう 2011)　　　　　　　　　　　　　［小西いずみ］

言語類型論
げんごるいけいろん
linguistic typology
「一般」

　言語普遍性を探求する理論言語学の一分野。単に類型論とも言う。生成文法と同様、言語類型論は、かつての構造主義言語学へのアンチテーゼとして生まれ、言語の個別性・多様性の過度な強調に対して批判的なスタンスをとる点では共通点がある。ただし、生成文法とは相違点も多い。まず、生成文法における言語普遍とは究極的には人間という種に見られる生得的な言語能力のことを指すのに対し、言語類型論における言語普遍とは、言語の多様性の背後にある共通した制約（多様性を決定づけ、制御するメカニズム）を指す。また生成文法が想定する言語能力が他の認知体系と独立していると考えるのに対し、類型論ではむしろ人間の認知的制約をベースに、言語間に見られる普遍的な傾向を説明する。

　類型論は、まずもって多様な言語を観察し、言語普遍を発見し、それを説明するというスタンスをとる。すなわち、帰納主義的アプローチをとる。よって、類型論はサンプルとする言語データの数が極めて重要であり、よく知られた言語だけでなく世界の言語のほとんどを占める少数言語にも目を配る。少数言語の記述研究が類型論と親和性が高い（と一般に考えられている）のはそのためである。しかし、少数言語の記述研究と類型論は全く違った目的を持っている。少数言語の（すなわち個別言語の）記述研究は、その言語の体系の解明が目的であって、記述研究の進展によって見えてくるのは個々の言語の違い、すなわち言語の多様性である。一方、類型論は逆に、個別言語の記述データの比較によって言語普遍を見つけ、一見するとランダムな言語の多様性を、説明・予測可能な普遍法則の形に落とし込むことを目指している。

【言語普遍の4分類】下表にまとめるように、言語普遍は、主に2つの観点から考える必要が

ある。

　まず、考察対象の言語サンプルの全体を見るか部分集合を見るかという観点である。すなわち、「サンプルすべての言語に適用される」絶対普遍性なのか、「そのうちある種の共通特徴を持った部分集合の言語に適用される」含意普遍性なのか、という観点である。前者は、たとえば「すべての言語には開音節がある」のような普遍性であり、後者は「VO型（V：動詞、O：目的語）の言語は前置詞を持っていることが多い」のような普遍性である。類型論で特に示唆的な発見があるのは後者の、含意普遍タイプの普遍性である。すなわち、ある特徴（VO型かOV型か）が別の特徴（前置詞か後置詞か）と関連していることが分かった時、論理的に可能だが実際にはあまり見られない組み合わせ（OV型で前置詞、VO型で後置詞）に対して、これらが人間言語の中でなぜ少ないのかを説明することができれば、言語多様性に対する制限として一般化できる。

　言語普遍を考える際のもう1つの観点は、その普遍性が例外のない法則なのか、一定の言語について成り立つ傾向なのか、という観点である。例外のない法則は極めて少なく、これまで提案されている言語普遍はほぼ傾向として考えるべきものである。

	例外なし	傾向
サンプル全体	絶対普遍法則	絶対普遍傾向
特定タイプ	含意普遍法則	含意普遍傾向

言語普遍の4分類

[文献] Croft, William. *Typology and Universals*. Cambridge: Cambridge Univ. Press, 1991., 角田太作『世界の言語と日本語 改訂版』（くろしお出版 2009）

[下地理則]

語彙
ごい
vocabulary

【語彙】

　ある時代・地域・作品・資料など、一定の母集団における語の集合や、ある言語における語の全集合。たとえば「万葉集の語彙」とは万葉集に現れるすべての語を指し、「日本語の語彙」とは日本語が持つすべての語を指す。語彙を構成する語の数を「語彙量」と言う。

【語彙の中核】語彙の中核となる語集団として「基本語彙」「基礎語彙」がある。

（1）基本語彙　ある言語において、高頻度かつ広範囲に使用される語の集合を「基本語彙」と言う。基本語彙の選出は、さまざまな分野のテキストや談話資料を対象にした調査に基づいて行われる。日本語を対象とした調査としては、国立国語研究所の「現代雑誌九十種の語彙調査」（1962-1964）が知られる。

（2）基礎語彙　身体名称や親族の呼び名など、日常生活を送る上で不可欠な概念を表す語集団を「基礎語彙」と言う。基礎語彙には借用語が入りにくいため、比較言語学研究などのデータに用いられる。

【使用語彙と理解語彙】能動的に使うことができる語彙を「使用語彙」、受動的に理解できる語彙を「理解語彙」と言う。一般に、理解語彙の方が使用語彙よりも大きい。

【語彙の分類】語彙は一定の体系を持つと考えられている。語彙を体系立てる主な基準として（1）形態、（2）意味、（3）語種、（4）語構成、（5）品詞がある。

（1）形態による分類　形態による分類には、語頭の音によって語を配列する「五十音順」や、「1音節語」「2音節語」…のように、語の長さによって語を分類する方法などがある。

（2）意味による分類　意味による語彙の分類には、①語彙全体を体系的に分類するものと、②語と語の意味関係から語彙を分類するものがある。

①語彙の意味分類　語彙全体を、意味に基づいて体系的に分類したものとして、P.M. Rogetの *Thesaurus of English and Words and Phrases*（1852）が知られる。Roget以降、意味分類に基づく語彙表は「シソーラス」と呼ばれれている。日本語の最も有名なシソーラスは、国立国語研究所編(1964)『分類語彙表』である。『分類語彙表』では、約32,600語を798項目に分類している（1994年の増補版では約96,000語を895項目に分類している）。

②語の意味関係　語の意味関係として、(a)類義関係、(b)対義関係、(c)包摂関係がある。

(a) 類義関係：「美しい」と「きれい」のように、意味がよく似た関係を指す。語義のよく似た語同士を「類義語」と言う。

(b) 対義関係：意味がある点で共通しながらも、ある点で対立する関係を指す。対義関係にある語を「対義語」と言う。対義語には「生」と「死」のように相補関係が成り立つもの、「高い」と「低い」のように相対的な関係であるもの、「行く」と「来る」のように視点に基づいた違いのあるものがある。

(c) 包摂関係：ある語の意味範囲が、別の語の意味範囲を完全に含む時、両者の関係を「包摂関係」と言う。この時、意味範囲が大きい方の語を「上位語」、意味範囲が小さい方の語を「下位語」と言う。「鳥」は「にわとり」の上位語であり、「にわとり」は「鳥」の下位語である。

(3) 出自による分類　語の歴史的起源に基づく分類を「語種」と言う。語種は「和語」「漢語」「洋語」「混種語」に分けられる。

①和語：「目」「酒」「見る」など、日本語の固有語と考えられる語を指す。

②漢語：「字」「菊」など、上代〜中世にかけて中国から取り入れられ、現在では和語に近い性質を持つまでに定着した語や、「大根」「転落」など、日本でつくられた漢語構造の語（和製漢語）を指す。日本でつくられたものもある。

③洋語：「テレビ」「かるた」など、漢語以外の外来語、特に室町時代以降に、欧米系の言語から借用した語を指す。

④混種語：①〜③の別種種を組み合わせてできた語を指す。たとえば「場所」「彼女」は和語と漢語、「生ビール」「サラダ油」は和語と洋語の混種語である。

(4) 構成による分類　語は、語義の中核を担う「語根」と、文法的な意味を担う「接辞」から構成される。接辞には、語の品詞を変えたり、語に新たな意味を加える「派生接辞」と、数・人称・時制などの文法範疇を表す「屈折接辞」がある。語は、語根の数と派生接辞の有無によって3つに分類される。

①単純語：「山」「歩く」「涼しい」など、語根1つを含む語。

②派生語：「お寺」「歩かせる」「美しさ」など語根1つと派生接辞を含む語。

③複合語：「草花」「山登り」「歩き始める」など、2つ以上の語根を含む語。派生語と複合語を合わせて「合成語」と言う。

(5) 品詞による分類　統語的な機能や語の形態を基準とした分類である。

【方言の語彙】方言の語彙を調査するには、国立国語研究所「消滅危機方言の調査・保存のための総合的研究」の言語調査票（木部編2013等に収録）や、東京外国語大学アジア・アフリカ言語文化研究所発行の「アジア・アフリカ言語調査票〈上・下〉」などが利用できる。

方言研究では、主に以下のような意味分類を、語彙調査や辞書の編纂に用いる。意味ごとに方言語彙を分類した辞典として東条(1954)『分類方言辞典』が知られる。

(1) 身体語彙：「頭」「足」など身体の各所を指す語の集合。

(2) 親族語彙：「父」「姉」など親族関係を表す語の集合。

(3) 植物語彙：「木」「花」など植物や「カビ」「苔」など藻菌類に関する語の集合。
(4) 動物語彙：「牛」「猫」など動物や、「鶏」「トサカ」など鳥に関する語、「蝸牛」「蝉」など虫に関する語の集合。
(5) 天候・気象語彙：「太陽」「雪」など天候に関する語、「山」「畑」など土地に関する語の集合。天候のうち、特に風の方向による風の名称は「風位語彙」と呼ばれる。
(6) 時空間語彙：「昨日」「明日」など相対的な時に関する語、「夕方」「大晦日」など時刻や暦の中で固定的な時に関する語、「右」「前」など相対的な場所に関する語の集合。
(7) 衣食住語彙：「着物」「足袋」など衣類や装飾品に関する語、「朝食」「味噌汁」など食事習慣や料理の種類に関する語、「母屋」「倉」など家屋の構成に関する語の集合。
(8) 人間語彙：「私」「お前」など人称に関する語、「人」「男」など人間一般に関する語、「先生」など職業や属性に関する語の集合。
(9) 道具語彙：「鋤」「瓶」など生活道具に関する語、「鍋」「椀」など食道具に関する語、「机」「椅子」など調度に関する語の集合。
(10) 数詞：「1, 2…」など基数や、「1つ、2つ…」など序数詞に関する語の集合。
(11) 指示詞：「これ」「そこ」「何」など話者の地点や状況を基準に、ものや文脈を指す語の集合。

[文献] Peter Mark Roget *Thesaurus of English Words and Phrases*. Longmans, Green&Co., 1852、東条操『分類方言辞典』（東京堂出版 1954）、徳永康元ほか編『アジア・アフリカ言語調査票〈上・下〉』（東京外国語大学アジア・アフリカ言語文化研究所 1967）、国立国語研究所編『分類語彙表—増補改訂版』（大日本図書 2004）、木部暢子編『消滅危機方言の調査・保存のための総合的研究　八丈方言調査報告書』（国立国語研究所 2013）

[横山晶子]

口蓋化
こうがいか
palatalization

音韻

　口蓋化という用語は、2つの意味で用いられる。1つは、子音の音声的特徴を指すものであり、もう1つは、音の変化（もしくは交替）のプロセスを指すものである。硬口蓋化とも言う。

【口蓋化（音声的特徴）】 音声的特徴としての口蓋化は、子音の調音と同時に前舌面が硬口蓋に向かって盛り上がることを言う。子音の調音点に加えて硬口蓋においても狭めが生じることから、二次的調音（副次的調音）の一種と言える。国際音声記号では、子音字の右肩に補助記号として^{j}を付し、k^j, m^jのように示す。

　日本語では、ピ・ピャ・ビ・ビャ・ミ・ミャ・キ・キャ・ギ・ギャ・リ・リャなど、パ行・バ行・マ行・カ行・ガ行・ラ行のイ段および拗音（開拗音）の子音は口蓋化音として音声表記される。たとえば「病気」に含まれる有声両唇破裂音bおよび無声軟口蓋破裂音kはそれぞれ口蓋化しており、音声表記では [b^{j}o:k^{j}i] となる。

　なお、硬口蓋音およびこれと調音点の近い歯茎硬口蓋音・後部歯茎音は、子音の調音のために前舌面が硬口蓋に接する（もしくは近づく）ため、あえて口蓋化音として表記することはない。日本語では、チ・チャ・シ・シャ・ジ・ジャなどタ行・サ行・ザ行のイ段および拗音の子音が後部歯茎音（無声破擦音 [tʃ]、無声摩擦音 [ʃ]、有声摩擦音 [ʒ]）または歯茎硬口蓋音（無声破擦音 [tɕ]、無声摩擦音 [ɕ]、有声摩擦音 [z̺]）として表記される。ニ・ニャ・ヒ・ヒャなどナ行・ハ行のイ段および拗音の子音は硬口蓋音（鼻音 [ɲ]、無声摩擦音 [ç]）として表記され得る。

【口蓋化（変化・交替）】 音の通時的変化もしくは共時的交替のプロセスとしての口蓋化は、子音が硬口蓋音またはこれと調音点の近い後部歯茎音・歯茎硬口蓋音・（音声的特徴とし

ての）口蓋化音に変わることを言う。たとえば、「島（シマ）」/sima/［ʃima］に見られるように、歯茎音/s/が前舌狭母音［i］に先行する環境で後部歯茎音［ʃ］として実現するプロセスは、口蓋化として扱われる。

歯茎破裂音（無声音t・有声音d）、軟口蓋破裂音（無声音k・有声音g）が口蓋化すると、併せて破擦音化を起こす場合がある。たとえば、日本語のチʨはかつて*tiであり、通時的に口蓋化および破擦化の音変化を起こしたとされる。また、沖縄方言では、*ki > ʨiの通時的音変化が起こり（例：「肝」ʨimu（チム）< *kimo）、*ti由来のチʨi（例：「血」ʨi:）と合流している。東北方言（宮城県など）でも、語頭で*ki > ʨiの変化が起こっている（例：「木」ʨi < *ki）。（ただし、*ti由来のチはツと合流し、*kiに由来するʨiと区別される。）

口蓋化は子音が前舌母音（もしくは半母音j）と隣り合う環境で起こるのが一般的である。口蓋化すると、舌の構えが前舌母音に近付くため、隣接する前舌母音の影響による口蓋化は同化の一種と言える。上述の*ki > ʨiなどの、後続母音の影響による逆行同化としての口蓋化に加え、先行母音の影響による進行同化としての口蓋化も見られる（例：「烏賊」沖縄方言iʨa（イチャ）、奇美大島方言ikʲa（イキャ）< *ika）。また、口蓋化は、狭母音iだけでなく前舌母音全般によって起こり得る。特に、半狭母音eの前の歯茎摩擦音（無声音s・有声音z）の口蓋化（セ・ゼの子音の口蓋化）は、かつては中央語も含め広く見られたとされ、現在では九州方言などに残存している（例：「汗」aʃe（アシェ）、「風」kaʒe（カジェ））。さらに、もともと前舌母音に隣接する環境でなくても、母音融合で生じた前舌母音の影響で口蓋化が起こる場合もある（例：omʲa:（オミャー）< omʲæ: < *omae「お前」）。

[文献] 中本正智『琉球方言音韻の研究』（法政大学出版1976）、大橋純一『東北方言音声の研究』（おうふう 2002）、斎藤純男『日本語音声学入門 改訂版』（三省堂 2006）　　　　　　　　　　　　　　　　　　[白田理人]

喉頭化音
こうとうかおん
glottalized consonant

音韻

　子音が喉頭の緊張または声門の閉鎖を伴って発音されること。国際音声記号では、声門閉鎖音ʔとの二重調音としてのように表記できるが、専用の補助記号は用意されていない。慣例的な表記として、kʔ, mʔ（またはʔk, ʔm）のように右肩（もしくは左肩）にʔを付するもの、（放出音と同様に）kʼ, mʼのように右肩にʼを付するものがある。

　琉球諸方言では、喉頭化音が非喉頭化音と音韻的に対立することがある。これまでに喉頭化音が確認されている子音には、無声破裂音（p・t・k）、無声破擦音（ʨ）、鼻音（m・n）、流音（r）、半母音（j・w）がある。このうち、阻害音（破裂音・破擦音）の喉頭化は有気性と相関し、喉頭化音は無気音、非喉頭化音は有気音となる。喉頭化音の生起のパターンとして、まず、狭母音*i, *uに先行する阻害音の喉頭化が挙げられる。たとえば、奄美大島方言では「首」kʔubi < *kubiのように*kuに遡る音節の初頭音は喉頭化している。一方、「米」kumï < *komeのように*koに遡る音節の初頭音は喉頭化していない。このように母音の区別が（母音の合流により）子音の喉頭化／非喉頭化の区別に引き継がれることがある。次に、無声子音と狭母音からなる語頭音節の脱落に伴い、後続の無声子音が喉頭化する場合がある（例：奄美喜界島「掴め」kʔami < *tukame　対照例：「食べろ」kami < *kame）。加えて、語頭母音の脱落により後続する共鳴音（鼻音・流音・半母音）が喉頭化する場合がある（例：奄美大島「稲」nʔi < *ine、「魚」jʔu < *iwo　対照例：「荷」ni、「湯」ju）。

　なお、「喉頭化」を「きしみ声化」（laryngealization）を指すのに用い、ここで述べたものを「声門化」と呼ぶ場合もある。

[文献] 狩俣繁久「琉球の方言」江端義夫編『方言』（朝倉書店 2002）　　　　　　　　　　　　　　　[白田理人]

コードスイッチング
code-switching
【談話】

　話し手が場面や状況に応じて言語コードを切り替えること。「（言語）コード」は言語体系を指す用語であり、日本語や中国語などの「言語」だけでなく東京方言や九州方言といった「言語変種」に対しても使われる。

　コードスイッチングは、その切り替えの様相に応じて「場面間切り替え」と「会話内切り替え」に大別される。前者は、使用されるコードが場面ごとに定まっており、どのような場面でどのようなコードが使われるべきかという規範意識が共同体の中で共有されている。日本の地域社会における方言と標準語の使い分けの多くは場面間切り替えに相当し、カジュアルな場面では方言が、フォーマルな場面では標準語が使われる。この使い分けは固定的で静的なものである。後者の「会話内切り替え」では同じ場面の中に複数のコードが現れる。切り替えは文と文の間で起こることもあれば1つの文の内部で生じることもあり、前者を「文間切り替え」、後者を「文中切り替え」と言う。これらはコードが自在に入れ替わる動的な切り替えで、場面間切り替えとは対照的である。

　コードスイッチングの要因には、発話状況、伝達効果、対人関係の3つが考えられる。先の場面間切り替えは話し手の置かれている状況がどのようなものであるかという場面把握に基づく切り替え行動である。会話内切り替えの場合は、第三者の発話の引用部分やおもしろおかしく伝えたい部分におけるコードスイッチングのように伝達効果をねらったものが見られる。また対人関係の調節を目的としたコードスイッチングとしては、初対面の話し相手への親しみを表すために丁寧体から普通体へシフトすることや、標準語を基調とした会話に方言を混ぜることなどが挙げられる。

[文献] Appel, R. and Muysken, P. *Language Contact and Bilingualism*. Edward Arnold, 1987.　　　　[高木千恵]

コーパス
corpus
【一般】

　実際に産出された言語表現の集合体で、現在では電子化されて計算機で読めるものが多い。過去の人間が残した手紙や随筆、物語、詩、現代の新聞記事やウェブ上の文章、講演の記録や日常会話など、幅広い種類のコーパスがさまざまな研究目的のために使われている。母語でない言語の用法を調べる時に役立つだけでなく、母語であっても、特に統計的な傾向は意識的には把握しづらく、実際の用例を大量に見る時にコーパスは有効である。

【コーパスの種類】ある時代のある表現の使われ方を知りたい時には歴史コーパス（通時コーパス）が用いられる。ある表現の使われ方が時代を通じてどのように変化したのかを知るために、いくつかの時代にわたったテクストを含むこともある。歴史コーパスは書かれたものだが、現代語のコーパスは書かれたものだけではなく、音声、映像を含むこともあり、分析の対象が広い。音声にとどまらず、視線や身振りなども大量のデータをもとに研究することができる。

　また、コーパスに含まれる表現を産出した人や環境によって分類することもできる。表現を産出した人（例：大学生、幼児、○○出身者、ろう者など）、媒介（例：対面会話、電話会話、手書き文書、インターネット上の発言、新聞記事など）、状況（例：課題をこなしている、雑談しているなど）によってさまざまな種類のコーパスがある。

　このようにコーパスとは、ある時にある人がある状況で用いた言語表現の総体であるため、一般化する際には、ほかのコーパスでも同様のことがあてはまるのか（コーパスの代表性）に注意する必要がある。特定の人や状況に左右されず一般化が得られるよう配慮して収集されたコーパスを、均衡コーパスと呼ぶ。

　言語データ自体に加えてほかの情報が付与されているコーパスも存在する。たとえば、

言語表現の形態素ごとに、品詞情報、修飾先（かかり受け）、別の言語の翻訳（グロス）、韻律、IPAによる詳しい音声表記、意味分類など、さまざまな情報が付与されている場合があり、分析に使うことができる。付与されている情報を、タグ、注釈（アノテーション）などと呼び、情報が付与されているコーパスを「タグ付きコーパス」などと呼ぶ。

日本語諸方言コーパスは、さまざまな地方出身者の発話を集めたものだという点で、各方言のコーパスの集合体であると言える。共通語の訳がついている場合は対訳コーパス、グロスがついている場合はタグ付きコーパスの一種ともみなせる。

【コーパスを用いた研究】コーパスを用いた研究は量的研究と質的研究に分けることができる。量的研究とは、興味の対象（例：無声閉鎖音、助詞のハ、複合名詞、頷きなど）をある一定数集め、仮説をもとにデータを分類し、その分類を数値によって比較検討し、立証しようとする方法論である。コーパス言語学、計算言語学、計量言語学はこの量的研究を指すことが多い。一方、質的研究とは、数値化にこだわらず用例を1つ1つ吟味し、それによって一般化を達成しようとする方法論である。伝統的な国語学の、古典を精査してその用例によりある時代の日本語の文法を明らかにしようとする方法は、質的研究であると言える。実際の談話例を吟味することで方言の文法を明らかにしようとする方法も質的研究に分類される。

【応用】コーパスを計算機で処理する分野を自然言語処理と呼ぶ。機械翻訳や音声認識・産出、形態素解析の技術などには通常、学習データとして膨大なコーパスが用いられている。ほかにも、ある対象のウェブ上での評判収集、知識収集など、さまざまな課題があり、実生活に役立てられている。

[文献] 前川喜久雄編『講座 日本語コーパス 1 コーパス入門』（朝倉書店 2013） ［中川奈津子］

語声調
ごせいちょう
word tone

【音調】

標準語のアクセントは、ピッチの下降がどこにあるかによって語のアクセントが区別される。たとえば、カラス（烏）、オトメ（乙女）、サクラ（桜）はそれぞれ、下降が第1拍目にある、第2拍目にある、どこにもないという特徴によって対立している。これに対し、諸方言には「どの種類か」が問題となるような方言がある。たとえば、鹿児島方言では「桜」「烏」はサクラ、カラスだが、「桜が」「烏が」はサクラガ、カラスガで、ピッチの位置が移動する。この方言では位置ではなく、下降か上昇かといった音調の種類の対立によって語のアクセントが区別される。早田輝洋は、標準語のようなものを「（狭義の）アクセント」、鹿児島方言のようなものを「語声調」と呼んだ。中国語のように音節を単位とするものを音節声調と呼ぶのに対し、語を単位とするものを語声調と呼んだのである。なお「アクセント」という語は、広義では「（狭義の）アクセント」と「語声調」の両者を指す。

語声調を持つ言語は日本語以外にも朝鮮語晋州方言や上海語などが存在する。

（狭義の）アクセントと語声調は1つの言語内に共存することもある。たとえば京都方言は単語が高いピッチで始まるか低いピッチで始まるかという語声調、ピッチ下降の位置が対立する。

		アクセント（下降の位置）			
		なし	1	2	3
語声調	高	桜 サクラ HHH	命 イノチ HLL	一人 ヒトリ HHL	― ― ―
	低	兎 ウサギ LLH	― ― ―	兜 カブト LHL	マッチ マッチ LLF

（H：高　L：低　F：下降）

アクセントと語声調の共存（京都方言）

このような語声調とアクセントが共存する言語として京都方言以外にもチベット語ラサ方言を挙げることができる。

また、東京方言の名詞は位置の対立を持つ（狭義の）アクセントを持つが、動詞は下降か非下降かが対立する語声調だと解釈される。

語声調と（狭義の）アクセントの違いは複合語の韻律構造にも現れる。語声調を持つ語では前部要素の声調が複合語全体の声調になる。それに対し、（狭義の）アクセントを持つ言語では後部要素のアクセントが複合語全体のアクセントになる。たとえば京都方言ではチューカ＋リョーリ→チューカリョーリ（中華料理）、フランス＋リョーリ→フランスリョーリ（フランス料理）のように、複合語の語声調は前部要素、アクセントは後部要素によって決まる。このような法則性が日本語の諸方言だけでなく、近隣の諸言語においても成り立つという。

【語声調とN型アクセント】語声調はN型アクセントと類似点が多いが異なる概念である。語声調は種類の対立であるので、ピッチの下降や上昇の位置を問題としない。それに対してN型アクセントは「単位（語や文節）の長さが増えても対立数が一定以上増えない」アクセント体系を指し、ピッチの上昇や下降の位置が問題となるようなN型アクセントもある（上野2012）。なお、アクセントと語声調が共存する京都方言はN型アクセントを用いた枠組みでは、式の対立を持つ多型アクセント体系として分析される。

[文献] 早田輝洋『音調のタイポロジー』（大修館書店1999）、上野善道「書評　早田輝洋著『音調のタイポロジー』」『言語研究』117（2000）　　　[松浦年男]

五段化
ごだんか
godanka
文法

一段活用や変格活用が五段活用、特にラ行五段活用と同じ語形変化をするようになること。「ラ行五段化」「r語幹化」とも呼ばれる。この現象は活用体系の平準化の1つの表れと捉えられる。地域的には東北と九州で頻繁に起こるが、活用形の種類や動詞語幹の長さなどにも関わる（→活用・動詞）。一般に、タ形よりは否定形で起こりやすく、さらに使役形や命令形で起こりやすい。また、動詞語幹が短いほど起こりやすい傾向にある。

【否定形の五段化】上一段活用動詞「起きる」の否定形は、九州西部では「オキラン」という形が現れる。もともと上一段活用動詞の否定形は「オキン」というように、語幹「オキ」に否定の活用語尾「ン」がついたものである。しかし、五段活用動詞「取る」の否定形「トラン」の活用語尾が「ラン」であることに類推し、「オキ」にも「ラン」がつけられ、「オキラン」という形が形成されたのである。地域的には、東海、近畿南部、出雲、九州西部で起こっている。

「オキラン」を音韻表記で表すと、oki-r-aNである。「取る」の語幹がtor-のようにrで終わっていることに類推して、oki-もoki-r-に変化したのである。したがって、五段化はr語幹化であるとも言える。

五段化は動詞語幹の長さや語彙によっても異なる。たとえば、九州西部方言では、語幹が1音節の「見る」「出る」は、「ミラン」「デラン」で現れるが、2音節の下一段活用動詞「受ける」は「ウケラン」とはなりにくい。ただ、同じ2音節でも上一段活用動詞「起きる」は「オキラン」となる（→音節）。

これと同様の現象として、「オキヤン」（起きない）という形が、近畿南部や九州南部で見られる。活用語尾が「ヤン」であるという違いはあるが、五段化の1つの形であろう。

【命令形の五段化】上一段活用動詞「起きる」が、「オキロ」「オキヨ」から「オキレ」に変化することがある。この変化も、ラ行五段活用動詞、たとえば「取る」の命令形が「トレ」であることに類推したものである。音韻表記で考えると、「取る」の命令形「トレ」はtor-re→tor-eとなっている。「起きる」の語幹はもともとoki-であるが、r語幹化することによってoki-r-となり、その直後に命令の活用語尾である-reがつく。その結果、oki-r-re→oki-r-e（オキレ）が形成されるのである。「オキレ」は、東北の日本海側、東海・山陰の一部、九州西部で聞かれる（→命令表現）。

【カ変の五段化】変格活用動詞「来る」の否定形では、出雲や沖縄本島に五段化した形である「コラン」（来ない）が見られる。元はko-aN→koN（コン）であるが、語幹ko-がr語幹化することによって、ko-r-aN（コラン）が形成されたのである。

【サ変の五段化】「する」の否定形では、東北に「サネー」「サニャー」「サネァー」（しない）、出雲や沖縄本島には「サン」「サーン」（しない）が分布している。この形は、r語幹化したものではないようである。元はse-aN→seN（セン）のように語幹がse-であったが、これとは別の語幹s-が用いられ、s-aN（サン）となっている。tor-aN（取らない）の否定の活用語尾と同じ-aNが用いられていることから、五段化と考えられている。また、鹿児島県奄美などでは「シラン」（しない）も聞かれる。

「する」の命令形では、東北の一部に「シレ」「スレ」が、九州の一部に「セレ」がそれぞれ聞かれる。また、鹿児島県奄美近辺には「シリ」がある。

[文献] 陣内正敬『北部九州における方言新語研究』（九州大学出版会 1996）、小林隆『方言学的日本史の方法』（ひつじ書房 2004） ［有元光彦］

コピュラ
copula

文法

多くの言語で名詞は、述語としての語形変化（活用）をせず、動詞など他の言語要素を伴って述語をつくる。この、名詞が述語になる際に共起する要素を、コピュラと呼ぶ。「繋辞」「連結動詞」と呼ばれることもある。標準語では「花子は学生だ」「彼が太郎だ」などの「だ」にあたる。過去形「だった」、推量形「だろう」などと活用するが、自立しない語（接語）であり、伝統的な国文法では「断定（指定）の助動詞」とされる。

方言のコピュラの形態には東西差があり、おおよそ新潟・長野・愛知県以東はダ、富山・岐阜・三重以西はジャ・ヤとなる。ただし西日本でも山陰などダの地域もある。また西日本では、非過去・断定の場合「学生ゾ」（高知など）「学生バイ」（熊本）など、コピュラを用いず名詞に終助詞が直接つくことが多い。琉球にはヤン（沖縄中南部）などヤで始まるコピュラが多いが、非過去・断定表現ではコピュラを用いず名詞で終止したり、終助詞が直接つくことが多い。

ダ・ジャは「である」（「に+て+あり」>「で+あり」の連体形）に由来する。英語のbeなど、諸言語では存在動詞がコピュラとなることが多いが、日本語でも、古典語の「なり」（<「に+あり」）を含め、存在動詞がコピュラの形成要素となっている。文献による日本語史では、中世末から近世初期に「である」がデア、ヂャルなどの過渡的な形を経て、東日本ではダ、西日本ではヂャ（ジャ）と分かれ、さらに江戸末にジャからヤが生まれたとされる。現代方言でも富山県にデャ、鹿児島県にジャッ（<ジャル）など、文献上の過渡的形態に似た形が見られる。

[文献] 国立国語研究所編「（いい天気）だ」『日本言語地図 第1集』（大蔵省印刷局 1966）、Pustet, Regina, *Copulas*, Oxford Universty Press, 2003、柳田征司『日本語の歴史1 方言の東西対立』（武蔵野書院 2010） ［小西いずみ］

語用論
ごようろん
pragmatics

言語の意味、特に「言外の意味」と言われる意味の側面を主に研究する言語学の一分野。「文字通りの意味」を扱う意味論とは異なる分野とされる。

伝統的に語用論の研究対象とされる「言外の意味」とは、「空気読め」の「空気」や「行間を読む」の「行間」を指すことが多い。具体的な文(1)を使って考えてみよう。

(1) このクラスの何名かは合格した。

(1)の文字通りの意味は「このクラスの合格者が複数いれば真、そうでなければ偽」であり、全員が合格していても真である。しかし多くの大人の日本語母語話者は(1)の発話を聞いた時、文字通りの意味のほかに「言外の意味」(2)も(1)の意味として解釈する。(1)が「何名かは合格したんだけど…」のように発話されると、一層その傾向が強まる。

(2) クラスの全員が合格したわけではない。

(1)の発話の解釈として、言外の意味(2)がどのようにして得られるのかを解明するのが、語用論の重要な研究課題の1つである。このような例に関して、焦点韻律(focus prosody)を伴う対照主題(contrastive topic)の「は」や、解釈機構そのもの、「全員」「ほとんど」「何名か」など特定の言語表現の組など、「言外の意味」の要因としてさまざまな提案がされているが、ここではグライス(Paul Grice)によって提案された協調の原理(cooperative principle)による古典的な分析を紹介する。

【会話的含意の導出】会話は参加者間で協調の原理を暗黙の了解として進められると仮定する。グライスは具体的に量、質、関係、様態の4つの格率に細分化した。例として20名のクラスを想定し(1)と合わせて、(3)を考えてみよう。

(3) このクラスの全員が合格した。

文字通りの意味は、(1)は「2名以上が合格しているとき真」、(3)は「20名が合格しているとき真」である。20名が合格している状況ではどちらも真である。換言すると(3)が真である状況では(1)は必ず真である。このことを「(3)は(1)を論理的に含意する((3) entails (1))」とか「(3)は(1)より論理的に強い((3) is logically stronger than (1))」と言う。協調の原理に基づいて(1)から(2)を得る語用論的演算を簡略化して以下で示す。

最大の情報量を求める「量の格率」に従うと、20名が合格しているならば、論理的に最も強い(3)を発話すべきである。(3)を言えば(1)が真であることが分かるからと考えてもよいだろう。一方、偽であるとことを発話させない「質の格率」に従うと、20名が合格していないならば、(3)を発話すべきではない。すなわち嘘をつくなということである。これらを考慮すると、(3)ではなく(1)が発話されたということは、(1)の発話者は20名が合格していないと信じている、すなわち(3)が偽であるのだと考えられる。よって(3)の否定である(2)が「言外の意味」として得られる。このようにして得られる「言外の意味」は、会話的含意(conversational implicature)と呼ばれる。

文の意味にはこの他にも、前提(presupposition)、慣習的含意(conventional implicature)、また、ここで「文字通りの意味」と呼んでいた真理条件的意味(truth-conditional meaning)などがある。方言調査を行う際は、異なる「意味」の特性を理解することで、より正確な方言の記述を行うことができる。真理条件的意味は専ら意味論が研究対象とするが、他の意味は意味論も語用論も扱う。なお「今日」「ここ」などの文脈(context)情報がその解釈に必要な言語表現も、意味論と語用論双方の研究対象とされている。

[文献] フロムキンほか『フロムキンの言語学』(トムソンラーニング/ピー・エヌ・エヌ新社 2006) [山田真寛]

再活性化
さいかっせいか
revitalization
（社会）

　一度消滅した言語や世代間継承が断絶し消滅の危機に瀕している言語を母語として獲得する子どもの再出現によって、世代間継承が再開されること。言語の再活性化の成功例としてヘブライ語やハワイ語が挙げられる。ヘブライ語は一度消滅したが、膨大な言語記録によって母語話者が再出現し、現在は大言語となっている。ハワイ語は少数の高齢母語話者が残るのみだったが、大学教育によるハワイ語指導者の育成と、保育園から順に設置していったハワイ語エマージョンスクールを並行して進めるプロジェクトにより、現在はハワイ語を母語として獲得する第二世代に至るまで再活性化が進んでいる。

　消滅危機言語を習得する大人が出現することは、言語の再活性化の初期段階として捉えることができる。日本の消滅危機言語・方言が話されている地域では、現在子どもを育てている「親の世代」にあたる世代は幼少期に、現在流暢に地域言語を話す世代の地域言語インプットを受けて育っている場合が多い。現在「親の世代」にとって地域言語は使用語ではないが理解語であり、流暢に話すことはできなくても地域言語の文法知識を持っていると考えられる。たとえば鹿児島県の沖永良部島では、35-45歳の地域言語の理解度は、70歳以上の流暢な母語話者の理解度と差がないことが実験によって示されている。彼らは通常の大人の第二言語習得とは異なり、少ない労力で地域言語を（再び）話すことができるようになる可能性があり、彼らを「潜在話者」と呼ぶことができる。彼らの地域言語アウトプットが増加すれば、彼らの子どもの世代の地域言語インプットが増加することが期待され、言語の再活性化に繋がる可能性がある。

[文献] 横山晶子「琉球沖永良部国頭方言の世代別言語継承度」(日本方言研究会 第106回大会予稿集)　[山田真寛]

サンプリング
sampling
（調査）

　母集団の中から、その母集団を忠実に代表するような標本（サンプル）を選び出すこと。たとえば、○○市民の中から調査対象者となる○○名を抽出する、といった作業である。サンプリングには、調査者が調査対象者を作為的に抽出する有意抽出法と、調査対象者を無作為に抽出するランダム・サンプリング（無作為抽出）がある。有意抽出法は、どのサンプルが母集団を代表する特徴を持つか、またその判断が適切であるかといった問題があり、一般にあまり用いられない。以下ではよく用いられるランダム・サンプリングについて解説する。

【目的】サンプリング調査の目的は少ない対象者への調査結果から、母集団全体の特徴を推定することである。つまり、少ないサンプルから○○市民（母集団）は△△ということばを使う、といった結論を導く推定を行う。このような推定を行うには、その集団の「代表」を対象として選び、調査する必要がある。ある集団の「代表」を選ぶために対象者をランダム（無作為）に選び出す方法がランダム・サンプリング（無作為抽出）である。

【必要なもの】母集団の推定を行うためには、その母集団の全体像が明確になっている必要がある。つまり、母集団の全成員のリスト・名簿が必須となる。これをサンプリング台帳という。

【方法】実際の抽出にあたっては、系統抽出法（等間隔抽出法ともいう）と多段抽出法が用いられることが多い。系統抽出法（等間隔抽出法）は、サンプリング台帳から最初のサンプルを乱数表などでランダムに選び、2番目以降は○○人おきに等間隔で機械的に抽出する方法である。たとえば、10万人から1000人を選ぶ場合は、100000÷1000＝100であるから、100人おきにサンプルを抽出する。系統抽出法による調査には、国立国語研究所が実

施した鶴岡調査（第3回・第4回調査）、岡崎敬語調査（第3回調査）がある。

　サンプリング台帳が数冊にわたっていて人数が多く、首都圏全域のように調査対象地域が広範囲にまたがるといったときには、系統抽出法（等間隔抽出法）だけではサンプリングが極めて困難となる。そこで、第1段階で市町村を抽出し、第2段階で大字や町丁目、第3段階で系統抽出法（等間隔抽出法）によって対象者を選ぶ、といった段階的なサンプリングを行うことがある。これを多段抽出法という。言語調査におけるランダム・サンプリングの黎明期には、鶴岡調査（第1回調査：1950年）、岡崎敬語調査（第1回調査：1953年）のように、多段抽出法を用いて対象者を選定していた。

　なお、近年ではサンプリング台帳の閲覧に制限をかける自治体が増えており、台帳の閲覧が困難な場合が増加している。そこで、サンプリング台帳を用いない、エリアサンプリングが注目されている。この方法は、各種の統計資料を用いて調査対象地域を選定し、その地域の地図を基に、調査員が無作為に選ばれた世帯（家）から、一定の間隔で次の世帯を回っていく、という方法である。世帯の中で誰を対象とするかについては、世帯の構成員を尋ねたうえでその構成員に一定の方法によって番号を振り、事前に決定しておいた番号の人を対象者とする方法（キャッシュ法）や、誕生日が調査実施日に最も近い構成員を対象者とする方法（バースデイ法）などがある。

[文献] 井上文夫・井上和子・小野能文『よくわかる社会調査の実践』（ミネルヴァ書房 1991）　　　[阿部貴人]

子音
しいん
consonant

`音韻`

　調音時に気流の流れを口腔内に何らかの形で妨害することでつくられる単音のグループ。以下では、分節音が加工される3つの段階（①始動・②発声・③調音）に注目しながら、子音のタイプについて解説する。

【始動】何らかの器官を使って気流を起こす段階。大きくは肺の収縮によって呼気を発生させるもの（肺臓気流音）とそれ以外の器官によって気流を発生させるもの（非肺臓気流音）とに分けられる。非肺臓気流音には、閉じた声門を持ち上げることで発生させた呼気で口腔内の閉鎖を破る放出音（ejective）と、同じく閉じた声門を下げることによって発生させた吸気で口腔内の閉鎖を破る入破音（implosive）、そして吸着音（click）の3種類がある。吸着音は、軟口蓋とそれよりも前方の調音点とで同時に閉鎖をつくり、それら2つの閉鎖に閉じ込められた空気を圧搾することによって吸気的な気流を発生させ、それにより口腔内の閉鎖を開放する。

【発声】肺からの呼気が声門を通過する時の声帯の状態としては大きく次の2タイプがある。つまり声帯がお互いに近付く場合（有声音 voiced sound）と完全に開く場合（無声音 voiceless sound）とである。前者の場合、呼気の通過に合わせて声帯はくっついたり離れたり（つまり振動）を繰り返す。この有声か無声かを決める過程を発声と呼ぶ。声帯の状態には、有声・無声のほかにも、息漏れ声（breathy voice）、ささやき声（wisper voice）、きしみ声（creaky voice）などがある。

　発声に関連する重要な現象として、次項で説明する調音上の動作（具体的には口腔内の閉鎖の開放）と声帯の振動との時間的な関係がある。調音上の閉鎖の開放と声帯振動の開始がほぼ同時に起こる閉鎖音を無気音（unaspirated sound）と言い、調音上の閉鎖の

開放があってしばらくしてから声帯の振動が開始される閉鎖音を有気音（aspirated sound）と言う。

【調音】子音の調音は、(1) どこで気流の妨害を行うか、(2) どのようにして気流の妨害を行うか、の2つの観点からさらに細かく分類できる。

まず (1) 調音の位置（調音点、調音位置、などと言う）について、国際音声字母（International Phonetic Alphabet; IPA）では11に分類されている。

(2) 調音の方法（調音法、調音様式などと言う）については、IPAでは8つに分類されている。IPAでは狭めの程度が著しいものから順に上から並べられており、上から4つは口腔内に完全な閉鎖をつくるもの（閉鎖音）、次の2つは上部の音声器官と下部の音声器官の間にわずかな隙間をつくるもの（摩擦音）、残りの2つが上部の音声器官と下部の音声器官との間に比較的広い隙間をつくるもの（接近音）である。閉鎖音はさらに、持続的な閉鎖が行われるタイプと瞬間的な閉鎖が行われるタイプに二分され、前者に破裂音と鼻音、後者にふるえ音とはじき音が属する。破裂音と鼻音とは鼻腔に空気が通るか否かで区別され、ふるえ音とはじき音とは瞬間的な閉鎖が1回だけか複数回あるかで区別される。摩擦音と接近音については、狭めが口腔の中央につくられるか側面につくられるかによってそれぞれ2タイプに分けられる。前者に属するのが（中線（的））摩擦音および（中線（的））接近音であり、後者に属するのが（側面（的））摩擦音および（側面（的））接近音である。

【方言の子音】諸方言には標準語には観察されないような子音や子音の区別がある。たとえば北琉球の言語には喉頭の緊張を伴う子音（喉頭化子音）[ʔm, ʔn, ʔw, ʔj] などがある。また南琉球宮古語には唇歯摩擦音 [f, v] がある。

[文献] 斎藤純男『日本語音声学入門 改訂版』（三省堂 2006） 〔青井隼人〕

使役
しえき
causative

文法

ある事象（結果事象）とそれを引き起こす事象（使役事象）の両方を1つの文で表す文法的カテゴリー。使役事象の主語に対応する要素を使役者、結果事象の主語に対応する要素を被使役者と呼ぶ。「太郎が走った」に対応する使役文「次郎が太郎を走らせた」の場合、次郎が使役者であり、太郎が被使役者である。使役者は使役文全体の主語となり主格で表され、被使役者は対格や与格で表される。

使役は被使役者の意図性の有無により強制使役と許容使役に分類される。「子どもたちを（無理矢理）踊らせた」は強制使役、「子どもたちに（好きなように）踊らせた」は許容使役である。これらの例文が示すように、強制と許容の区別は自動詞をもとにした使役文の被使役者の格標示に反映されることがある。

使役は -sase のような生産的な接尾辞で派生される述語に用いられる一方、語彙的自他動詞対で他動詞が有標な場合を指す場合もある。たとえば、ak-u/ake-ru は他動詞が有標なので使役型の自他対応と分類される。

日本語の方言では生産的使役が接尾辞 -(s)ase によって派生される場合が多いが、連結子音として /s/ ではなく /r/ が用いられる方言が各地に分布している。使役のラ行五段化（東北や九州の「起キラセル」）と呼ばれる現象である。

使役の方言的変異は語幹部分にも現れる。標準語の変格活用動詞の使役述語はカ変が未然形接続の ko-sase-ru、サ変が s-ase-ru だが、連用形接続の ki-rase-ru、si-rase-ru などの形式が各地に分布している。

首里方言では、標準語のテモラウ型受益構文と間接受身文に対応する文を使役文で表すことが指摘されている（當山 2013）。

[文献] 當山奈那「沖縄県首里方言における使役文の意味構造」『日本語文法』13-2（2013） 〔佐々木冠〕

指示詞
しじし
demonstratives

空間的な直示を表すことができる語類。標準語では、コ、ソ、アという語基に、レ、ノ、ー(長音)などの接辞がつくことにより、次のような体系をなす。

	近称	中称	遠称
事物	コレ	ソレ	アレ
連体	コノ	ソノ	アノ
連用	コー	ソー	アー

このうち語基コからなる類をコ系列、ソからなる類をソ系列、アからなる類をア系列のように呼ぶ。

本土諸方言内の方言差についてはこれまでほとんど研究はなく、この三系列を欠く方言の報告もない。服部(1992)には、直示のソ系列に関して、東京方言と西日本諸方言(亀山、大阪、松山、大津)が異なる使い方をすることが示唆されているが、このような方言差を実証的に示した研究はまだ見られない。

【琉球語のバリエーション】これに対し、琉球列島の諸方言には三系列に混ざって二系列しか指示詞のない方言が報告されている。内間(1984)では、53地点における指示詞が報告されているが、そのうち三系列指示体系が40地点あるのに対して、13地点が二系列の指示体系であるとされている。三系列が揃う指示体系は、いずれの地域でも近称にkuを中称にuを使い、遠称に関しては北琉球ではa、南琉球ではkaを使う(両者を併せて(k)aと表記する)。これに対して二系列の指示体系は、以下のように、ku、u、(k)aのうちいずれの組み合わせも見られる。

ku/u: 祖納(西表島)、波照間
ku/(k)a: 国頭村奥、辺野喜など
u/(k)a: 国頭村謝敷、宮古狩俣など

沖縄本島の国頭村にku/a、u/aからなる二系列の指示体系が多いが、u/kaは宮古島にも見られ、ku/uは八重山諸島に見られる。

【直示用法】内間(1984)は琉球諸方言のうち、三系列の指示詞を持つ方言の多くで、u系列が、ku系列もしくは(k)a系列と意味的に重なるとしている。実際三系列の指示詞を持つ宮古大浦方言ではku系列とu系列の用法に違いがなく、意味的には二系列の指示体系と言ってよい。また、石垣市宮良方言のku系列とu系列はどちらも話し手・聞き手の領域にあるものを指すことができ、その使い分けがかなり複雑であることが荻野(2009)で報告されている。しかし一方では、宮古新里方言のように、話し手の近辺をku、聞き手の近辺をu、それ以外をkaで指す、日本語に類似した体系も存在する(Kinuhata & Hayashi to appear)。

【文脈指示用法】Kinuhata & Hayashiは、宮古方言を対象として、談話で導入された要素を指す文脈指示用法にも方言差が存在することを報告している。ku、u、kaの三系列の指示詞を持つ宮古新里方言では、文脈指示にはもっぱらu系列が使われるのに対し、u、kaの二系列しかない宮古狩俣方言では指示対象が近いか遠いかによってu系列とka系列が使い分けられる。現代日本語では対話者が指示対象を共有している場合はア、共有していない場合はソを用いやすいが(久野1973)、宮古方言にその傾向は見られない。

【琉球祖語の指示体系】琉球諸方言の直示用法では中称のu系列が不安定で、直示は元々ku、(k)aの二系列であった可能性がある。一方、uは元々文脈指示に専用されていた可能性が宮古新里方言などから示唆される。

[文献] 久野暲『日本文法研究』(大修館書店 1973)、内間直仁『琉球方言文法の研究』(笠間書房 1984)、服部四郎「コレ、ソレ、アレとthis, that」金水敏・田窪行則編『指示詞』(ひつじ書房 1992)、荻野千砂子「琉球八重山地方の指示詞について」『中村学園大学・中村学園大学短期大学部紀要』41 (2009)、Kinuhata, T. & Y. Hayashi On the anaphoric use of demonstratives in Miyakoan. *Japanese/ Korean Linguistics 25*. CSLI (to appear)

[衣畑智秀]

指小辞
ししょうじ
diminutive

文法

　名詞、動詞、形容詞、形容動詞、副詞等の語幹に接続し、語基（base：語彙的意味を担う形態素）の指示対象の寸法・数量・程度の微小さなどを表す接辞。縮小辞とも言う。対義語は指大辞（augmentative）。通言語的に語源は「子供」を表す形式が多いが、意味の漂白（bleaching：語彙的意味の弱化）、隠喩などを経て多義語化する。

　日本諸語・諸方言では東北の「-コ」、北陸の「-メ」は「アリ-メ（蟻）、セン-メ（蟬）」、八丈島の「-メ」は「アッパー-メ（赤ん坊）、ゾック-メ（雄牛）」、琉球の「-（ン）クヮ」は「イン-グヮー（犬）、ラキ-ンクヮ（竹）」などの接尾辞が知られる。標準語では接頭辞「こ-」は「小-銭、小-高い」、接尾辞「-っこ」は「角-っこ、端-っこ」が挙げられる。

　青森県津軽方言の「-コ」は、「ワラシ-コ（子供）、ネゴ-コ（猫）」のように小さく可愛いものへの親愛の情の意味とされる。しかし、親愛の情を抱きにくいものにつく例「オニ-コ（鬼）、ヘビ-コ（蛇）」や、無生物名詞の例「チュシャ-コ（注射）、ナベ-コ（鍋）」、侮蔑の例「イシャ-コ（医者）、ジ-コ（老爺）」、偽物の意の例「サガナヤ＝デ　ネグ　サガナヤ-コ＝ダ（魚屋でなく**似非**魚屋だ）」もある。

　語基の名詞を特定（specific）の名詞として標示する機能もある「イダチ＝ダバ（…）イダ＝ッキャ＝サ　イダチ-コ（いたちなら居たよな、[**あの**]いたち）」（日野1958）。こうして聞き手の内容理解を助けるとともに、語り口をやさしくする語用論的効果も帯びる。

　名詞語基以外では「マデ-コ（丁寧な）、ノタ-コ（すごく）、ソンキ-コ（それだけ）」のように、語基の意を強める。

[文献] 日野資純「青森方言管見」『国語学』34（1958）、Daniel Jurafsky, Universal tendencies in the semantics of the diminutive. *Language* 72, 1996. ［大槻知世］

自然談話
しぜんだんわ
natural discourse

調査

　ある言語のさまざまな運用場面における自然な言語活動のこと。自然談話を文字に書き起こした資料をテキストと言う。

　自然談話には、いくつかの種類があり、それをジャンルと言う。言語運用の場面と言い換えてもよい。たとえば、談話の話し手と聞き手の関係性によって、話し手と聞き手が入れ替わる会話、話し手がもっぱら語る独話、聞き手が多数である演説、聞き手が存在しないか、想定しにくいその他の言語活動（ことわざ、祈祷など）などがある。

　自然談話の収集における、調査者の役割は、自然に言語運用がなされるように談話の環境をつくることのみである。たとえば、騒音がない場所の提供、話者と聞き手のアレンジ、話してもらう話題の提供などである。これに対して、ある言語現象に注意を向けた作例・訳出例文（elicited sentence）の調査は、調査者の側が、出現する文法特徴を能動的にコントロールする。調査者の側が、話者が決して言わない不自然な文（非文）を作文して提示することもある。原則として自然談話に非文は出てこないから、ある表現が非文であるという明示的な情報（否定証拠、negative evidence）が手に入らない。そこで、非文と考えられる文を意図的に作例して話者に提示し、それが非文かどうかを確認するのである。

　このように、自然談話と作例・訳出例文は、言語記述における2大データであり、いずれも重要である。

[文献] 渡辺己「テキストの蒐集と利用」宮岡伯人編『言語人類学を学ぶ人のために』（世界思想社 1996）、下地理則「文法記述におけるテキストの重要性」『日本語学』30-6（2011.5） ［下地理則］

自他の対
じたのつい
transitive-intransitive verb pairs

文法

「倒れる―倒す」のように、形態論的、意味論的、構文論的な対応関係を持つ動詞ペアのこと。標準語では、動詞の語幹の内部に共通の部分を持つ自他の対を有対自動詞(「倒れる」)、有対他動詞(「倒す」)と呼び、対応関係を持つ動詞ペアが存在しない自他動詞をそれぞれ無対他動詞(「叩く」)、無対自動詞(「歩く」)と呼ぶ。また、「開く」のように、自他両方に用いられる動詞もある。諸方言においても有対自他動詞の形態論的な対のあり方は多様である。原動詞(suru)と使役動詞((s)aseru)のような文法的な対立関係とは区別し、語彙=文法的な対と見なす方がよいものもある。

自他動詞の派生関係を見た時、有対自動詞には、自動詞から他動詞を派生する使役タイプ(他動詞化)、他動詞から自動詞を派生する逆使役タイプ(自動詞化)、どちらからの派生か不明な両極タイプ(方向性なし)がある。佐々木ほか(2015)は、北海道方言と沖縄県首里方言、標準語の自他動詞の対応関係と派生を比較し、標準語は両極タイプの動詞が優勢、北海道では自動詞化が発達し、首里では他動詞化が発達しているという傾向を示し、自他関係には地域差があることを述べる。

八重山語石垣方言では、無対他動詞の受動文が自動詞文と意味構造上類似し、欠如した自動詞を補うことがある(例:「カサヌハムツヤ サミンナンガ ツツマレードゥ ウル。」(柏餅は月桃に包まれている。))。自他の対と派生関係を軸にして、自動詞文と受動文、他動詞文と使役文は連続的に存在している。

[文献]佐々木冠・當山奈那「他動性交替の地域差」パルデシ・プラシャントほか編『有対動詞の通言語的研究』(くろしお出版 2015) 　　　　　[當山奈那]

自発表現
じはつひょうげん
spontaneous expressions

文法

ふつうは動作主体が意志的に働きかけることによって実現する動作が、自然にあるいは意志に反して生じたことを表す表現。標準語では、助動詞(ラ)レルや可能動詞による「昔のことが思い出される」「思わず泣けてきた」のような文を自発文と呼ぶことがあるが、思ウのような動詞は意志性が高いものではなく、典型的な自発表現ではない。それに対して、方言には、北海道から静岡にかけて広く使用される(ラ)サルや、山形市方言の(ラ)ルなど、意志動詞から生産的に自発文をつくるものがある。山形市方言では、「(酒をやめようと思っているのに)外に出ていくと酒が飲マル」「最近は朝4時に起ギラル(目が覚める)」のように、動詞未然形に(ラ)ルを付加することによって、酒を飲むこと、朝4時に起きることが自然に生じることを述べている。

(ラ)ルや(ラ)サルを述部とする文は、方言によっては、自発のほか、状況可能等を表すことがある。また、対象を主語にとって(以下山形市方言の例)、その物の性質や(例:「このペンはすらすら書ガル」)、状態変化/結果状態(例:「その部屋に布団が敷カタ(タ形)/敷カッタ(テイタ形)」)を表すことがある。後者は類型論的に逆使役(anticausative)と位置付けられることがあり、テイル文の意味は共通語のテアル文のそれに類似する(山形市方言ではテアル文は使用されない)。

自発文は「戸が開ガタ」のように無意志動詞でも成り立つことがあるが、「戸が開イダ」のような単純自動詞とは違って潜在的に動作主体の動作が必要で、「*風で戸が開ガタ」のようには言えない。どの自動詞について自発文がつくれるかは方言による違いが大きい。

[文献]渋谷勝己「自発・可能」『シリーズ方言学2 方言の文法』(岩波書店 2006)、白岩広行「福島方言の自発表現」『阪大日本語研究』24 (2012) 　　[渋谷勝己]

社会言語学
しゃかいげんごがく
sociolinguistics
【社会】

　社会における言語の機能や、社会との関わりの中で生じる言語事象など、集団や個人とことばの関係を捉えようとする学際的な研究分野。

【研究史】「社会言語学」という用語自体は英語を直訳したものであるが、日本における社会言語学的な研究は欧米における sociolinguistics の発展を待たずに独自に展開されたことで知られる。女性語の研究については江戸時代にすでにその萌芽を見ることができるし、日本語の近代化に関する議論が活発になされた明治の初め頃には言語政策に関わる論考が数多く提出されている。菊沢季生が1933年に著した『国語位相論』は、言語の多様性を話者の社会的属性や表現様式との関係から整理することを説いており、社会言語学における先駆的な研究とされる。また、国立国語研究所（1948年設立）が主導した言語生活研究は地域社会の構成員である個人が生活の中で行う言語活動を多角的に捉えることを試みたもので、今日の社会言語学的な研究の源流の1つである。1970年代頃からこうした日本独自の研究に欧米の sociolinguistics のトレンドが加わり、以後現在に至るまで日本の社会言語学の裾野は拡がり続けている。

【ことばの多様性】どのような言語であれ均質的な言語というものは存在せず、内部に常にバリエーションを抱えている。社会言語学ではそうしたことばの多様性を整理し、多様性の背景にある社会的要因を探ることを1つの目的としている。1つの言語の中にある言語体系の多様性は、言語変種（language variety）として整理・把握される。言語変種とは他と異なる特徴を持つ話し方や書き方のことで、地域的な差異のある地域方言（regional dialect）、社会集団的な差異のある社会方言（social dialect）のほか、使用される領域に違いのあるレジスター（register）、書きことば・話しことばといった表現様式や丁寧度に違いのあるスタイル（style）などがこれにあたる。地域方言や社会方言が話者の社会的属性に既定される変種であるのに対して、レジスターやスタイルは同じ話者が場面に応じて使い分ける側面を持つ変種である。またこれらは互いに重なるところがあり、地域方言がくだけたスタイルとして機能したり、家庭内など限られた場面において使用されるレジスターとなっていたりすることもある。

【言語変異】言語変種が言語体系のバリエーションを指すのに対して、個々の具体的なことばのバリエーションを言語変異（language variation）と言う。言語変異には、音声的変異、文法的変異、語彙的変異、語用論的変異などさまざまなレベルを設定することが可能である。日本語の場合、鼻濁音［ŋ］は濁音［g］の音声的変異であり、「雨だ」のような断定の表現に使われるダ・ジャ・ヤは文法的変異である。また「窓を開けて」「この部屋ちょっと暑くない？」などは〈窓を開けろ〉という行為指示のための語用論的変異と言える。変異として扱う単位が大きくなるほどそこに含まれる変異の数も増え、複雑になる。なお、地域差や文体差から変異を整理することもある。

【社会的属性】ことばの多様性は社会の構造や規範のあり方を映す鏡であり、出身地、性別、年齢、世代、職業、所属集団といった話者の社会的属性と強く結び付いている。従来、属性は個人に付随する固定的なものとされることが多かったが、近年は対人関係や場面に応じて姿を変える可変的なものとして捉え直す動きが見られる。

［文献］田中春美・田中幸子『社会言語学への招待』（ミネルヴァ書房 1996）、真田信治編『社会言語学の展望』（くろしお出版 2006）、桜井隆「日本の社会言語学」『ことばと社会』10（三元社 2007）　　　　［髙木千恵］

終助詞
しゅうじょし
sentence final particle

文法

　主文末に付加され、話者の種々の心的態度を表す助詞。文末助詞、文末詞とも言う。標準語の主な終助詞には、「よ、ぞ」(強調)、「ね、な」(確認)、「ねえ、なあ」(共感・感嘆)、「か」(疑問)などがある。「じゃないか、だろうが」(確認)のように複合形式が終助詞相当表現として機能することもある。

【終助詞の文法的・意味的特性】終助詞には、さまざまな形で広く使えるものと、限られた形でしか使えないものがある。たとえば、「よ、ね」は種々のタイプの文で使用でき、他の終助詞と組み合わせることもできるが、「ぞ」は平叙文でしか使えず、他の終助詞と組み合わせることもできない。

・(平叙文) 変だよ。変だね。変だぞ。
・(疑問文) 何だよ。何だね。*何だぞ。
・(依頼文) 来てよ。来てね。*来てぞ。
・本当だよね。本当かよ。本当かね。
・*本当だぞね。*本当かぞ。

　終助詞の意味記述では、終助詞が有する基本的意味と具体的な場面で生ずるニュアンスを区別することが重要である。たとえば、「さ」はさまざまなニュアンスで用いられるが、基本的意味は「これ以上考える必要はない」とまとめられる。

・そりゃそうさ。(考えるまでもない)
・なんとかなるさ。(考えるのはよそう)
・しょせんこんなもんさ。(考えても無駄)

　終助詞の意味は音調とも関係する。たとえば、「(いいか) しっかりやれよ↑」は念を押す気持ちの命令、「(おい) しっかりやれよ(非上昇)」はすべきことをしない相手を非難する気持ちの命令を表す。

【方言の終助詞】方言の終助詞は形式的にも意味的にも多種多様である。標準語では同じ終助詞が用いられるところで、方言では異なる終助詞が使い分けられることも多い。次の例は標準語ではいずれも「よ」が用いられるが、富山県方言では「チャ」(情報を既定事項として述べる)と「ワ」(情報を個人的見解として述べる)が使い分けられる。

・(「疑う余地はない」という気持ちで)
　何言ってるの。大丈夫だよ。
　ナン ユートルガ。ドモナイチャ。
・(「私が見る限りでは」という気持ちで)
　たぶん大丈夫だよ。
　タブン ドモナイワ。

　方言の終助詞には標準語に類似の形式がないものも多い。たとえば、富山県方言の「ゼ↑」は話し手が予想外の状況に接して「どういうこと?」と感じていることを表すが、標準語にこれに相当する終助詞はない。

・オラノ メガネ ナイゼ↑ (私のメガネがないぞ↑ (どういうこと?))
・アンタ 顔色 悪イゼ↑ (あなた、顔色が悪いじゃない。(どうしたの?))

　標準語の終助詞と類似の意味を表すが、意味範囲や使用範囲が異なる場合もある。たとえば、富山県方言「ネー」は、標準語の「ねえ」と「よね」の意味範囲をカバーする。

・A：アノ人 ホンマ ガンコヤネー。
　　(あの人、本当にがんこだねえ。)
　B：[隣のCに] エ、ソンナコト ナイネー。(え、そんなことないよね。)

　また、富山県方言「ジャ」と標準語「や」はともに「誤解していた(認識を改めないといけない)」という気持ちを表すが、付加可能な述語の範囲が異なる。

・タベテミタラ ンマイジャ。
　食べてみたらうまいや。　　[形容詞]
・ヤッテミタラ デキタジャ。
　やってみたらできたよ(*できたや)。
　　　　　　　　　　　　　　[動詞]

[文献] 藤原与一『方言文末詞〈文末助詞〉の研究 上・中・下』(春陽堂書店 1982、1985、1986)、大阪大学日本語学研究室編『阪大社会言語学研究ノート』(1999〜)、井上優「モダリティ」佐々木冠ほか『シリーズ方言学2 方言の文法』(岩波書店 2006)　　　　　[井上優]

主語
しゅご
subject

文法

文法関係（grammatical relations）の1つ。文法関係とは、文中の名詞句が述語に対して持つ文法的な（格標示や統語的ふるまいに関する）関係のことである。主語のほか、目的語も文法関係と言われる。

【主語と格標示】
（1）太郎が花子を殴った（わけがない）
（2）太郎が花子に殴られた（わけがない）
（3）太郎に花子が殴れない（わけがない）
上記の3つの文において、主語はすべて「太郎」であると言われる。その根拠は、文中におけるこの名詞句が述語の尊敬語化をコントロールするからである。すなわち、「太郎」が尊敬対象の場合、文中の動詞を「お殴りになる」というように尊敬語化できるが、「花子」が尊敬対象の場合、そのようにすることはできない。

ここで注目されるのは、主語の格標示である。ふつう、主語は主格標示（「が」で標示）されるが、(3)では与格標示（「に」で標示）されている。標準語の主語の認定において、その格標示があくまで二次的な特性だと考えられるのはそのためである。

このように、標準語の場合は文法関係と格標示は独立していると考えられるが、言語によっては、文法関係と格標示がより密接に関連している場合もある。たとえばドイツ語やスペイン語では、主語は「主格標示」と「動詞の一致のコントロール」という2つの特性で定義されるが、「見る」などの経験者構文では、経験者が与格標示され、しかもこの名詞句は動詞の一致を引き起こす力を失うため、与格標示された名詞句を主語とは呼べなくなる。

【主語と意味役割】標準語では、文法関係と名詞句の意味役割も独立している。たとえば、上記の(1)から(3)では、主語の意味役割はすべて異なる。(1)の「太郎」は動作主（agent）、(2)の「太郎」は被動者（patient）、(3)の「太郎」は経験者（experiencer）である。よって、「主語とは動作を行う者である」という、意味レベルによる一般化は成り立たない。

【主語の言語個別性】個別言語の文法記述において、文法関係としての主語や目的語を積極的に設定すべきかどうかは自明のことではない。文法関係が設定しやすい言語と、そうではない言語がある。

文法関係としての主語を設定しやすい言語は、すでに見たドイツ語やスペイン語などのように、主語と呼ばれる名詞句の格標示と統語的ふるまいが連動しているような言語である。

文法関係を見出しやすい言語においては、さらにこれらが意味役割と比較的はっきりと分離している。

文法関係の見出しやすさの違いは、意味役割の抽象化の度合いの違いであるとも言える。すなわち、意味役割を超えて、一群の名詞句が同じように格標示されるようになり、またそれらの一群の名詞句が同じ統語的ふるまいをするようになると、1つの文法関係に完全に収束する。しかし、言語や方言によっては、意味役割と格標示の結び付きが強かったり、統語的ふるまいがある種の意味役割と強く結び付いていたりして、明確な文法関係を定めにくい場合もある。

日本語（諸方言含む）や琉球語は、上記の観点からすると、スペイン語やドイツ語のようなヨーロッパの言語に比べれば文法関係を定めにくいと言える。

[文献] 角田太作『世界の言語と日本語 改訂版』（くろしお出版 2009）　　　　　　　　　　[下地理則]

授受表現

じゅじゅひょうげん

benefactive expressions

文法

　与え手と受け手の恩恵関係を表す表現。標準語には、物の授受を表す7語の授受動詞があり、それらはいずれも、二者間で行われた行為が恩恵的なものであることを表す補助動詞用法を持つ（→動詞）。7語の授受動詞は、与え手が主格に立つ授与動詞と受け手が主格に立つ受納動詞の対立、話し手の視点が与え手に置かれる遠心性動詞と受け手に置かれる求心性動詞の対立、および敬意の有無によって、以下のような語彙体系を成す。

		遠心性動詞	求心性動詞
授与動詞	敬語	さしあげる	くださる
	非敬語	やる・あげる	くれる
受納動詞	敬語		いただく
	非敬語		もらう

　授受動詞に遠心性動詞と求心性動詞の対立があることは、標準語の大きな特徴である。諸方言を見ると、クレルを視点対立のない授与動詞として用いる方言が、中部地方以東と九州地方以南に広がっており、ヤルとクレルの対立を持つ方言を間に挟むような分布（周圏分布）となっていることから、ヤルとクレルの対立は、新しい表現体系の発達によるものであることが分かる（→方言周圏論）。また、ある事態を授受表現を用いて表現するかどうかにも方言差があり、ヤルとクレルの対立を持つ中央地域の方言では、授受動詞の補助動詞用法による恩恵的な表現を頻用する傾向がある。

　琉球方言は、授与動詞としてクレルのほか、トラス、エラスを視点対立なく用いる。また、受納動詞としてエルを用いるが、エルには補助動詞用法がないため、「してもらう」に相当する表現は存在しない。

[文献] 日高水穂『授受動詞の対照方言学的研究』（ひつじ書房 2007）　　　　　　　　　[日高水穂]

述語

じゅつご

predicate

文法

　項（主語、目的語など）と対立する概念。句や語に主要部があるように、節にも主要部がある。節の主要部が述語であり、従属部が項である。

　述語は、単に動詞や形容詞、名詞などの1語からなる場合もあるが、それは最小の述語句と考えられる。述語が2語以上からなる場合、複雑述語（complex predicate）と呼ぶ。動詞述語を例にすると、複雑述語を構成する要素のうち、述語がとる項の数を決定するもの（意味的主要部）は本動詞と呼ばれ、述語全体のテンス・アスペクト・ムード・肯否・従接（きれつづき）を標示する要素（文法的主要部）は補助動詞と呼ばれる。また、本動詞＋補助形容詞の組み合わせもある（この場合、全体は形容詞述語と分析される）。名詞述語については、動詞述語の本動詞にあたるものが名詞句、補助動詞にあたるものがコピュラである。

　動詞述語と非動詞述語（形容詞、形容動詞、名詞述語）の区別は文法記述において重要なものの1つである。動詞述語も非動詞述語も項を2つとる二項述語文が存在するが、日琉諸方言では、この二項の格標示の組み合わせ（格フレーム）が動詞述語と非動詞述語で異なることがある。

　(1) 俺は金が欲しい（形容詞述語）
　(2) 俺は親が怖い（形容詞述語）
　(3) 俺は親が医者だ（名詞述語）

(1)の第二項（「金」）が動詞文のように対格標示形式をとる方言は多い（琉球宮古諸や九州方言など）。また、(2)のような心情述語の第二項（「親」）が、九州方言や一部の西日本方言では与格標示形式をとることがある。

[文献] Payne, Thomas E. *Describing Morphosyntax*. Cambridge Univ. Press. 1997., 益岡隆志編『叙述類型論』（くろしお出版 2008）　　　　[下地理則]

準体助詞
じゅんたいじょし
nominalization particle
【文法】

　体言に準ずる働きをする助詞のこと。標準語においては「ノ」を指す。古典語においては、活用語の連体形が体言として機能していたが、現代語では準体助詞がその機能を果している。具体的には、「私が買ったのは辞書だ」のように代名詞として機能したり、「私が辞書を買ったのを知っているか」のように名詞節を形成したりする機能を持つ「ノ」を指す。形式名詞と共通した性質を多く持つが、形式名詞は実質的な意味をいくぶん残しているのに対して、準体助詞にはそれがほとんどなく、名詞句形成の機能をもっぱら担っている。たとえば、「太郎が結婚した｛こと／*もの／の｝を知らなかった」と「太郎が買ってきた｛*こと／もの／の｝を食べよう」のように、形式名詞「こと」「もの」にはそれぞれ「事柄」「具体物」という実質的な意味がある。一方、準体助詞の「の」はどちらにも使えることから、実質的な意味はほとんどない。

　方言では形式的バリエーションがあり、九州方言の「ト」や「ツ」、山口方言の「ソ」や「ホ」、高知・石川・富山の「ガ」、新潟の「ガン」などが知られている。また、山陰や中部地方など、準体助詞にあたる形式がない「ゼロ準体」と言われる方言もある。このような方言では、「コメオ　ヒクガ　エライダヨ（米をひくのが大変だ）」（山梨方言）のように用言連体形が体言として機能したり、「エノガホエチョー　ヤツィガ　キコエタ（犬がほえているのが聞こえた）」（島根県出雲方言）のように「ヤツ」などの形式名詞がその役割を果たしたりする。

［文献］大野小百合「現代方言における連体格助詞と準体助詞」『日本学報』2（大阪大学文学部日本学研究室 1983）、佐治圭三『日本語の文法の研究』（ひつじ書房 1991）　　　　　　　　　　　　　　　　［野間純平］

条件表現
じょうけんひょうげん
conditional expressions
【文法】

　2つの出来事や状態（「事態」）が互いに依存し合って成立していることを表す複文構文。典型的には①「明日雨が降れば、試合は中止されるだろう」や②「雨が降っているから試合は中止する」のように、「試合の中止」が「雨が降るかどうか」で決まるという話し手の判断を表すような文を指す。

【順接条件】①のように現実に起こっていないことを仮定して述べる文は特に（1）仮定条件表現と言う。狭い意味で(1)のみを条件表現（または「条件文」）と言うこともある。標準語には(1)を表す基本形式に①のバ以外に、タラ、ナラ、そしてトがあり、用法による使い分けがある。バ形式は全国に分布するが、特に東北では標準語よりも広い用法を担う。九州南西部ではナラの用法の広さが際立つ。近畿・四国北東部はタラが優勢である。方言特有の形式は一部の例外を除いて見られない。（三井 2009）。②のように現実に起こった（または起こる）と話し手が確信している事態間の関係を表す文は（2）原因理由表現と呼ばれる。(2)は標準語と同じカラ、ノデ形式だけでなく、サカイ類（近畿中央・北陸・新潟・山形・岩手）、デ類（東海、鹿児島）、ケン類（中国・四国、九州南半部）、ヨッテ類（紀伊半島）、ハンデ・ンテ類（東北日本海側）など方言形式が豊富で歴史的変遷と深く関わる（彦坂 2011）。(2)は古くは已然形-バ（「降れば」）、(1)は未然形-バ（「降らば」）だったが、未然形-バがナラ（バ）・タラ（バ）に固定化し、恒常条件を已然形-バが表すようになる過程で、原因理由を表す諸形式が発達したと考えられる。

【逆接条件】2つの事態間に依存関係を一旦認めた上で、それを否定する逆接的関係にも(3)逆接仮定条件表現と(4)逆接確定条件表現の2タイプがある。(3)の標準語の形式は③

「雨が降っ{ても／たって}試合は中止されないだろう」のように、テモ、タッテである。西日本では両形式が交錯する。一方、東日本では、北部にテモ類、南部にタッテ類が分布する傾向にある。中間の静岡付近にタッテモという混交形式、四国・九州の一部にタッテの変形と見られるタッチャ、さらに近畿にタカテと、方言形式が見られる。(彦坂 2011)
(4)の逆接確定条件表現は、④-1「雨が降っている{けれども／のに／が}試合は継続されている」のように、ケレド(モ)・ガ・ノニがある。④-2「水をやったのに枯れてしまった」のように、準体形式ノ-ニで「思っていたのと違う」という気持ちを表出する。中央地域では④-2をノニやニで表し分け、周辺地域では区別しないところが多いが、準体形式ト、ナを伴うトニ(九州の一部)、ナニ(東北の一部)も見られる。広く分布するケレド(モ)類はドモ類から発達したとされ、古形のドモ類が東北に、そして九州には撥音便化したドン類が分布する。東北ではバテ類、九州ではバッテ(ン)類があり、共に順接条件を表すバ類に由来する逆接条件形式だが、独自に発達した可能性がある。(彦坂 2010)

【仮定と確定】標準語にはタラが2つの事態の偶有的な関係を表す(5)偶然確定条件表現⑤「そこに行ったら会は終わっていた」がある。(5)との対比で(2)を必然確定条件表現とも言う。(5)のタラはタリの已然形が源とされ(小林 1996)、広くタラが分布するが、東北・九州の一部地域には古形のタレバ類(タリャー・タイバ・タバ・タヤなど)が見られる。

[文献] 小林賢次『日本語条件表現史の研究』(ひつじ書房 1996)、三井はるみ「条件表現の地理的変異―方言文法の体系と多様性をめぐって」『日本語科学』25 (2009)、彦坂佳宣「寒いけれども〜」『日本語の研究』6-4 (2010)、彦坂佳宣「条件表現からみた近世期日本語の景観」金澤裕之・矢島正浩編『近代語研究のパースペクティブ―言語文化をどう捉えるか』(笠間書院 2011) 　[有田節子]

証拠性
しょうこせい
evidentiality
文法

話し手が伝える情報の出どころを表すカテゴリ。話し手が直接確認した事実であることを明示する〈直接証拠性〉と、間接証拠(痕跡の知覚や伝聞)に基づく確認である〈間接証拠性〉とがある。

〈直接証拠性〉を明示する専用の形態論的形式を持つ方言には、①人称制限があり、〈話し手の目撃〉を中心とする知覚による確認に限定されるタイプ(沖縄県首里、鹿児島県与論)、②人称制限がなく、話し手自身のことをも含めて表す体験的確認のタイプ(宮城県中田)、③過去テンスに限定されていて、現在テンスでは成立しないタイプ(首里、中田)、④現在テンスと過去テンスの両方に成立し得るタイプ(与論)が報告されている(→テンス)。

首里や与論方言では〈客体結果〉を表すシテアル相当形式が〈間接証拠性〉の意味を担い、アスペクトとの関係が深い(例:「タルーガ ハシル アキテーン。」(太郎が戸を開けてある。) 首里／客体結果)、(例:「ターガナガ マタ ハシル アキテーン。」([雨戸は今閉まっているが、木の葉が部屋に入っているのを見て]誰かがまた戸を開けたんだ。) 首里／間接確認)。また、〈客体結果〉の場合、述語動詞は主体動作客体変化動詞に限定されるが、〈間接証拠性〉は動詞、形容詞、名詞など述語タイプの制限なく現れる(例:「ウヌ キーヤ タカサテーン。」(この木は高かったのだ。) 首里／間接確認)。さらに、首里や与論のシテアル相当形式は、〈意外性〉というモーダルな意味も派生している(例:「タルーガ ハシル アキテーサヤー。」(太郎が戸を開けている!) 首里／意外性)(→ミラティビティ)。

[文献] 工藤真由美『現代日本語ムード・テンス・アスペクト論』(ひつじ書房 2015) 　[當山奈那]

情報構造
じょうほうこうぞう
information structure

文法

【現象】発話の意味内容よりも、その意味内容を聞き手(読み手)の知識の状態に合わせてどのように伝えるかに関係する。たとえば下の(1)の発話には、話し手がいくつか想定していることがある。

(1) 山田さんは方言の研究者だよ。

聞き手は山田さんのことを知っているが方言の研究者だということを知らないだろう、(1)の直前まで話し手と聞き手は「山田さん」についての話をしていたなど、(1)の発話の背後にはさまざまな話し手の想定がある。この時「山田さん」の部分を主題、「方言の研究者」の部分を焦点などと呼ぶ。

【さまざまなアプローチ】主題は、話題、トピック、テーマ、背景、旧情報などとも呼ばれることがある。同様に焦点は、フォーカス、コメント、レーマ、新情報などと呼ばれることもある。主題、話題、トピックはほぼ同じものを指すが、テーマ、背景、旧情報は主題とは異なると考えて、区別する考え方もある。同じように、焦点とフォーカスは同じだが、コメント、レーマ、新情報は異なると考えることもある。

主題と焦点の定義や認定方法も立場によって異なる。たとえば、主題は文頭に現れると考えたり、「については」で言い換えられるものだと考えたり、さまざまな立場がある。焦点は質問の答えであるとする立場もあれば、焦点を何種類も下位分類して考える立場もある。また、主題と焦点の層とは別に、背景と"kontrast"の層を設ける立場もある。主題かつ焦点であるものを認めるか認めないかも対立している。また、主題の中に焦点が入っている、あるいは焦点の中に主題が入っているものを認める立場と認めない立場がある。

このように、現段階では情報構造にまつわる用語の定義や使い方は立場ごとに異なっている。

【関連現象】日本語のハとガの区別には情報構造が関わる。(1)の「山田さんは」のハを次の(2)のようにガに変えると、情報構造が変わり、「誰かが方言の研究者だ」ということは分かっているが誰かは分からないという文脈で、それは「山田さん」だという焦点が与えられている。

(2) 山田さん**が**方言の研究者だよ。

このように、ハのつく名詞は主題、ガのつく名詞は焦点に対応することが多い。ゆえにハは主題標識と呼ばれる(しかし、ガは焦点標識とは呼ばれない)。琉球諸島には主題標識に加えて、焦点標識も存在する。一方、主題標識も焦点標識も持たない方言や言語も存在する。(3)は琉球八重山諸島(白保方言)の主題標識(=*ja*)と焦点標識(=*du*)の例で、「(自分には子供が2人いて)1人はさとうきびを作っている」と言っている。自分の子供についてなのは文脈から分かるので、*pituri*「1人」には主題標識の=jaが、聞き手が知らないであろう情報(の一部)*amisïna*「さとうきび」には焦点標識の=duが後続している。

(3) pituri=**ja** amisïna=**du**   sïkurero
 ひとり = は さとうきび=焦点 作っている

語順も情報構造に深く関係する。次の(4)と(5)を比べると、(4)は言いやすいが、(5)は言いづらいと感じる人が多い。主題は節の冒頭に、焦点は述語の近く(日本語の場合は直前)に現れる傾向にあるためである。

(4) 本は太郎が読んだ。

(5) 太郎が本は読んだ。

また、韻律や強勢も情報構造と関係している。(1)と(2)を声に出して読んでみると、(1)は「方言の研究者」の部分が最も高く、(2)は「山田さん」の部分が高く読まれる。一般的に、焦点は高く読まれる傾向にある。

[文献] Kruijff-Korbayová, Ivana & Steedman, Mark, Discourse and information structure, *Journal of Logic, Language, and Information* 12, 2003., Nakagawa, Natsuko, *Information structure in spoken Japanese: particles, word order, and intonation*, Berlin: Language Science Press, to appear. 〔中川奈津子〕

消滅危機言語
しょうめつききげんご
endangered languages

　何らかの理由で近い将来話者が存在しなくなる可能性があり、消滅の危機にある言語・方言。ユネスコの「消滅の危機に瀕した言語地図」（World Atlas of Languages in Danger）は、日本国内の消滅危機言語として、アイヌ語、八丈語、6つの琉球語を報告している。ある言語・方言の消滅危機度を判定するには、その言語・方言を取り巻くさまざまな側面を考慮する必要がある。たとえばユネスコが提案している「言語の体力と消滅危機」（language vitality and endangerment）は、言語の基礎体力に関する6項目（世代間継承度、母語話者数、コミュニティに占める話者の割合、言語の使用場面、伝統的な場面以外での言語使用、言語教育に利用可能な資料）、言語に対する態度・政策に関する2項目（国の言語政策、言語に対するコミュニティの態度）、言語の記述の緊急度に関する1項目（言語記述の量と質）を総合的に調査して評価する。たとえばこの中で最も重要な指標とされている「世代間継承度」に関しては、言語コミュニティ内の最も若い話者が「曾祖父母の世代（1点）」「祖父母の世代（2点）」「親の世代（3点）」「子の世代」のどの世代に該当するかによって消滅危機度を判定する。この指標に関する消滅危機度は、最も若い話者が「曾祖父母の世代」であれば高く、「子の世代」であれば低い。「子の世代」は「すべての場面で使用している（5点）」か「限られた場面で使用している（4点）」かによってさらに細かく評価され、これに「言語を使用する者はいない（0点）」を合わせて、0点から5点が「世代間継承度」のスコアとなる。各項目のスコアの平均点を用いて、言語の消滅危機度を総合的に判断することが提案されている。

［文献］木部暢子『じゃっで方言なおもしとか』（岩波書店 2013）　　　　　　　　　　　［山田真寛］

親族名称
しんぞくめいしょう
kinship terminology

　自分を中心として親族関係にある人を表す名称の総体。直接相手に呼びかける時に使うものを呼称（address terms）、自分との関係を表すものを名称（reference terms）と言う。方言では呼称と名称を区別しないことが多い。

【親族名称の素性】親族名称は以下の10の素性の1つ、または2つ以上によって区別される（柴田 1968）（〔　〕は男、女のような絶対概念、＜　＞は自分より年が上、年が下のような相対概念を表す）。

(1) 性〔男、女〕＜同性、異性＞
(2) 世代〔自分と同じ世代、自分より1世代上、自分より2世代上、自分より3世代上、自分より1世代下、自分より2世代下〕＜自分と同じ世代、自分より上の世代、自分より下の世代＞
(3) 系統〔自分から直接上または下へつながる系統、自分と間接につながる系統、自分と間接の間接につながる系統〕＜直系、傍系＞
(4) 年齢〔子供、大人、若年層、老年層〕＜同年齢、年上、年下＞
(5) 父方・母方〔父方、母方〕＜同じ"方"、異なる"方"＞

　たとえば、標準語のアニは≪男、同世代、間接、年上、×≫（×は当該の素性が関係しないことを表す）という素性を持ち、チチ≪男、1世代上、直接、年上、父方≫とは「世代」「系統」「父方・母方」の点で区別される。また、オトート≪男、同世代、間接、年下、×≫とは「年齢」の点で区別される。

　琉球方言のウトゥトゥ・ウットゥは性を区別せず「弟」も「妹」も表す。したがって≪×、同世代、間接、年下、×≫という素性を持つことになり、標準語のオトートとは「性」の素性が異なる。ちなみに、平安時代の「おとうと」も性を区別しない。

【呼称】標準語では、自分より年上の親族を表す語には、呼称に使える語と使えない語の2種類がある。オトーサン（父）、オジーサン（祖父）は呼称に使えるが、チチ、ソフは呼称に使えない。これに対し、年下の親族を表す語は呼称に使えない。年下の親族を呼ぶ場合は名前で呼ぶ。逆に、年上の親族を名前だけで呼ぶことは、普通はない。方言もだいたいこれに準ずるが、詳細については今後の調査研究に待つ部分が多い。

【親族名称の虚構的用法】家族の最年少者を規準にとり、家族全員が最年少者の使用する用語で呼びかけたり、その人を示したりすること（鈴木1973）。たとえば、祖父母、父母、自分・配偶者、子（兄・弟）という4世代の家族において、祖父母のことを家族全員がオジーチャン、オバーチャンと呼んだり、子のうちの兄の方を家族全員がオニーチャンと呼んだりするような現象を指す。東北や北陸、隠岐島では兄弟のうち次男以下をオジと言うが、これも親族名称の虚構用法による方言である。これらの地域には長子相続の習慣があり、跡取り息子から見ると父の弟はオジ（叔父）に当たる。跡取り息子が使う名称をすべての人が使うという点で、上記のオジーチャンやオニーチャンと共通している。

【方言の親族名称】琉球方言ではウトゥトゥが性を区別せず「弟」と「妹」の両方を表す一方で、男から見た女の兄弟を表す語（ヲナリ等）と女から見た男の兄弟を表す語（ヱケリ等）がある。また、与那国方言にはすぐ上の兄・姉を呼ぶ特別な語がある。親族名称は地域の習慣や民俗に基づいて作られているので、民俗学的な調査もあわせて行う必要がある。

[文献] 柴田武「語彙体系としての親族名称―トルコ語・朝鮮語・日本語」『アジア・アフリカ言語文化研究』1（東京外国語大学アジア・アフリカ言語文化研究所1968）、鈴木孝夫『ことばと文化』（岩波新書1973）、日本方言研究会・柴田武編『日本方言の語彙―親族名称・その他』（三省堂1978）、中本正智『琉球語彙史の研究』（三一書房1983） ［木部暢子］

身体語彙
しんたいごい
body parts vocabulary

語彙

「頭」「手」「足」など、身体の各位を表す語の集合。身体語彙は生活に密着しており、かつその指示対象が明確なため、語彙調査や言語間比較のデータとして利用されてきた。

『日本言語地図　第3集』には、多様な身体語彙の全国地図がある。たとえば、図「かかと」では、東北〜北海道にかけて「アクト」類、関東近辺の「カカト」類、信州の「アクイ」類、北陸から近畿・四国までの「キビス」類、南近畿の「トモ」類、奈良・三重・兵庫の「オゴシ」類、九州以南の「アド」類など、さまざまな方言語形がある。

一方で身体部位をどのように切り分けるかにも地域差が現れる。たとえば、京都方言では、膝から上の部分を「モモ (腿)」と「ヒザ (腿の表面〜膝)」の2つに分けるが、兵庫県加西方言では、「フトモモ (腿)」・「ヒザ (腿の表面)」・「スネ (膝)」の3つに分ける (久野2006)。このように、身体語彙を調査する際には、語形だけでなく、それぞれの語が持つ意味範囲にも注意する必要がある。

方言の身体語彙を調べるには、平山 (1979) に収録された調査票や、東京外国語大学アジア・アフリカ研究所刊行『アジア・アフリカ言語調査票』〈上・下〉、国立国語研究所が公開する「消滅危機方言の調査・保存のための総合的研究」(2013) に収録された項目を利用することができる (→消滅危機言語)。

[文献] 国立国語研究所『日本言語地図　第3集』(大蔵省印刷所1968)、平山輝夫編『全国方言基礎語彙の研究序説』(明治書院1979)、久野マリ子『日本方言基礎語彙の研究』(おうふう2006)、木部暢子編『消滅危機方言の調査・保存のための総合的研究　八丈方言調査報告書』(国立国語研究所2013)　　　[横山晶子]

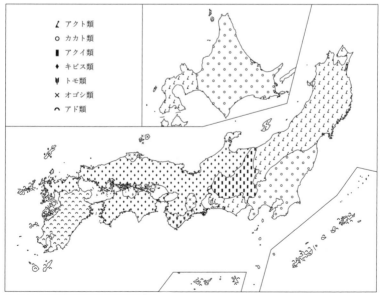

「かかと」『日本言語地図』第129図を基に作成

新方言
しんほうげん
new dialect
（社会）

　新しく生まれた方言事象のこと。1976年に井上史雄によって提唱され、共通語化に反する変化であることが強調される。定義として、(1)「若い世代に向けて使用者が多くなる」、(2)「非標準語形である」、(3)「使用者自身も方言扱いしている」の3条件が挙げられる。

　たとえば関西方言のチゴートッタが、全国共通語（本項では標準語と同様に扱う）のチガッテイタではなくチャウカッタと変化したり、関東方言のヨカンベーが、イーダロー（ヨイダロー）ではなくイーベと変化したりする現象のこと。また九州地方の一段活用動詞のラ行五段活用化や、首都圏の「とびはねイントネーション」のように、個別語彙の変化だけでなく、文法や音声などの体系的な変化も新方言と言ってよい。つまり共通語化以外の言語変化の多くが新方言に含まれる。

【背景】井上は1964年の青森県むつ市近郊の調査で、中心地（むつ市）と同じ語形だったものが、若年層では周辺部（下北半島東部）の語形に変化したことに疑問を持った。当時主流であった中心から周辺方向への伝播による言語変化理論（共通語化や方言周圏論など）ではこの現象は説明できない。その後の調査から、一般的に生じる変化であることが分かり、「新方言」を提唱するようになった。

【3条件】新方言は冒頭の3条件から判断される。(1)は観察時点で当該地域において普及過程にあることを表す。のちに衰退した場合、井上は「中興方言」と命名している。(2)は共通語化とは異なる言語変化であることを表す。共通語の影響を受けた変化であっても共通語と同形でなければ新方言である。(3)は公的場面で共通語形に切り替えられることを表す。方言形は私的場面で使用されると考え、公私の場面差調査から新方言の判定ができる。

　新方言の定義には地理的分布の大小よりも、場面による使い分けが重要とされる。井上は、場面による切り替えがあれば新方言、なければ「地方共通語」であるとしている。

【ネオ方言との関係】真田信治が提唱したネオ方言は、「標準語（＝最も文体の高い変種）体系」が伝統方言体系に干渉して生じた中間言語体系と定義される。たとえば、ある新しい現象はネオ方言においては中間言語体系である「ネオ方言体系」の運用において産出される具体的な語形と位置付けられる。

　また、新方言は共通語形との切り替えという個別的事実から認定されるが、ネオ方言は伝統的方言形、共通語形の両方と切り替られる事実が必須ではなく、体系的に判断される。

【東京新方言】共通語の中心地、東京においても新方言は存在する。井上は「東京新方言」と命名した。たとえばウザッタイ・ウザイ（不快）は東京多摩地域から都心部に流入した新方言である。これらの新方言は、東京において低い文体の「俗語」と認識されやすい。

【意義】井上は、新方言を客観的な条件により定義したことで、条件から説明できない事象を浮かび上がらせ、ネオ方言や、気付かない方言（気付かれにくい方言）、疑似標準語など、共通語化に伴う言語変化研究を活性化させた。

　また、文体や場面による使い分けや、使用意識などの調査研究が進んだことで、日本における社会言語学の諸概念（コード、スタイル、レジスターなど）の導入に影響を与えた。

［文献］井上史雄『新しい日本語―《新方言》の分布と変化』（明治書院 1985）、真田信治『地域語のダイナミズム（地域語の生態シリーズ・関西篇）』（おうふう 1996）、早野慎吾『首都圏の言語生態（地域語の生態シリーズ・関東篇）』（おうふう 1996）、井上史雄・鑓水兼貴編著『辞典〈新しい日本語〉』（東洋書林 2002）、井上史雄『社会方言学論考―新方言の基盤』（明治書院 2008）［鑓水兼貴］

スイッチリファレンス
switch reference
（文法）

　典型的には、当該の節の主語が次の節と同じであるかどうかを、当該の節において標示すること。指示転換、交替指示などとも言う。Kiowa語を例に解説する。
(1) Ø-hé:ba=**tsē**　　　em-sɔ́
　　彼女₁-入った＝時：**SS**　彼女₂-座っていた
(2) Ø-hé:ba=**ē**　　　em-sɔ́
　　彼女₁-入った＝時：**DS**　彼女₂-座っていた
　　　　　　　　　　　　　　　(McKenzie, 2015)
上の(1)も(2)も「彼女₁が入ってきた時、彼女₂は座っていた」という意味である。(1)と(2)では「時」を意味する形態素が異なるだけだが、(1)では「彼女₁」と「彼女₂」は同一人物であると解釈され、(2)では別人と解釈される。(1)の「時」を表す*tsē*は「時」節の主語と主節の主語が同一であることを示し、*ē*は異なることを示す（SSはsame subject（同じ主語）、DSはdifferent subject（異なる主語）を表す）。

　日本語においては、上記のような典型的なスイッチリファレンスは見られないが、従属接続詞の種類によっては、従属節と主節の主語が同じでなければならないものとそうでないものがあり、同様の役割を果たしていると考えられる。たとえば従属接続詞ナガラは、従属節と主節の主語が同じでなければならず、異なる主語を許さない（南1974）。(3)のようにナガラ節と主節の主語が同じであれば容認可能だが、(4)のように主語が異なると容認不可能である。
(3)　**太郎が**走りながら話している。
(4) ??**太郎が**走りながら**花子が**話している。
　スイッチリファレンスは日琉諸語でもよく使われる節連鎖構造とも深い関わりがある。
[文献] 南不二男『現代日本語の構造』（大修館1974）、McKenzie, Andrew, A survey of switch-reference in North America, *International Journal of American Linguistics*, 2015.
　　　　　　　　　　　　　　　　　　［中川奈津子］

推量表現
すいりょうひょうげん
conjectural expressions
（文法）

　あるものごとや関連事象についての、不確実性を含む根拠（話し手の経験や認識）に基づく話し手の想像や考え、つまり非現実（irrealis）の内容を示す手段。話者の捉え方を表すモダリティ（modality）の表現の一種。事実の観察に基づく判断は「推定」として証拠性（evidentiality）の観点から論じられる（例：小さな足跡がある。猫がいた**らしい**）。

　形態的に日本語諸方言では助動詞（標準語「＝だろう」、東北・関東「＝べ」など）、副詞（「たぶん」、「おそらく」など）で表すことが多い。(1)のように、助動詞と副詞は共起できるが、(2)の通り副詞のみでも推量を表す。
(1)(2)は青森県津軽方言。
(1) コエ＝ダバ　**タブン**　アメ　フル＝**ベ**
　　これだと**たぶん**雨が降る**だろう**。
(2) コエ＝ダバ　**タブン**　アメ　フル
　　これだと**たぶん**雨が降る。
　明示的な推量表現が無くても、推量を表す場合もある。未来の事柄を推量する(3)は、(4)と同様に推量と解釈される。
(3) ハケレ＝バ　マ＝ニ　アル
　　走れば間に合う。
(4) ハケレ＝バ　マ＝ニ　アル＝**ベ**
　　走れば間に合う**だろう**。
両者の違いは、内容が現実（realis）か非現実かではなく、話し手の確信の度合いの高低にある。

　以上と異なり次例では事態の成立いかんではなく聞き手の事態把握状況を推量している。
(5) アコ＝サ　ミヘヤ-コ　アリ-ス＝**ベ**　ワガレ-ヘン＝ナ
　　あそこにお店がある**でしょう**、分かりませんか？（店は現実に存在）
この場合、聞き手と共有しているはずの情報を示す点で、伝え方を表す機能も帯びている。
　　　　　　　　　　　　　　　　　　　［大槻知世］

ズーズー弁
ずーずーべん
zu-zu dialects

音韻

　方言学においては、四つ仮名（ジ・ヂ・ズ・ヅ）を全く区別しない「一つ仮名弁」のこと。一般的には俗称として東北方言を意味する。一つ仮名弁は、東北地方から関東北部（栃木・茨城）、新潟県北部、富山県沿岸および石川県能登半島内浦、中国地方雲伯（うんぱく）地域に分布している。

　一つ仮名弁においては、歯茎の摩擦音、破擦音 (z, s, dz, c) のあとで、母音/i/と/u/がともに中舌母音となり、区別がなくなる。そのため、四つ仮名のみならず、「シ」と「ス」、「チ」と「ツ」の区別もない。ただ、その中舌母音の音価は、方言によって異なる。上野編 (1989) によれば、東北方言内部でも、青森県・岩手県県北部・秋田県・山形県庄内地方・新潟県下越地方の諸方言（北奥方言）では［sï］などと発音される一方、岩手県県南部・宮城県・山形県内陸部の諸方言（南奥方言）では［sü］などと発音されるという。雲伯地方の諸方言では広く［sï］のパターンが見られるが、鳥取県の一部では［sü］も見られる。

　なお、東北地方のすべての方言がズーズー弁（一つ仮名弁）である訳ではなく、岩手県雫石町西山地区の奥地や、盛岡市太田（旧大田村）では、「知事」は［tsïdʑï］、「地図」は［tsïdzü］であり、山形県鶴岡市の旧東田川郡朝日などにおいてもシとス、チとツ、ジとズの区別が保たれている方言がある。また、福島県田村郡三春町では、「チ」［tʃï］と「ツ」［tsü］という区別が見られる。このような分布から、東北方言におけるズーズー弁への変化は、それほど古いものではないと考えられる（上野編1989）。東北方言などのズーズー弁を、先史以前の日本語にまで遡るものだとする説もあるが、上記の東北地方に見られる非ズーズー弁の存在からも、ズーズー弁を古形とする説は簡単に認められるものではない。

[文献] 大石初太郎・上村幸雄編『方言と標準語 ― 日本語方言学概説』（筑摩書房 1975）、上野善道編「日本方言音韻総覧」『日本方言大辞典』（小学館 1989）

［平子達也］

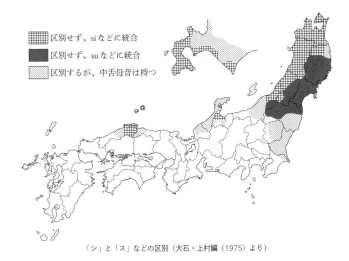

「シ」と「ス」などの区別（大石・上村編（1975）より）

ストレス
stress

【音韻】

　音声の特定の部分を他より強く発音することによって際立たせること。強勢とも言う。「強く発音する」とは、話し手がより多くの筋的エネルギーを使って発するという意味であり、ストレスの調音的特徴を描写している。「際立つ」とは、聞き手が音の大きさ、高さ、長さ、母音の質などにおいて、その程度が大きいと知覚するという意味であり、ストレスの聴覚的特徴を描写している。ストレスの音響的相関物はさまざまであり、振幅、基本周波数、継続長、スペクトル特徴、あるいはこれらのいずれかの組み合わせとして実現される。文中の特定の語が際立たせられることを文強勢（sentence stress）と言う。英語のYou won.「勝ったのはお前だ。」では最初の語に文強勢があり、You won.「お前は勝った。」では2番目の語に文強勢があると言う。一方、語中の特定の音節が際立たせられることを語強勢（lexical stress, word stress）と言う。狭義ではストレスは語強勢を指す。英語の[ˈɪm.pɔːt]「輸入」（名詞）では第1音節に、[ɪm.ˈpɔːt]「輸入する」（動詞）では第2音節に語強勢があると言う。語強勢はまた、ストレスアクセント（stress accent, 強さアクセント）と呼ばれることがあり、ピッチアクセント（pitch accent, 高さアクセント）と対比される。ピッチアクセントは、際立ちがもっぱら声の高さによって実現される点で、ストレスアクセントと区別される。英語、ドイツ語、スペイン語、ロシア語などはストレスアクセントを持つ言語であり、日本語（東京方言）はピッチアクセントを持つ言語である。しかしながら、ストレスアクセントが音声的にどのように実現されるかは言語ごとに異なるため、ストレスアクセントとピッチアクセントの間に明確な境界線を引くのは容易ではない。ストレスはまたリズムを形成する要素の1つとなり得る。

［五十嵐陽介］

清濁
せいだく
sei-daku

【音韻】

　日本語学において伝統的に使われてきた術語で、ある種の音韻的対立を表す。現代日本語の仮名表記においては、濁点「゛」をつけた文字で表す拍の音を濁音、つけない文字が表す拍の音を清音、またこれに加えて半濁点「゜」をつけたハ行の文字が表す拍の音は半濁音と呼び、これらをまとめて清濁と呼ぶ。拍（子音＋母音の組み合わせ）を単位とする。

　清音が指す範囲については、対応する濁音があるもののみとする立場と、濁音および半濁音でないものすべて（ア行やマ行など）を清音に含める立場とある。前者の立場に立った場合、清音の頭子音は無声音（声帯振動を伴わない音声）、濁音の頭子音は有声音（声帯振動を伴う音声）である。特にカ行－ガ行、タ行－ダ行、サ行－ザ行の対は、頭子音の音声が有声性においてのみ対立するペアを成す（ハ行－バ行の対については調音位置、調音法、有声性のいずれも異なる）。

【清濁の対立と鼻音性】 このように現代日本語の清濁の対立は基本的に有声性に関するものとして解されるが、古くは清濁の対立は鼻音性によるものであったとも言われる（馬淵1971、高山2012）。現代日本語でも、東北一帯や高知、鹿児島県甑島など各地方言において濁音の頭子音が鼻音性を伴って発音される現象（以下、鼻音化。例：[hada]ハダ（肌）→[haⁿda]ハ゜ダ）が報告されているが、これはその名残であると言われる（分布詳細は「音韻総覧」地図17など）。なお語中（非語頭位置）で鼻音化の見られる方言では同時に、語中のカ・タ行が濁音化する語中有声化も観察されることが多いが（例：ハタ（旗）→ハダ）、ガ・ダ行の語中鼻音化はこの語中有声化したカ・タ行との弁別に寄与する（→有声化）。

　各地の方言における濁音の鼻音化の音声詳

細に関してその程度や様態はさまざまである。すなわち破裂音の開始部が部分的に鼻音化するのか（入り渡り鼻音）、あるいは子音全体が鼻音化するのか（鼻子音）、また先行母音の鼻音化の有無とその程度など、地域や世代で一定の傾向を示しつつも、個人差、そして個人内のゆれが見られる。

いわゆるガ行鼻濁音（語中または語尾においてガ行子音が鼻子音［ŋ］で発音されるもの）も濁音頭子音の鼻音化の1つと言える。ガ行鼻濁音についてはこれまでに、出現条件（オノマトペや結合度の弱い複合語の後部要素頭では鼻音化しないなど）や各地での使用状況、衰退状況について研究が豊富である（塩田・東2017など）。ガ行鼻濁音は他の語中鼻音化現象に比べ、東北、首都圏、北陸、中部、近畿などの広い地域に観察され、また近畿や東京など文化的中心地で長く維持されてきたことから威信を持つ側面もあるが、現在各地で急速に失われつつある。

【出現環境と音象徴】清音と濁音の間には音韻的な出現環境の偏りや音象徴的関係が見いだされることがよく指摘される。和語の語頭では濁音が現れないことが原則であり、またその原則に反する語においては、対応する清音による語形に対して、相対的に強い、重い、大きい、汚い、などといった語感と結びつきやすいことが知られる（例：タマ（玉）→ダマ、カラ（殻）→ガラ、キラキラ→ギラギラ）。

なお文化的中心地から離れた地域の方言には、カエルに対してガエル、ツクシに対してズクシのように濁音で始まる語形が比較的観察されやすいと言われる。

［文献］馬淵和夫『国語音韻論』（笠間書院 1971）、上野善道編著「音韻総覧」『日本方言大辞典 下』（小学館 1989）、高山倫明『日本語音韻史の研究』（ひつじ書房 2012）、塩田雄大・東美奈子「NHKアクセント辞典"新辞典"への大改訂（10）鼻濁音の位置づけと現況：「もも組（ぐみ）」と「ももグミ」」『放送研究と調査』67-4（2017）

［高田三枝子］

接語
せつご
clitic
文法

ある1つの方言において音韻的・形態的・統語的基準から見て、自立語とも接辞とも言い切れない形態素を指す。接語とそれ以外を分ける通言語的な基準はなく、各言語・各研究者によって異なるが、自立語とも接辞とも言い切れない形態素の存在は多くの研究者が認めている（Spencer and Luís 2012）。

基本的に、接語はそれのみで発話されることがなく、別の語に付いて使用される。別の語の前に付く接語は接頭語（proclitic）と呼ばれ、別の語のあとに付く接語は接尾語（enclitic）と呼ばれる。ちなみに、これらの用語に対する1970年頃からの定訳はproclitic「後接語」とenclitic「前接語」である。しかし、procliticを「前接語」、encliticを「後接語」と訳す文献もある。さらに、「前」と「後」の意味が曖昧であることも考慮して、本書では異なる訳語を提案した。国語学では「接頭語」と「接頭辞」は同じものであるが、本書における接頭語は接語の一種、接頭辞は接辞の一種であり、全く別の概念を指す。接尾語と接尾辞の区別も同様である。

湯湾方言（奄美大島）には=n「も」という接尾語がある（接語が付く対象と接語の間はイコール「=」で区切る習慣がある）。=nは、音韻的には自身のアクセントを持たない点において自立語と異なる一方、統語的には2つ以上の品詞のあとに付くことができる点において接辞とも異なる（uri=n jum-an「それも読まない」は名詞のあと、ju-di=n wur-an「読んでも いない」は動詞のあと）。日本の諸方言において従来「助詞」と呼ばれてきた形態素は接語と見なすことができる。

［文献］服部四郎「附属語と附属形式」『言語研究』15（1950）、Spencer, Andrew and Ana R. Luís, *Clitics*, Cambridge University Press, 2012.

［新永悠人］

接辞
せつじ
affix

文法

　それのみでは自立的に発話できず、特定の語幹にのみ付くことができる形態素を指す。接辞境界はハイフン「-」で示す習慣がある。

【接頭辞と接尾辞】東京方言の「お-豆」という自立語は「豆」という語根の前に「お」という（丁寧さを表す）接辞が付いている。湯湾方言（奄美大島）のzjuu-taa「父さんたち」という自立語はzjuu「父さん」という語根の後に-taaという（複数を表す）接辞が付いている。前者の「お」のように語根より前に発声される接辞を接頭辞（prefix）と呼び、後者の-taaのように語根より後に発声される接辞を接尾辞（suffix）と呼ぶ。接辞は2つ以上続く場合もある。たとえば、湯湾方言のnum-arir-oo「飲めるだろう」という自立語はnum-「飲む」という語根の後に、可能を表す-arirという接辞と推測を表す-ooという接辞が続いている。

【接辞と語根】典型的な語根は次の特徴を持つ。
(1) 表す意味が具体的である。
(2) 自由形式である（それだけで発話できる）。
(3) 語内で隣接する形態素の種類が限られている。

具体例として、湯湾方言のzjuu-taa「父さんたち」という名詞を考えてみよう。zjuu「父さん」という形態素は、「父さん」という(1)具体的な意味を表し、(2)自由形式である。また、zjuuには-taa以外の形態素が付くことはないため、(3)語内で（厳密には、複合語ではない自立語の内部で）隣接する形態素の種類が限られている。したがって、zjuuは典型的な語根である。

　一方、典型的な接辞は上記の(1)から(3)の特徴を全く持たない。先ほどの例で考えれば、-taa「たち」という形態素は複数という抽象的な意味を表し、拘束形式である（それだけでは発話できない）。また、-taaはzjuu「父」以外のさまざまな語幹に付くことができるため（例：at-taa「あの人たち」、anma-taa「母さんたち」、akira-taa「アキラたち」）、典型的な接辞である。ただし、湯湾方言を詳細に見ていくと、上記の典型に収まらない形態素も現れる。先ほど示した典型的な語根の特徴（(1)、(2)、(3)）を満たすことを「＋」、満たさないことを「－」で示すとすると、以下の表のようにまとめることができる。

	「父さん」	「君」	「読む」	（複数）	（複数）
	zjuu	ura	jum-	-kja	-taa
(1)	＋	－	＋	－	－
(2)	＋	＋	－	－	－
(3)	＋	＋	＋	＋	－

湯湾方言のura「君」は二人称という抽象的な意味を表す点、動詞のjum-「読む」は拘束形式である点で語根の典型から外れる。また、複数を表す-kjaは人称代名詞にのみ使われるため（→有生性の階層）、語内で隣接する形態素の種類が限られている点が接辞の典型から外れる。湯湾方言の場合には「＋」が2つ以上の形態素が語根と見なされている。

【接辞と接語】「接語」を参照。

【屈折と派生】接辞の特徴を捉える際には、自立語を発話する際に義務的に必要とされるかどうかに注目することが有意義である。義務的に必要とされるものは屈折接辞（inflectional affix）と呼ばれ、そうでないものは派生接辞（derivational affix）と呼ばれる。たとえば、湯湾方言のjum-as-i「読ませろ」という自立語では、使役を表す-asという接辞がなくても発話可能である（jum-i「読め」）。しかし、-iという命令を表す接辞がないと発話は不可能である（jum-as-だけを発話することはできない）。したがって、命令接辞の-iは屈折接辞であるが、使役接辞の-asは派生接辞である。ただし、「義務的に必要とされる」かどうかの判定は時に難しく、屈折接辞と派生接辞の境界は判定者によって異なり得る。

[文献] 服部四郎「附属語と附属形式」『言語研究』15 (1950)、風間伸次郎「接尾型言語の動詞複合体について―日本語を中心として」『北の言語：類型と歴史』(三省堂 1992)　　　　　　　　　　　　　[新永悠人]

促音
そくおん
moraic obstruent

音韻

「っ」で表記される音節末尾から後続音節の初頭にかけて現れる重子音のこと。音声的には後続子音が長くなったもので実現される。破擦音（ザ行）の場合は標準語の［kiddzu］のように閉鎖が長くなる。ただし、南琉球宮古市久貝の［mizza］（韮）など有声の摩擦が長く実現する方言もある。閉鎖・摩擦区間の長さは単子音に比べておおよそ2倍から3倍程度になるのが一般的である。また、促音は子音だけでなく前後の母音の長さにも影響を及ぼし、促音がある場合、その直前、直後の母音がそれぞれ短くなる傾向が見られる。音節方言（シラビーム方言）の場合この傾向は顕著で、秋田方言ではこの後続母音の代償的な短縮がいわゆる「寸づまり」感を出しているとする主張もある。

なお、標準語では促音は語末や語頭に現れないが、方言語では現れることがある。たとえば佐賀東部ではクッ（来る）のような語末促音が現れ、音声的には［kuʔ］という声門閉鎖である。また、南琉球宮古島市大神では［ffa］（草）のような語頭重子音が現れ、ッファのように書かれることがある。

【促音の独立性】 促音は直前の母音と異なるモーラに属する単位だとされる。ただし、促音の独立性は調査が難しいところがある。『新日本言語地図』（2016年）の「きっぷ」の発音の切り方に関する図では、東北や鹿児島のように音節単位とされる方言では「キッ／プ」のように2つに切るという回答が多かったものの、全国的に「キ／ッ／プ」のように3つに切るという回答と先のように2つに切るという回答の両方が見られた。

一方、アクセントを手がかりに独立性を確証する研究もある。たとえば大阪や山口では特殊モーラにアクセント核が置かれることがあり、山口ではコロッケやシカッケイ（四角形）のようなアクセントが聞かれる。母語話者はこのことを非常に明確に意識している。音響的には、促音にアクセントがある場合は促音の直前にアクセントがある場合に比べて、次のモーラの始点の基本周波数が高いことが観察される。

【有声の促音】 通常、促音は無声の重子音であるが、有声の促音も存在する。標準語では外来語（キッズ）や強調の置かれた場合（すっごい）に限られ、和語や漢語でも忌避される。他方、九州、琉球や北陸などで有声の促音が観察される。たとえば、天草本渡のモドッド（戻るだろう）、福井県三国町のアッバ（油）、南琉球宮古島市久貝のミッザ（韮）などがある。

漢語の有声促音は、九州地方にテッドー（鉄道）やコッゴ（国語）などが広く分布するほか、ハッジュー（80）やイッド（一度）といった数詞などでも観察される。

有声の促音の音声的な特徴に関しては、いくつかの面で地域差が見られる。顕著なのが閉鎖区間内の声帯振動時間で、東京や静岡などでは閉鎖区間の20〜30％程度の時間しか声帯振動が見られないのに対して、九州（熊本）では閉鎖区間全体ないしは80％程度にわたって声帯振動が見られる。

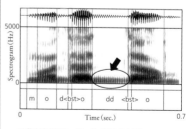

天草本渡方言のモドッド（戻るだろう）
（矢印の位置が声帯振動）

[文献] 前川喜久雄「秋田方言促音の持続時間：「寸づまり」の実態と成因」『方言研究年報』27 (1984)、大西拓一郎編『新日本言語地図』（朝倉書店 2016）、高田三枝子「促音閉鎖区間の有声性に関する音声詳細の地域差」『人間文化』32 (2017) ［松浦年男］

存在表現
そんざいひょうげん
existential expressions

文法

人や物、物事などの存在を表す表現。日本語では、存在を表す動詞としてアル・イル・オルの3種類がある。標準語では、主として有生物の存在にイル、無生物の存在にアルを使用する。オルについては、標準語では、「おり」「おらず」など連用中止形においてイルの代わりに用いられるほか、「おります」「おられる」など丁寧表現においてイル系列と併用される。

【方言における存在動詞】「あそこに人が○○」の○○にあたる表現として、東日本でイル系列語彙、西日本でオル系列語彙を使用する地域が広がっている。八丈島と和歌山県の一部では、アル系列語彙を用いる。琉球地域ではオルと由来を同じくする「ウン」「ブン」などの形式が用いられる。このように、有生物の存在を表すのに用いられるのがイル系列かオル系列か、またアル系列かは、方言ごとに異なっている。無生物については全国的にアル系列の語が用いられる。ただし、標準語でもアルが一部の場合に有生物の主語をとることがあり(「私には妻がある」のような、恒常的特徴を持つような人の存在の場合など)、アルがどの程度有生物主語に用いられるかというのは世代・方言によって違いがある。

アスペクト形式としての存在動詞由来の補助動詞は、有生物の存在にイルを用いる地域ではイル、オルを用いる地域ではオルが用いられている(→アスペクト)。イル・オル・アルの3つを併用する地域では、先に示した標準語と同じようにアル・イルの体系の中にオルが一部混じって用いられる地域や、オルが本動詞としても補助動詞(アスペクト形式)としても卑語表現として用いられる地域(近畿中央部の「しよる」)などがある。

存在動詞は敬語のバリエーションも豊富で、イルについて言えば、イラッシャル系、オイデニナル系、オジャル系、ゴザル系、ミエル系、オサイジャス系、琉球ではメンシェーン系、イモリン系、オールン系、ワール系などがある。これらもシテイルに対応するアスペクト補助動詞としても用いられている。

【存在動詞の歴史と方言差】古代においては基本的に存在は有生物・無生物に関わらずアル系の「あり」だけで表すことができた。イルの元である「ゐる」は古代においては「座る・じっとする」などの動きを表すのに用いられていたが、のちに「座る」の意味を失い、「現在の存在」を表すようになる。東北などでは、イルとともに「ゐたり」(ゐる+たり)に由来するイタ(イダ)も現在の存在を表すのに用いられる。イタは「すぐそこに犬がいる」のような時間的限定性がある場合(一時的存在)にのみ使用され、「この地域には野生の犬がいる」などのような恒常的存在は表さない。八丈や琉球では現在もイル系列由来の語が「座る」という意味で使用され、古形の意味を保っている。またオルの元である「をり」は、「ゐ+あり」から生じたとされる。

主として「ゐる」由来、「をり」由来の動詞が各地でどのように発展したかで、現在の方言差を説明することができる。

【琉球における存在否定の形式】琉球では、西日本地域と同様オル系列およびアル系列の存在動詞を用いるが、さらに「ない」に相当する形式として本土方言のような形容詞を用いず、動詞を用いる。つまり非存在を表す動詞がある。否定系列の活用のみを持つ動詞語彙で、たとえば北琉球の首里ではネーン、南琉球の宮古ではニャーンのような形で現れる。意味として「ある」に対する「ない」を表す。「いる」に対する「いない」については、主としてオル対応形の否定形を用いる方言と(「うらん」など)、主として「見ない」に相当する語を用いる方言がある。

[文献] 金水敏『日本語存在表現の歴史』(ひつじ書房 2006)

[林由華]

待遇表現
たいぐうひょうげん
attitudinal expressions

待遇表現

話し手が聞き手や話題にのぼる人物との関係（上下・ウチソト・親疎など）をどのように把握しているかや場面、意図、伝達手段などを考慮した言語表現。目上の人に対する「敬意」「配慮」「気遣い」を表す「尊敬語」「謙譲語」「丁寧語」（狭義の敬語）はもちろんのこと、尊大表現、親愛表現、対等な表現、卑罵表現なども含む。この点で待遇表現は、「広義の敬語」と同じ意味で用いられる。

待遇表現を体系的に捉えるには次の観点に着目する必要がある。
(1) 人間関係：聞き手や話題の人物との上下関係（年齢・社会的地位など）、親疎関係（ウチ・ソト）、会話に参加している人の人数（傍観者も含める）など。
(2) 場面：友人との気軽な会話、会議、結婚式、葬式など。
(3) 気持ち、意図：聞き手や話題の人物への敬意、蔑みなど。
(4) 話題：お礼、断り、依頼、謝罪など。
(5) 伝達手段：口頭、電話、FAX、手紙、パソコンメール、SNSなど。
(6) 言語表現：尊敬表現、謙譲表現、丁寧表現、美化表現、卑罵表現など。

このほか「待遇表現」に非言語表現（表情、行動など）を含める場合もある。

【待遇コミュニケーション】 近年では、話し手が相手をどのように「待遇」するかをコミュニケーションの中で捉えようとする考え方がある。「コミュニケーションをする際に、コミュニケーション主体（話し手・聞き手）がコミュニケーションの場面（人間関係・場）を考えたり、配慮したりして行う、表現と理解のコミュニケーションのこと」と定義される（蒲谷ほか2009）。

【ポライトネス理論】 ブラウンとレビンソン（Brown & Levinson）が提唱した理論で、普遍的に「人間関係を円滑にするための言語ストラテジー」と定義される。彼らによると、人間は誰しもが他人に認められたいという積極的な顔「ポジティブ・フェイス」と、他人に邪魔されたくないという消極的な顔「ネガティブ・フェイス」という正反対の2つの「フェイス」を持っているという。この人間の「基本的欲求」としての「フェイス」を脅かさないように配慮することが「ポライトネス」であると捉え、それぞれの「フェイス」を配慮するストラテジーを「ポジティブ・ポライトネス・ストラテジー」「ネガティブ・ポライトネス・ストラテジー」と呼んだ。日本語の敬語使用は、互いの社会的関係に配慮することから「ネガティブ・ポライトネス・ストラテジー」に分類されている。この理論に対して、非西欧社会から、そもそも「フェイス」という概念が言語文化的に当てはまらない（Matsumoto 1988）、日本語の敬語は西欧社会のように話し手の意思により相手に「働きかけて話すもの」ではなく社会的・慣習的に決められているものに従う「わきまえ」のポライトネスである（井出2006）という批判などがなされている。宇佐美は、新たにポライトネス理論よりも扱う対象範囲や対象言語を広げ、言語表現だけではなく「発話効果」や「相互作用」という「対人コミュニケーション」を重視する「ディスコース・ポライトネス（DP）理論」を提唱している。

[文献] 林四郎・南不二男編『敬語講座』（明治書院 1973-1976)、藤原与一『方言敬語法の研究』(春陽堂 1978)、Brown, Penelope and Stephen Levinson, *Politeness : Some Universals in Language Usage*, Cambridge : Cambridge University Press, 1987、Matsumoto, Yoshiko. 1988. "Reexamination of the universality of face: Politeness phenomena in Japanese." Journals of Pragmatics, 1988, 宇佐美まゆみ「異文化接触とポライトネス―ディスコース・ポライトネス理論の観点から」『国語学』54 (3) (2003)、井出祥子『わきまえの語用論』(大修館書店 2006)、蒲谷宏ほか『敬語表現ハンドブック』(大修館書店 2009)

［重野裕美］

代名詞

だいめいし

pronouns

　発話の現場または文脈に応じてあらゆる対象を指すことのできる自立語（または接語）のこと。代名詞そのものには同じ対象を指し続ける力はなく、その時々に応じた指示物を入れるための空き箱のようなものである。代名詞には、人称代名詞、指示代名詞、再帰代名詞、疑問代名詞、不定代名詞などがある。なお、代「名詞」という名称ではあるが、東京方言の「この」や「こう」のように非名詞的な語も代名詞に含まれる。

【人称代名詞】人称とは、話し手（一人称）、聞き手（二人称）、それ以外（三人称）の区別を指す。人称代名詞とはこれらの区別を表す代名詞である。以下に湯湾方言（奄美大島）の人称代名詞を示す（双数形→文法数）。

	単数形	双数形	複数形
一人称		wan	wattəə	waakja
二人称（目上）	nan	nattəə	naakja
二人称（同輩以下）	ura	urattəə	urakja

湯湾方言の人称代名詞はこれだけであり、東京方言のように何種類もの人称代名詞を使い分ける必要はない。三人称を表したい時は、指示代名詞を用いる。

　方言によっては、一人称の複数形に、聞き手を含むもの（包含形・inclusive）と、聞き手を含まないもの（除外形・exclusive）を区別する方言がある。たとえば、宮古伊良部島方言では一人称複数包含形にduu「(聞き手を含む)私たち」、除外形にbanti「(聞き手を含まない)私たち」を用いる。

【指示代名詞】指示代名詞とは、発話の場の空間上にある三人称を指すとともに、既に発話した（これから発話する）文脈の一部（または全部）を指すのにも使用される代名詞である。指示代名詞は遠近のような区分を持つのが一般的である。湯湾方言の指示代名詞は、話し手の領域（近称）、聞き手の領域（中称）、それ以外の領域（遠称）という区別を持つ。

	単数形	双数形	複数形
遠称	ari	nattəə	attaa
中称	uri	なし	uttaa
近称	kuri	なし	kuttaa

三人称代名詞から指示代名詞を区別することは難しいが、ある代名詞が三人称を指し、現場指示用法がなく（または弱く）、遠近などの区別を表さない場合は（指示代名詞ではなく）三人称代名詞と見なされる。久高島方言は、指示代名詞では遠称ari「あれ」と非遠称uri「これ・それ」を区別するが、様態指示副詞ではantɕi「ああ・そう・こう」のみを用いる。

【再帰代名詞】同じ文の中にある別の語と同じ対象を指していることを表す代名詞を再帰代名詞と呼ぶ。日本の諸方言の再帰代名詞の多くは、1つの形式で、同じ文の中の一人称・二人称・三人称のいずれも指すことができる。たとえば、湯湾方言の再帰代名詞nusi「自分」を用いた場合、nusi=nu tii「自分の手」の「自分」は話し手、聞き手、それ以外の全ての解釈が可能である。英語や仏語の再帰代名詞は必ず目的語の位置に来るが、日本の諸方言の再帰代名詞は主語の位置に来る（主格を取る）こともできる。

【疑問代名詞】疑問文であることを明示する代名詞を疑問代名詞と呼ぶ。湯湾方言にはtaru「誰」（単数形）、tattaa「誰」（複数形）、taa「誰の」、nuu「何」、daa「どこ」、icii「いつ」、diru「どれ」、din「どの」、ikjasji「どう」、nuusjattu「なぜ」などがある。

【不定代名詞】①あらゆる対象、②話し手にとって未知の対象、③対象の不存在、などを表す代名詞を不定代名詞と呼ぶ。湯湾方言では疑問代名詞に接辞（-nkuin）を付けて①の意味を表す（taru-nkuin「誰でも」、nu-nkuin「何でも」）。②は接語の=ka (taru=ka「誰か」、nuu=ka「何か」)、③は接語の=n (nu=n「何も」、taru=n「誰も」) を用いて表す。

[文献] Haspelmath, Martin, *Indefinite pronouns*, Oxford Univ. Press, 1997., Diessel, Holger, *Demonstratives: Form, function and grammaticalization*, John Benjamins Publishing Company, 1999., 下地理則『南琉球宮古語伊良部島方言』（くろしお出版 2018）[新永悠人]

多型アクセント
たけいあくせんと
multi-pattern prosodic system

 音調

日本語諸方言アクセントの分類としては、長く「東京式」「京阪式」の二大区分に「一型アクセント」（と無アクセント）を加える分類が一般的であった。しかし、特に「東京式」と「京阪式」については、その分類基準が明確でないという問題がある。そのような問題を背景にして、上野（1989）は、共時的なアクセント体系の違いに基づく、以下のような分類を提案した。

まず、諸方言アクセントをアクセントを持つ、つまり語彙ごとにアクセント型の指定があるもの（有アクセント）とそうでないもの（無アクセント）に分ける。そして、有アクセントは、東京方言のアクセントのように語が長くなるほどに可能なアクセント型が増えていく「多型アクセント」と、語が幾ら長くなっても可能なアクセント型が一定数（N）以上には増えない「N型アクセント」とに分けられる。東京方言のアクセントは、下げ核の有無と位置とが弁別的な体系であり、n拍の語にはn+1とおりのアクセント型の区別がある多型アクセントである。

【「式」の有無】多型アクセントは、さらに「式」を持つか否かによって2つに分けられる。「式」を持つアクセント体系の方言としては「平進式」と「上昇式」を持つ京都方言がよく知られるが、「式」特徴は方言によって多様で、くぼみ式・低進式などが知られている。なお、多くの場合2式のみの対立であるが、伊吹島方言のアクセントは「下降式」「平進式」「上昇式」の3式を持つ。

【文節関与性】:「言い切り」と「接続」「式」を持たないものには、文節関与的なものとそうでないものとがある。たとえば、東京方言ですべて無核型の語からなる「私は昨日赤い魚を買った」という文は、最初の文節「私は ワタ シハ」における文節頭の上昇が必須である以外、それぞれの文節頭においてピッチの上昇が現れるか否かは語用論的な意味によって決まる。つまり、「私は」の文節頭でピッチの上昇があった後、そのまま高く平板に発音されれば、文全体が焦点となる（あるいは、文のどこにも焦点が置かれない）。一方で、「ワタ シハ キノー」と発音すれば、「昨日」が焦点となる。

このように、東京方言の場合、ピッチの上昇は文節の切れ目に必須ではない。その意味で東京方言における文節は、より大きな単位（句）における音調型の実現に消極的な形でしか関与しないと言える（文節非関与的）。

一方、岩手県 零石方言では、当該の文節が、それで句を終える「言い切り」の位置にあるか、その後に何かを続ける「接続」の位置にあるかによって、実現する音調型が変わる。零石方言のアクセントは、どこでピッチが上昇するかが重要な「昇り核」の体系であるが、語頭に核を持つ「鯨」という語は、言い切り位置では「クジラ。」となる一方、接続位置では、「クジラ...」となる。つまり、言い切り位置では核のある拍のみが高く現れる一方、接続位置ではその「高」が文節末まで続くのである。ただし、この「高」の延長は文節を超えることはなく、「鯨とった」は「クジ ラトッタ」（「とった」は最終拍に昇り核）であり、「クジラトッタ」とならない。

このように、零石方言では、どこから高くなるかは語（に指定された核）が決め、その「高」が続くか否かは句（句末か非句末）が決め、さらにその「高」がどこまで続くかは文節が決める。つまり、音調型の実現に文節が大きく関与するのである。このようなタイプを「文節関与型」と呼ぶ。

［文献］上野善道「日本語のアクセント」杉藤美代子編『講座 日本語と日本語教育2 日本語の音声・音韻（上）』（明治書院 1989）

［平子達也］

他動性
たどうせい
transitivity

文法

　伝統的な動詞分類では、「目的語」を有し、受動文をつくることができるものが他動詞で、そうでないものは自動詞というように単一の指標で二分されている。しかし、近年は、典型的な他動詞文が備えている性質を他動性のプロトタイプと設定し、そのプロトタイプからの逸脱の仕方によってさまざまな度合・程度の他動性が存在するという理解が主流になってきている。Hopper&Thompson (1980)は、他動性を決定する要素に、次の10項目を挙げている。(1)参加者(Participants)、(2)動作様態(Kinesis)、(3)アスペクト(Aspect)、(4)瞬間性(Punctuality)、(5)意図性(Volitionality)、(6)肯定(Affirmation)、(7)現実性(Mode)、(8)動作主性(Agency)、(9)受影性(Affectedness)、(10)個体性(Individuation of Object)。諸項目を総合的に分析し、他動性の程度が決定される。

　このような他動性が諸方言に反映される例としては、受動文や使役文のようなヴォイスに関係する構文のつくりやすさやその構文意味上の違いが挙げられる。首里方言では基本的に他動性の低い自動詞で受動文をつくることができない(例:「*ッチュンカイ　メーニタタリタン」(人に前に立たれた))。また、有対自他動詞(→自他の対立)の「ナゲーリーン(流れる)-ナガスン(流す)」を基にして、それぞれで使役文をつくることができる(例:「アヤーガ　ハナコーンカイ　ミジ　ナゲーラシミタン」(母が花子に水を流れさせた)、「アヤーガ　ハナコーンカイ　ミジ　ナガシミタン」(母が花子に水を流させた))。1つめの自動詞が基になる使役文は、「花子」は溝にたまった葉やゴミを取ることなどで、水が流れる状態をつくるという間接的なはたらきかけ手である、という点で2つめの他動詞が基になる使役文とは異なる。

[文献] Hopper&Thompson Transitivity in grammar and discourse. *Language* 56, 1980.　　　　　　[當山奈那]

談話分析
だんわぶんせき
discourse analysis

談話

　談話(discourse)は通常、1文より大きい単位を指し、テキスト(text)と呼ばれることもある。より広義には、文の構造だけでなく以下に挙げる要因を考慮に入れて1つの文を分析することも談話分析に含まれる。

【方法論】文以下の単位を扱う言語学では作例の文法性あるいは容認性判断によることがままあるが、談話を扱う場合はこれがしばしば困難である。このため、談話分析は一般的に、実際に用いられた用例の観察を主として行う。

【談話を構成する要素】談話を構成する要素として以下のものが挙げられる(国立国語研究所1987)。(a)言語表現そのもの、(b)参加者、(c)話題、(d)コミュニケーションの機能:客観的な情報を伝えるか、社会的な関係性のために用いるかなど、(e)表現態度:ものごとの伝え方が直接的か婉曲か皮肉かなど、(f)媒体、(g)状況:社会的、心理的、物理的環境、(h)文脈:言語表現に先行、後続している文やその内容、(i)ネットワーク:情報の発信者と受け手が1対1か1対多か、一方通行か双方向かなど、(j)非言語表現:表情、視線、身振りなど。たとえば次の(1)の会話では、(a)言語表現そのものはコロン(:)の後に続く転記、(b)参加者はA, B, C、(c)話題は「腹の立つ話」である。雑談であるという点で、(d)は社会的関係性のためと位置づけられる。(e)表現態度は直接的、(f)媒体は音声、(g)この参加者らは椅子に座って向かい合っており、これを録音・録画されているという状況である。(h)この参加者らはサイコロを振って話題を決めている、以前からの知り合いであるなどが含まれる。(i)3人会話であるため情報の受け手は2人おり双方向である。(j)非言語表現には、「<笑>」で示されている笑い声、そして笑った表情などが含まれる。

(1) B：えートピックは腹の立つ話です
　　B：はいＡさん<笑>
　　A：腹の立つ話ですか
　　C：あれＡさんおれやなかったっけ
（千葉大学3人会話コーパス0232：0.95-7.71）
上記の要素を考慮に入れた談話の分析の代表的なアプローチを以下に紹介する。
【談話に関する現象とそのアプローチ】(a)言語表現と(h)文脈に関する研究は盛んに行われており、選択体系機能文法や「情報の流れ」の研究がこれに含まれる。選択体系機能文法では、談話の結束性や一貫性、照応、情報構造などの分析を行う。「情報の流れ」に関する研究では、上記の現象の認知的背景の解明を目指している。

(a)と(d)コミュニケーションの機能、(e)表現態度の関連を分析するアプローチとして言語行為論がある。言語行為論では、言語を使って何かを行う点に着目している。たとえば、「この猫は『あさ』っていう名前にしよう」と発言することで、その猫に名前をつけるという行為を行うことができる。

批判的言説分析は、言語表現と権力の関係を分析している点で、(a)と(f)媒体（メディア）、(i)ネットワークに着目している。

(a)-(j)のさまざまな側面を考慮に入れて談話を分析するアプローチとして会話分析がある。これは会話の構造の観点から相互行為を明らかにしようとするアプローチである。会話の連鎖を重視し、順番交替、ある発話の次に予測される発話（例：質問の次に予測される答え）などを、会話の重複、ポーズ、言いよどみなどを詳細に分析することで明らかにしようとする。会話分析に影響を受けた相互行為言語学というアプローチもある。

[文献] 国立国語研究所編『談話行動の諸相―座談会資料の分析』（三省堂 1987）、メイナード, 泉子 K.『談話分析の可能性―理論・方法・日本語の表現性』（くろしお出版 1997）、橋内武『ディスコース―談話の織りなす世界』（くろしお出版 1999）　　　　［中川奈津子］

地名
ちめい
toponym

語彙

地名には、国名・地方名のほか、県など行政単位に関するものと、そうでないもの（河川名・山岳名など）とがある。方言研究、特に言語人類学的研究において、重要となるのは後者である。人名が政治的背景などによって移ろいやすいものである一方、地名は、たとえば北海道から東北にかけてのアイヌ語地名のように、当該の言語を使用していた人々がいなくなっても残ることが多いことから、当地の先史を知るための手がかりとなると考えられている。一方、漢字表記がきっかけとなり、地名が変わることもある。たとえば、北アルプスの白馬岳は、もともと雪解け時に「代掻き馬」の雪形が山に現れるため「シロウマダケ」と呼ばれていたが、それを「白馬」と表記したことが元となり、現在では「ハクバ」と通称されている。

地名それ自体の研究によって、文献以前の言語変化についての示唆を得ることができることもある。たとえば、狩俣（2005）によれば、沖永良部島知名町の「瀬利覚」という地名の現在の方言形は「ジッキョ」であるが、種々の根拠により、元は*ゼリカコという形だったと考えられる。琉球諸方言一般に*e > i、*o > uという狭母音化が起こったとされるが、この*ゼリカコという祖形と「瀬利覚」という地名表記を比較した時、「瀬（セ）」という表記が狭母音化が起こる以前の形を反映したものと考えられる一方、「覚（カク）」は狭母音化が起こったあとの形を反映していると言える。つまり、「瀬利覚」という表記およびその方言形「ジッキョ」からは、琉球諸方言における*e > i、*o > uという2つの狭母音化のうち、*o > uという変化の方が*e > iという変化に先んじて起こったと考えられるのである。

[文献] 狩俣繁久「琉球語と地名研究の可能性」『歴史地名通信〈月報〉』50（平凡社 2005）　　［平子達也］

中間方言
ちゅうかんほうげん
interdialect

 社会

　第二言語習得研究の分野で、習得者が身に付けた、母語話者の話す言語とは異なる独自の特徴を持つ習得者言語の体系を、中間言語（interlanguage）と言う（→言語習得）。母語と習得目標言語の間にある言語という意味である。この中間言語のアイディアを方言習得についても適用し、ある方言の母語話者が、標準語を習得する過程のある時点において身に付けているその標準語の体系や、別の土地に移住し、移住先で身に付けた第二方言の体系を、中間方言と言う。

　中間言語の特徴には、①母語の影響を受けること、②過剰一般化（類推の一形態）など、母語話者が持たない独自の規則を含むこと、③話者の性格等の内的要因や置かれた環境などの外的要因により個人差があること、などが指摘されている。これらの特徴は中間方言についても見出せる。たとえば大阪に移住した東北地方の出身者が大阪方言を習得しても、そのアクセントなどから大阪出身者でないことが分かる（①母方言の転移）、「（昨日梅田に）行ッテンヤンカ」のような不規則変化をすることばを使用するかわりに「行ッタンヤンカ」のような過去形タを使用することがある（②過剰一般化）、大阪に住んでいても、どの程度大阪方言を習得するかは話者による違いが大きい（③話者間の相違）など。

　中間方言ということばは、方言学ではさらに、2つの方言の接触によって生じた混交形などを指すこともある。九州北部で使用されるオラナイ（オランのンをナイに変えたもの）、デカカ（デカイの語尾をカに変えたもの）などがその例である。

[文献] Trudgill, P. *Dialects in Contact*. Blackwell, 1986.、ラーセン=フリーマン, D.・ロング, M.『第2言語習得への招待』（鷹書房弓プレス 1995）、陣内正敬『地方中核都市方言の行方—九州』（おうふう 1996）　　［渋谷勝己］

中舌母音
ちゅうぜつぼいん（なかじたぼいん）
central vowel

 音韻

　前舌母音と後舌母音の中間的な特徴を持った母音。調音的に言えば、前舌面と後舌面の境界あたりの舌面（「中舌面」と呼ばれることがある）が盛り上がって狭めをつくる母音であり、音響聴覚的に言えば、前舌母音と後舌母音の中間的な音色の母音である。ただし、次に紹介するように、音響聴覚的には中舌的であっても、調音的には全く異なる特徴を持った母音も日本語諸方言には存在する。

【東北方言】/u/ と /i/ がそれぞれ中舌的に発音される。そのため、東北方言では両者の音色が互いに似通っている。特に歯茎音 /s, c, z/ に後続する環境では両者の区別がなくなっている（つまり同一音素になっている）（例：/sisi/ 獅子・寿司・煤）。なお、北奥羽ではそれぞれ前寄り [sï, tsï, dzï] で発音され、南奥羽では奥寄り [sü, tsü, dzü] で発音される傾向にある。

【北琉球奄美語】奄美語には中舌母音 /i, ə/ が認められる（例：tii（手）、mii（目）；məə（前）、həə（南・南風））。例に示したように、/i/ は共通語の /e/ におおむね対応し、/ə/ は /ae/ や /ai/ といった連母音に対応する。狭母音 /i/ は、音響聴覚的にも調音的にも中舌的な性格を持つ点で以下に紹介する南琉球宮古語の中舌狭母音 /ɨ/ とは異なる。

【南琉球宮古語】宮古語には中舌母音 /ɨ/ が認められる（例：pɨɨ（日）、cɨɨ（血）、miigɨ（右））。例に示したように、/ɨ/ は共通語の /i/ におおむね対応する。中舌的な音響聴覚的特徴を有するが、調音的には舌端と後舌面の二重調音（double articulation）によって特徴付けられる。奄美語などに見られる中舌母音との調音的差異を重視して、IPAにはないが、音声表記として非円唇舌尖狭母音を表す [ɿ] を用いることがある（ただし宮古語の /ɨ/ は舌尖ではなく舌端で狭めをつくる）。

［青井隼人］

調音器官
ちょうおんきかん
speech organs

🔵音韻

　言語音を発するために用いられる器官の総称。声道を形成する器官。咽頭喉頭、鼻腔、口腔の3つの領域に分けることができ、口腔はさらに上部の調音器官（upper articulators）と下部の調音器官（lower articulators）とに二分される。

【鼻腔】鼻内の領域。空気が鼻腔を通って流れるすべての音は鼻音（nasal）もしくは鼻音化音（nasalized sound）と呼ばれる。鼻腔への空気の流入の有無は口蓋帆の動きによって調節される。

【上部の調音器官】口腔領域内の調音は、上部と下部の調音器官の対置によって行われる。上部の調音器官は（1）上唇と（2）口蓋（上あご）からなる。（2）口蓋はさらに①歯、②歯茎、③後部歯茎、④硬口蓋、⑤軟口蓋、⑥口蓋垂に細分化できる。

【下部の調音器官】下部の調音器官は（1）下唇と（2）舌からなる。舌はさらに①舌尖、②舌端、③前舌面、④後舌面、⑤舌根に細分化できる。下部の調音器官は、上部のそれと比較して、境界が明瞭ではないため、平常時の上部の調音器官との対応によって定義される。すなわち、①舌尖は舌の先端部分、②舌端は歯茎に対するあたり（舌の先端から1〜1.5cm）、③前舌面は硬口蓋に対するあたり、④後舌面は軟口蓋に対するあたり、そして⑤舌根は口蓋垂に対するあたりである。上部の調音器官がほとんど動かないのに対し、下部の調音器官はよく動く。したがって調音は下部の調音器官の動きによって行われる。（→付録「音声器官」「IPA（国際音声記号）」］）

［文献］J.C.キャットフォード『実践音声学入門』（大修館書店 2006）、斎藤純男『日本語音声学入門 改訂版』（三省堂 2006）　　　　　　　　　　［青井隼人］

直音・拗音
ちょくおん・ようおん
simple onset moras/complex onset moras

🔵音韻

　直音、拗音はともに自立的なモーラで、文字表記する場合に「ゃ、ゅ、ょ、ぇ、ゎ」を伴うのが拗音、伴わないのが直音である。拗音はさらに二種類に分かれ、「ゃ、ゅ、ょ、ぇ」を伴うのが開拗音、「ゎ」を伴うのが合拗音である。音声学的には開拗音は子音の口蓋化、合拗音は円唇化を指す。

　拗音の由来に関しては、古代の文献に現れないことから漢字音からの借用によるものとする説がある。しかし、文献に現れないだけで、擬声語・擬態語や話しことばには現れていたのではないかと考えられ、開拗音についてはもともとの日本語にも存在した、ないしは漢語を受容する音韻的な基盤があったのに対し、合拗音はそのような基盤がなかったという説もある。この立場に立つと、古典日本語における音韻的な基盤の有無が、その後、開拗音が現代まで一般的に残ったのに対して、合拗音が一部の地域にしか残らなかったという違いに反映されたと見ることができる。

【直音と開拗音の分布】東北を中心に各地の方言で「シュ」や「ジュ」がそれぞれ「ス」「ズ」と発音される直音化現象がある。たとえば、岩手県遠野では「手術」をスズツ、「春分」をスンブンと言い、「春分」と「新聞」の区別がなくなる。岩手県宮古でもズズ（数珠）、ゴズー（五十）といった発音の報告があり、島根県大東町でもゴスーゲン（御祝言）と発音するという報告がある。なお首都圏でもシンズク（新宿）、スズツ（手術）といった発音が伝統的であったが、近年では高年層に限られるという。

　「シュ」、「ジュ」のほかにも「シャ」が「サ」、「ショ」が「ソ」となるものもある。たとえば、岩手県南部や宮城県などではサシン（写真）、鹿児島県頴娃町ではイサ（医者）、山形県内陸部などではソーズ（醤油）、ゾガッ

コー（女学校）などの例がある。

標準語の直音に対応する音が（開）拗音で発音される拗音化の現象も東北地方、近畿、四国東部、九州などで多く報告されている。たとえば、アシェ（汗）、シェンシェー（先生）、カジェ（風）、ジェンジェン（全然）など。16世紀のキリシタン資料では、サ行がローマ字でsa, xi su, xe, so、ザ行がza, ji, zu, je, zoと表記されている。このことから「セ」「ゼ」は当時の中央語で「シェ」「ジェ」と発音されていたことが分かる。各地の「シェ」「ジェ」はこれを残したものである。

なお、サ行以外の拗音化の例もいくつかある。たとえば、「て」に対応する音が「チェ」になるものとして、佐賀県のミチェ（見て）や、宮崎県日影町のチェー（手）などがあり、「で」に対応する音が「ジェ」になるものとして、大分県のソジェ（袖）、ジェタ（出た）などがある。

【合拗音】現代の合拗音はクヮ、グヮのみであるが、中世にはこのほかに、クヰ、クェなども見られ、語例としては貴（クヰ）、華（クェ）などが挙げられる。ただし、クヰ、クェについては口語としては定着せず早い時代から直音（開音）となっていった。一方、クヮに関しては江戸前期まで残り、方言においては東北北部、北陸沿岸部、四国西部、九州西南部、琉球全域などに見られる。具体例としては、クヮジ（火事）、グヮンタン（元旦）など語頭で目立つが、イックヮイ（一回）や、スーグヮ、スイクヮ（西瓜）、ケンクヮ（喧嘩）、ショーグヮツ（正月）など語中での出現例も見られる。

[文献] 高山倫明「日本語音韻史研究とその課題」『音声研究』7-1 (2003)、高山知明「拗音に見る非対称性」『音声研究』9-1 (2005) ［松浦年男］

テンス
tense

文法

文の表す出来事時を基準時（発話時）の前後に位置付けるもので、標準語では、動詞の接辞（ル／タ）により、非過去／過去というテンス対立を表す。たとえば「太郎が歩いている」が現在進行中の出来事を表すのに対し、「太郎が歩いていた」では過去に進行中だった出来事を表す。

【標準語のテンス形式】標準語においては、動詞のほか、活用のあるイ形容詞（形容詞）ナ形容詞述語（形容動詞）や名詞述語をつくるコピュラにテンス形式の対立がある。

	非過去	過去
動詞述語	書く	書いた
イ形容詞述語	暑い	暑かった
ナ形容詞述語	静かだ	静かだった
名詞述語	学生だ	学生だった

非過去形は基本的に、出来事が基準時よりあとに成立していること（例：明日は学校に行く）、現在の習慣（例：私は毎日学校に行く）、主体が持つ性質や能力（例：馬は早く走る）を表す。状態述語の場合は現在成立している事柄も表す（例：向こうに犬がいる、花がきれいだ）。過去形は基本的に、出来事が基準時以前に成立したことを表す（例：昨日学校に行った）。形容詞・名詞述語の場合は、過去における認識（例：去年見た東京タワーは高かった）や、現在につながる過去の状態（例：あの人は小さい頃から体が弱かった）なども表す。また、過去形は、「発見」や「想起」と言われるミラティビティの用法も持つ。

以上は主文末の述語に現れる発話時を基準とする＜絶対テンス＞と呼ばれるもので、従属節など主文末以外では発話時以外が基準時となる場合＜相対テンス＞となる。たとえば「これは学校から帰った時に食べる」では、「食べる」という未来の出来事時を基準時と

してそれより「帰る」出来事時が前であることを表している。

【方言における過去形とその用法】日本の諸方言においても非過去／過去の形式の対立が見られるが、必ずしもその用法は標準語と同じではない。過去形が複数ある方言では、完了表現か現在と切り離された過去かという使い分けや（→アスペクト）、証拠性による使い分けをするものがある。証拠性の例として、東北諸方言では話者が直接体験したこと（体験性）、北琉球諸方言では話者が目撃したこと（目撃性）を含意する過去形があり、中立的な過去形と使い分ける。また、山形方言では、非状態動詞および「いる」にはタ形対応形式が用いられるが、状態動詞、形容詞にはタでなくケが用いられる（例：「ムカシ、ソコニワオオキナイケガアッケ」（昔そこには大きな池があった））。このケはタケの形になると非状態動詞にもつき、標準語の「したっけ」と同じように回想を表したり、見てきたことの報告に用いたりする。

【方言における非過去形とその用法】琉球諸方言では非過去形の持つ意味も標準語と異なっている。首里方言をはじめとする北琉球方言では、非過去形は歴史的に存在動詞の「おり」を含んだ形（シオル相当）と考えられており、意味的に、標準語のスルの持つ意味のほかシテイルのような〈進行〉の意味も持つ。たとえば、首里方言「ユムン」は、「読む」と「読んでいる（ところ）」の両方の意味を表す。ただし、この〈進行〉の用法は現在はほぼ廃れている。また、南琉球の宮古方言では、非過去形は主として主体が持つ性質などを表し（属性叙述）、具体的な未来の表現には、主体の意志的動作を表す場合（例：「イカディ」（行く、行こう））と確定的な予定を表す場合（例：「イクスガマタ」（行くことになっている））で別の形式を用いる。

[文献] 日本語記述文法研究会『現代日本語文法3』（くろしお出版 2007）、工藤真由美『現代日本ムード・テンス・アスペクト論』（ひつじ書房 2014）　　[林由華]

同音衝突
どうおんしょうとつ
homonymic clash, homonymic conflict

語彙

　種々の言語変化の結果、同音異義語が生じることはままあるが、その同音異義語が同一あるいは近い意味範疇に属し、同一の文脈の中で使われ得る場合、コミュニケーション上にさしさわりが生じることがある。このような同音異義語の対を「耐えられない同音語」と言うが、この「耐えられない」状態を回避すべく、同音語の少なくとも一方において語形変化・語彙の入れ替えが生じることがある。「同音衝突」と言う場合、「耐えられない同音語」の発生（衝突）と、その回避までの一連の変化を含むこともある。文献上にも見られる現象ではあるものの、20世紀初頭にJ.ジリエロンが『フランス言語図鑑』(1902-12)に基づいて多くの例を挙げたところから、言語（方言）地理学の分野で扱われることが多くなった。

【音変化による同音衝突】出雲方言では、母音に挟まれた/r/（ラ行子音）、特に/ri, ru/の/r/が脱落するという現象が認められる（「車」を「クーマ」と言うなど）。これは、動詞の終止・連体形でも起こるもので、上・下一段動詞「見る」「寝る」などの終止・連体形は「ミー」「ネー」となる。一方、これらの動詞の命令形も「ミー」（見ろ）「ネー」（寝ろ）である。つまり、「ミー」「ネー」は終止・連体形と命令形のいずれにも用いられる同音異義語ということになるが、出雲方言、特に西部の方言では命令形を「ミレ」「ネレ」と変化させ（一段動詞のラ行五段化）、同音衝突を回避している（小西2011）。一方、東部の方言では、終止・連体形も命令形も「ミー」「ネー」のままである。一般に「耐えられない同音語」と考えられるものが生じたとしても、それは必ずしも回避されるわけではない。また、回避するにしても同音語の対のうち、どちらに語形変化や語彙の入れ替えが生じるかは予測

できない。

【音変化によらない同音衝突】音変化以外による同音衝突（およびその回避）の例としては、近畿方言における「カッテ」の例がよく知られている。古く近畿方言においては、「コーテ」（買って）と「カッテ」（借りて）という形がそれぞれ使われてきたが、標準語の影響により、若年層では「買って」の意味で「カッテ」、「借りて」の意味で「カリテ」が使われるようになっている。特に「借りて」が「カッテ」から「カリテ」に変わったのは、標準語の影響はもちろん、「買って」の意味の「カッテ」と衝突が起こるのを回避したためと考えられる（岸江1990）。

上記の例は、標準語の影響によって起こった同音衝突の例であるが、小林（1950）によって指摘された東北方言における「アバ／アッパ」の例は、類音牽引によって起こった同音衝突の例として知られる。小林によれば、古くは「アパ」（母）と「アバ」（唾）のような使い分けがあったが、両者が似たような音形のために後に完全な同音語（アッパあるいはアバ）となった（類音牽引）。その後、この衝突を避けるために、北奥では「アッパ・アバ」を「母」という意味でのみ用いるようになった一方、南奥ではそれを「唾」の意味でのみ用いるようになる。また、中間では「アッパ・アバ」という語形自体が用いられないところもある。このように、衝突を回避する方策としては、その語形自体を使わないということもあり得るのである。

[文献] 小林好日『方言語彙学的研究』（岩波書店1950）、岸江信介「「昭和」における大阪市方言の動態」『国語学』163（1990）、小西いずみ「出雲方言における「一段動詞のラ行五段化」に関する覚書」『論叢 国語教育学』復刊2（2011） ［平子達也］

東京式アクセント
とうきょうしきあくせんと
Tokyo type prosodic system

音調

東京方言において行われているアクセントのこと。あるいは、それと似た音調型を示すアクセント、もしくは、東京方言と似たような体系のアクセントのこと。「京阪式アクセント」と対立する概念としてしばしば用いられる。しかし、たとえば山梨県奈良田方言のアクセントが「外観は京阪式アクセントに近い東京式アクセント」と言われることがあるなど、「東京式」も「京阪式」も定義はあいまいである。そのため、現在では「東京式」という用語は「京阪式」とともに、その使用は避けられる傾向にある（上野1985）。

類の統合パターンを同じくするもののみを同一の「式」としてまとめるという上野（1985）の分類に従えば、従来「東京式」とされてきたものは内輪・中輪・外輪式の3つに分類されるべきである（→内輪方言・中輪方言・外輪方言）。

また、従来「東京式」とされてきたものの多くは、ピッチの下がり目（下げ核）の有無と位置が弁別的なアクセント体系であるが、岩手県雫石方言など東北の諸方言においては、ピッチがどこから上がるかが重要な「昇り核」の体系を持つものもある。なお、先に挙げた奈良田方言のアクセントは、雫石方言と同様にピッチの上昇の有無と位置が重要であるが、雫石方言が「どの拍から高くなるか」が重要である一方、奈良田方言は「どの拍の次から高くなるか」が重要な「上げ核」の体系である（上野1977）。

[文献] 上野善道「日本語のアクセント」『岩波 日本語講座 5 音韻』（岩波書店1977）、上野善道「日本本土諸方言アクセントの系譜と分布」『日本学士院紀要』40-3（1985） ［平子達也］

統語論
とうごろん
syntax
「文法」

　形態論が語の内部構造を扱う分野であるのに対し、統語論は文、節、句の内部構造を扱う分野である。たとえば、文は主節と従属節に分けることができ、節は項と述語に分けることができ、さらに項は名詞句として、主要部名詞と従属部、名詞句の拡張部（格助詞など）からなる。これらすべてが統語論の記述対象になる。

　統語論は、上記のような、文、節、句の内部要素の配列や配置だけでなく、ある機能を果たすために構造を変化させる「ふるまい」も扱う。たとえば焦点化に伴う述語の名詞化や焦点助詞の出現など。統語的ふるまいによって関連付けられた諸構文を扱うという意味で、統語論を構文論と呼ぶこともある。

　さらに、統語論は形態論にも言及する必要があり、逆もまたしかりである。たとえば、屈折形態論で扱われる語の屈折カテゴリーは、その語が置かれる統語的な環境（主節か従属節か、など）に強く影響を受ける。よって、複文の統語記述と屈折形態論の記述はセットで行う必要がある。

　このように、形態・意味・統語は密接に結び付いている。そのため、言語記述上の1つの複合領域として形態統語論（morphosyntax）と呼ばれる領域を設定することがある。形態統語論は、音韻論と対立する概念である。しかし、統語論が音韻論と無関係なわけではない。むしろ、統語論は音韻論と密接な関係を持つ。とりわけ、イントネーションは、節の切れ目や情報構造（主題と述題）の切れ目などの統語的な境界の標示に深く関わり、さらに上記の統語的ふるまい（焦点化、疑問化など）にも重要な役割を担う。

［文献］Payne, Thomas E. *Describing Morphosyntax*. Cambridge: Cambridge Univ. Press. 1997.　［下地理則］

東西対立
とうざいたいりつ
east-west opposition
「地理」

　日本語方言において、東日本と西日本とで異なる方言分布を示す状態を指す。分布の境界は、本州中央部に存在する大地溝帯（フォッサマグナ）の西側、新潟県糸魚川から静岡県西部にかけての「糸魚川・浜名湖線」の近辺に集中している。

　『万葉集』（7世紀後半〜8世紀後半）には、東国出身者の詠んだ歌が、東歌、防人歌としてまとまって収録されており、東西差は古代から意識されていた。近世初期にはロドリゲスの『日本大文典』（1604-08）に、三河以東でことばが異なるという記述がある。打ち消し形「ぬ」が東日本で「ない」になるといったように具体的に違いが示されている。

　明治時代には国語調査委員会による方言調査の結果から、新村出が「東西語法境界線概要図」（1904）を発表した。戦後は、牛山初男による東西境界線の研究がある。そして『日本言語地図』（1957-65年調査）により、東西対立の詳細が分布から明らかになった。

　近年の研究では、語彙や文法といった現象だけでなく、表現の定型化や、主観性・客観性、配慮の有無など、表現方法の違いにおいても東西対立が存在するとされている。

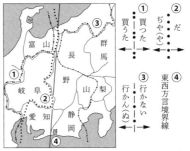

東西方言境界（牛山『東西方言の境界』信教印刷 1969を改変）

［文献］小林隆・澤村美幸『ものの言いかた西東』（岩波書店 2014）　［鑓水兼貴］

動詞
どうし
verb

文法

　意味的には人や物の動きを表すこと、統語的には述語になることを典型とする品詞。動詞に関わる文法カテゴリーには人称、数、テンス、ヴォイスなどがあり、日琉諸方言ではテンス、アスペクト、ムード、ヴォイスなどを動詞の活用や接語の付加で示す。日琉語の動詞のいくつかは「て {いる／みる／いく／やる}」など、動詞テ形について文法的意味の標示を助ける。

　動詞の形態的分類として、活用の種類や語構成（単純、複合、派生）によるものがある。自動詞／他動詞は一般的には意味・統語的な分類だが、日琉諸方言では形態的特徴も関わる。「状態動詞」「移動動詞」などは意味による分類だが形態・統語的特徴も関わる。「ある」「悲しむ」など状態・心理動詞は動きを表さない点で意味的に典型から外れ、アスペクトやヴォイスの対立も限られる。「行く／来る」「やる／くれる／もらう」などの移動動詞は、移動の方向や話し手の視点により対義関係をなす。標準語では「私が太郎の家に行く／太郎が私の家に来る」など、視点が移動元なら「行く」、移動先なら「来る」だが、富山や九州など一部の方言では「あんたの家に来る」など「来る」が聞き手側への移動も表す。「やる／もらう」「貸す／借りる」は、「私が太郎に本を{やる／もらう}」のように移動の方向がガ格→ニ格か、ニ格→ガ格かで対立し、「やる／くれる」は、「私が太郎に本をやる」「太郎が私に本をくれる」のように移動の方向はガ格→ニ格で共通し、視点が移動元か移動先かで対立する。「くれる」のような動詞は他言語には稀で、日琉諸方言にも「やる／くれる」の対立がない方言もある。

[文献] 高橋太郎『日本語の文法』（ひつじ書房 2005）、日高水穂『授与動詞の対照方言学的研究』（ひつじ書房 2007） 　　　　　　　　　　　　[小西いずみ]

ドキュメンテーション
documentation

調査

　言語データを半永久的に記録保存するためのあらゆる活動のこと。言語記述（ディスクリプション）と対立して用いられる概念である。記述は、混沌としたデータを体系的に整理する作業であり、最終成果（文法書、辞書など）の質が問われる成果物重視型（product-oriented）の作業である。それに対し、ドキュメンテーションは、むしろ記述の基になる「データそのもの」（録音データ、書き起こした談話データ、語彙データ、容認度判定のデータ、映像データ、写真データなど）の質を重視する素材重視型（material-oriented）の作業である。素材を重視するとは、その素材が「いつでも」利用可能なように一定の場所に保管されていて、かつ一定のフォーマットに従って整理されており、「誰でも」利用可能で、「いつまでも」利用可能であるということである。ドキュメンテーションの目的は、言語の消滅を見越した、単なる保存にあるのではない。コミュニティが言語復興を望んだ時、その助けになる素材を提供できるようにしておくことも、ドキュメンテーションの重要な目的である。

　ドキュメンテーションの方法論を専門に研究する分野を記録言語学（documentary linguistics）と言う。記録言語学は、それまで副次的産物とされた言語データに焦点をあて、その汎用性と永続性の担保、言語コミュニティーへの還元の方法論を扱う学術領域である。記述言語学が基礎科学としての言語学の一領域であるとすれば、記録言語学は応用言語学の一領域である。

[文献] Gippert, Jost, Himmelmann, Nikolaus P. and Mosel, Ulrike. eds. *Essentials of Language Documentation*. Mouton de Gruyter. 2006., 田窪行則「危機言語ドキュメンテーションの方法としての電子博物館作成の試み」『日本語の研究』7-4 (2011)、田窪行則編『琉球列島の言語と文化 その記録と継承』（くろしお出版 2013） [下地理則]

特定性
とくていせい
specificity

　名詞句の特性の1つで、当該の文脈において名詞句の指し示すものや人（指示対象）が唯一に決まるもの（特定, specific）と決まらないもの（不特定, non-specific）に分類される。たとえば、(1)の文において、
(1) 太郎は**奥さん**を見つけたがっている。
「奥さん」は、(a)指示対象がただ1人である（例：太郎の奥さんがいなくなったので見つけたいと思っている）場合と、(b)「奥さん」がまだ誰だか分からない（例：太郎は独身で誰かと結婚したいと思っている）場合がある。(a)の解釈では「奥さん」の指示対象は特定、(b)は不特定である。
(1)では述語に願望のムード（→モダリティ）が付加されているが、これを(2)のように過去形に変えると、特定の解釈しかできなくなる。つまり、「奥さん」は太郎と結婚しているただ1人を指す。
(2) 太郎は**奥さん**を見つけた。
しかし(3)のように、(2)を過去形のまま否定すると、また特定性があいまいになる。
(3) 太郎は**奥さん**を見つけられなかった。
このように、名詞句の指示対象の特定性は、文のムードや時制、肯否などによって解釈が左右される。
　意味論では名詞句の指示（reference）やスコープの問題、形態論では示差的目的語表示（differential object markingなど）の問題、統語論では島の制約や多重wh疑問文などの問題において、特定性という概念が重要な役割を果たす。なお、特定性と定性（definiteness）は相関しているが、別の概念である。
［文献］Enç, Mürvet, The semantics of specificity, *Linguistic Inquiry* 22-1, 1991., Heusinger, Klaus von, Specificity and definiteness in sentence and discourse structure, *Journal of Semantics* 19, 2002.

［中川奈津子］

とりたて表現
とりたてひょうげん
focusing expressions

　文中の要素に対し、それと同類の他の要素の存在を前提とし、その文の表す事象における当該要素のあり方を、他の要素のあり方と関連付けて示す表現。「花子も行く」「花子だけが行く」はともに〈花子が行く〉を意味し、前者ではモにより〈花子以外の誰かが行く〉ことが、後者ではダケにより「行く」主体が花子に限定されることが含意される。

【とりたて表現の種類】日本語では、とりたての機能が接語の一種である助詞によって担われる。〈限定〉を表す標準語の助詞にはダケ・ノミ・バカリ・シカなどがあり、事象成立の〈極限〉を表す助詞にはスラ・サエ・ダッテなどがある（「花子すら行く」）。「花子も行く」のモは〈累加〉を表し、「あの難問も解く」のモは〈極限〉と解されやすい。「花子こそ行くべきだ」のコソは、最もふさわしい要素であるという〈特立〉を表す。

　とりたての機能を持つ助詞は伝統的な国文法では「副助詞」「係助詞」だが、「とりたて詞」「とりたて助詞」とする立場もある。ただ「買えるだけ買った」など〈程度〉のダケにとりたての機能は認めにくいが、〈限定〉のダケと意味的に連続するなど、品詞認定と語としての同一性とは整合しない。「人参は買わない」などの〈対比〉のワはとりたてと見なしやすいが、「はじめまして、私は花子と言います」などの〈主題〉のワをとりたて形式に含むか否かの立場は分かれる。これらの助詞の統語的特徴もさまざまで、「言うだけ」「言いさえ」など用言への接続、「彼{だけに／にだけ}」「彼さえも」など格助詞や他のとりたて形式との接続が語によって異なる。

　とりたての機能は韻律上の卓立（プロミネンス）や副詞も担う。〈限定〉〈極限〉などの意はたとえば英語ではonly, evenなど焦点化副詞（focusing adverb）が表す。また「彼が発

表者だ」のようないわゆる〈総記〉のガは、格標示ととりたての機能を兼ね備える。

【とりたての焦点と情報構造の焦点】とりたてられる要素をとりたての「焦点」と呼ぶことがある。焦点は「花子も行く」などとりたて形式の直前のほか、「花子に会うだけで太郎には会わない」など離れた前方〈花子〉、「雨が降り、風も吹く」のようにとりたて形式を含む述語句〈風が吹く〉のこともある。「とりたて」という概念・用語は日本語文法の記述的研究で発展してきたもので、とりたての「焦点」と文の情報構造の「焦点」とは一部重なるが、同じではない。「花子が発表者だ」の「花子」は、とりたての焦点でも文の情報構造の焦点でもあるが、「花子が来る」に続く「太郎も来る」の場合、とりたての焦点は「太郎」、情報構造の焦点は「太郎も」である。

【方言を対象とした研究】方言のとりたて表現の研究は未開拓の部分が大きいが、形式の変異やその地理的分布は『方言文法全国地図 第1集』(国立国語研究所 1989)で概観でき、それを主資料とした論考が沼田・野田(2003)に収められる。とりたて形式一般における全国分布を概観した友定賢治は、東日本より西日本において複雑な分布を示すとする。また、方言のコソに反語用法や終助詞化など、中央語にない発達が見られる(小林隆)、サエの意が「水さえあればいい」など〈十分条件〉に限られ、「風さえ吹く」「水さえ飲めない」などはマデ・カテなど別語が担う方言が多い(三井はるみ)、限定のとりたてにおいて、標準語には多数の要素からおおまかに絞るバカリと、他要素から正確に区別するダケとがあるが、東北など一部の方言は両者ともバカリ由来の形を使う(上野智子)など、体系の地域差や通時的な方向性の一端が示されている。

[文献] 国立国語研究所編『方言文法全国地図 第1集』(大蔵省印刷局 1989)、沼田善子・野田尚史編『日本語のとりたて―現代語と歴史的変化・地理的変異』(くろしお出版 2003)、沼田善子『現代日本語とりたて詞の研究』(ひつじ書房 2009)　　　　　　　[小西いずみ]

内省
ないせい
introspection
🔲 調査

　ある言語の母語話者が、（無意識的に）自身の言語知識を参照し、言語形式と文脈の対に足してその容認性判断を行うこと。言語形式は音韻情報を含む語・句・文、文脈は発話状況を含むそれらの意図された意味を指す。計測機器を用いた心理言語学的な実験によらない面談調査は、内省による容認性判断、言語形式、文脈の組を研究データとして扱う。

　調査者が、調査対象とする言語の母語話者である場合は、調査者自身の内省を使って容認性判断を得て研究データとすることができる。そうでない場合は、その言語の母語話者に対して言語形式と文脈を明示的に示し、これらが確実に理解されていることを確認したうえで、母語話者の内省による容認性判断を得る必要がある。内省による容認性判断は理想化された状況では、言語形式と文脈の対が容認可能かどうかだが、通常（この状況・意味で）「言える・言えない」、「（この言語の語・句・文として）適切／自然・不適切／不自然」など、さまざまな返答として表出する。

　本来容認不可能な言語形式と文脈の対は、どんな文脈においても容認可能にはならないが、本来容認可能な言語形式と文脈の対は文脈の不十分さによって容認可能にも容認不可能にもなる傾向がある。調査中すなわちその言語の文法知識に関する仮説を構築中の段階では、文脈を必要十分な程度に特定することが難しい。そのため容認性判断は、容認可能と容認不可能のどちらとも言えない返答として表出することが多々ある。これらを反証可能な研究データとするためにも、母語話者が内省を行う際に提示する文脈は、言語形式と同様に明示的に記録する必要がある。

［文献］傍士元、上山あゆみ、田窪行則『言語科学をめざして』（大隈書店 2013）　　　　［山田真寛］

内輪方言・中輪方言・外輪方言
ないりんほうげん・ちゅうりんほうげん・がいりんほうげん
Nairin dialects / Chūrin dialects / Gairin dialects
🔲 地理

　金田一（1964）は、主にアクセント体系の違いから、諸方言を内輪・中輪・外輪方言の3つに区画することを提案した。すなわち、以下に示すような分類である。

【内輪方言】
　京阪式アクセントを持つ近畿諸方言
　土佐、香川県方言
　能登南部方言

【中輪方言】
　東京・神奈川・埼玉・群馬・静岡・山梨・長野・千葉及び越後中部の諸方言
　濃尾、奈良県十津川・北山、中国、四国
　渭南、九州東北部の諸方言
　北陸、赤穂・長浜含む近畿周辺、熊野灘沿岸、四国東西宇和の諸方言

【外輪方言】
　北海道・奥羽・北関東の諸方言
　八丈島方言
　静岡県大井川上流域・山梨奈良田方言
　能登西北部方言
　島根県出雲・同隠岐方言
　筑前・壱岐・対馬、宮崎県、西北九州、薩摩・五島の諸方言

　金田一によれば、内輪・中輪・外輪方言は、アクセントのみならず他の音韻的特徴も互いに異とする部分があるという。たとえば、シラビーム方言と呼ばれるものの多くが外輪方言に分類されることや、自立語が常に2拍以上で実現する方言と内輪方言がほぼ一致することなどが挙げられている。

　その後、金田一（1977）は、従来「東京式アクセント」と呼ばれてきたものをアクセントの類の統合パターンによって、内輪東京式・中輪東京式・外輪東京式の3つに分類することを提案した。すなわち、（1）一拍名詞において2類と3類とを統合させ、二拍名詞におい

て2類と3類、4類と5類とをそれぞれ統合させているものを内輪東京式、(2) 二拍名詞の類の統合パターンは内輪東京式と同じだが、一拍名詞において2類を1類と統合させているものを中輪東京式、(3) 一拍名詞の類の統合パターンは中輪東京式と同じだが、二拍名詞において2類を1類と統合させているもの（4類と5類も統合）を外輪東京式と呼んだ。

金田一（1964）における中輪方言のうち、濃尾方言・奈良県十津川・北山方言、さらには赤穂や長浜など近畿周辺の方言が内輪東京式アクセント方言に分属される一方、旧来の内輪方言は京阪式アクセント方言と分類された。また、従来の外輪方言のうち、外輪東京式アクセント（あるいはその変種）とされたのは、北奥・北海道方言・出雲方言・筑前・筑後諸方言のみで、これに加えて、従来の中輪方言の中から、九州東北部方言や愛知県三河・静岡県遠江方言が外輪東京式アクセント方言に分類された。

今日においては、内輪・中輪・外輪方言と言えば、金田一（1977）に始まる「東京式アクセント」方言の下位分類を指すことが一般的である。ただ、上野善道がたびたび指摘をするように「東京式アクセント」という用語は「京阪式アクセント」とともに多義的なので、使用は避けるべきであろう。つまり、「内輪東京式」などではなく、単に「内輪式アクセント」「中輪式アクセント」「外輪式アクセント」と呼ぶべきであり、それにより、無用の混乱を避けることができる。

[文献] 金田一春彦「わたしの方言区画論」日本方言研究会編『日本の方言区画』(1964)、金田一春彦「アクセントの分布と変遷」『岩波講座日本語11 方言』(岩波書店 1977)

[平子達也]

南北対立
なんぼくたいりつ
south-north opposition

地理

方言分布において、北部（日本海側・東北地方）と南部（太平洋側）とに分かれるような分布のこと。特に気候に関する語に多い。

東西対立とは異なり、南北で分布が分かれることから「南北対立」と言う。

代表例としては、『日本言語地図』の「しもやけ」を表す方言があり、太平洋側がシモヤケ・シモバレ、日本海側と東北地方がユキヤケという分布になる。ユキ（雪）という語からも分かるように、積雪量の分布と深く関係する。このほかにも「つむじ風」の方言形でタツマキもしくは無回答地域の分布や、「（手拭いが）凍る」のシミルなどが南北対立を示す。

安部清哉は、日本列島を南北に分ける線を気候の影響を受けた方言境界線であるとして「気候線」と命名した。気候線は言語学だけでなく、民俗学、考古学、文化人類学など、さまざまな文化圏の境界であり、古代アジアの言語・文化現象を理解する上で重要な手がかりとなり得る。

◆ ユキヤケ類

「ユキヤケ」（しもやけ）の分布（『日本言語地図』第127図より作成）

[文献] 安部清哉「日本列島におけるもう一つの方言分布境界線 "気候線"」『玉藻』35（フェリス女学院大学国文学会 1999）、木部暢子ほか編著『方言学入門』（三省堂 2013）

[鑓水兼貴]

日琉祖語
にちりゅうそご

proto-Japonic, proto-Japanese-Ryukyuan

歴史

日琉語族を形成する日本本土および琉球列島の諸言語が分岐する以前の共通祖先の言語。比較方法によって再建される。以前は「日本祖語」と呼ばれていたが、琉球諸語を排除した「日本（本土）祖語」と区別するために近年広まりつつある用語である。

【分岐の過程と年代】日琉祖語は文字通り本土日本語派と琉球語派とにまず分かれたと思われるが、琉球諸語が日琉祖語から直接ではなく九州諸方言から二次的に分岐したという仮説もある。さらに八丈島の言語は本土の方言と共通する新しい特徴も示しながら古い特徴もいくつも保持しており、その史的な位置は定かではない。

一方、琉球諸語と八丈語は「古事記」や「万葉集」など、日本語の最古の文献資料で見られない音韻の区別を示している。それらは二次的に発達した改新とは説明できず、祖語に存在していた区別の保持と考えられる。つまり、奈良時代の日本語ではすでにそれらの音韻の区別が消えていたのであって、日本語と琉球諸語が分かれたのは奈良時代以前であると言える。このように日本語と琉球諸語との分岐年代について、その下限は特定できるが、上限やそれより詳しい年代推定は言語学からはできない。ただし、考古学などの他分野の資料から見て、日琉祖語は社会の大きな変動が起こった弥生時代末期ないし古墳時代あたりに分岐した可能性が高い。琉球諸島の現代住民の直接の祖先が平安時代になってから琉球列島に移住したという有力な仮説と一見矛盾するように見えるが、琉球諸語が分岐してからその話し手がすぐに南下したのではなくしばらく本土（恐らく九州地方）に在住していたと想定すれば解決される。

【体系】日琉祖語には*p・*t・*k・*Np・*Nt・*Ng・*m・*n・*s・*Ns・*r・*w・*jの12子音があったと考えられる。*Np・*Nt・*Ng、*Nsは前鼻音化子音で濁音の祖形である。ワ行子音とヤ行子音が接近音（*w・*j）ではなく破裂音（*b・*d）であったとする説もあるが、その根拠は不十分で問題点も多い。

母音は従来再建されていた*a・*i・*u・*əのほかに琉球諸語の資料から*e・*oを加えて6母音体系が再建される。*eは上代日本語の甲類のイ列音、*oはウ列音に対応するが、それぞれ甲類のエ列音とオ列音に対応する場合もあり、条件がまだ完全に分かっていない。また、*ai（上代語の乙類エ列音に対応）・*əi・*oi・*ui（上代語の乙類イ列音に対応）のような二重母音も再建される。

アクセントに関しては琉球諸語との比較から、今まで平安時代の声点資料と現代本土諸方言との比較によって再建されてきた体系よりも多くのアクセント型を再建する必要がある。たとえば2拍名詞のアクセント類5つではなく8つであった可能性が高い。

日琉祖語の文法体系に関する研究は音韻に比べて数が少ない。琉球諸語の動詞活用形の多くが「しおる」という補助動詞構文に由来し直接日本語の活用形と比較できないという問題のほかに、日本語の文法形式の中に対応する琉球諸語の形式のないものがたくさんあるという問題もある。

［文献］服部四郎『日本語の系統』（岩波書店1999）、平子達也・トマ ペラール「八丈語の古さと新しさ」木部暢子編『消滅危機方言の調査・保存のための総合的研究—八丈方言調査報告書』（国立国語研究所2013）、トマ ペラール「日本列島の言語の多様性—琉球諸語を中心に」田窪行則編『琉球列島の言語と文化—その記録と継承』（くろしお出版2013）、トマ ペラール「日琉祖語の分岐年代」田窪行則・ジョン ホイットマン・平子達也編『琉球諸語と古代日本語：日琉祖語の再建にむけて』（くろしお出版2016）、服部四郎〈上野善道補注〉『日本祖語の再建』（岩波書店2018）　　　　［トマ・ペラール］

日本手話の方言
にほんしゅわのほうげん
dialects of Japanese Sign Language

（社会）

日本手話は自然言語であり、日本語とは異なる独自の文法構造を持つ。地域方言の存在に加え、手指日本語（日本語の語順に合わせて単語を手指表現に置き換えたもの、日本語対応手話とも言う）との接触により、さまざまな社会方言が見られ、中間型手話もしくは混成手話と呼ばれている。

【日本手話の方言】日本手話の方言に関する体系的な記述研究は少なく、全容は明らかではないが、語彙に地域差があることはよく知られている。たとえば「10」では、人差し指を曲げる標準的な表現以外に、図のような表現が記録されている。同一地域内でも、年齢により使う表現に違いが見られることもある。逆に、同じ表現（手形）であっても、地域や世代により異なる意味で用いられる例も多い。

文法的な違いに関しては、時系列の空間表現において、日本手話では一般的に話者の後ろから前方に向かって過去から未来となっているのに対し、宮窪サイン（後述）では、話者の利き手から体の中央という横の線が用いられることが知られている。このことから、他にもさまざまな違いがあることが予測される。調音やプロソディの違いについても、まだはっきりした記述研究はないが、手話にも音韻変化が起こること、その変化が地域ごとに独自に見られることが分かっている。これらのことから、日本手話においては、日本語同様、調音、語彙、文法、語用論等のあらゆる側面で地域差があると考えられるが、実態の把握には今後の研究にまたれる面が大きい。

【手話の形成過程と地域差】手話の地域差を正確に定義し理解するには、手話独自の形成過程の理解が不可欠である。とりわけ、ジェスチャーによるコミュニケーションシステム（signing）と言語としての体系を持つ手話（sign language）について、少なくとも概念としては区別する必要がある。

聴覚障害者がいる家庭および地域の共同体では、何らかの、視覚によるコミュニケーション手段が発達する。これは、ホームサイン、もしくはビレッジサインと呼ばれ、家庭内もしくは地域内で、限定された文脈でのみ意思疎通が可能である。ここではこれを手話と区別して「サイン」と呼ぶ。日本では、武居・鳥越・四日市らによる沖縄の離島のサイン、平・松岡・矢野らによる愛媛県大島の宮窪サインの調査が知られている。

これに対して言語としての手話は、聴覚障害児の集団で発達すると考えられている。現在の日本手話は、京都（1878年）、東京（1880年）、大阪（1900年）で設立された聾学校において、各地域のサインに教育用に考案された表現等が加わり形成された。その卒業生を中心に各都道府県に広がったのち、学校・地域ごとに独自の表現が発達した。たとえば沼津聾学校では、顔の部分を表現の一部とする独自の数の表現が使われていた。まるい口型をゼロに見立て、その下に二本指を添えて二重線を表現する「零点」などである。

日本手話では、地域サインと、日本手話が各地の聾学校へ導入された後の学校・地域ごとの変化を反映し、現在の地域差ができあがったと考えられる。なお、台湾や韓国では日本占領時代に聾学校が設立されており、派遣された教師により当時の日本手話が伝えられた。現在の台湾手話や韓国手話は、日本手話と共通する要素を多く含んでおり、特に、台北の手話は東京、台南の手話は大阪の手話から派生した特徴を認めることができる。

【標準語化】「日本手話言語地図（試作版）」の各都道府県の30の語彙表現を見ると、30代の話者に比べて70代の方が多様であり、若い話者の間で語彙の共通化が進んでいることが分かる。近年では特に、東京で使われる表現が広がる傾向にある。その要因としては、「標準手話」に関する書籍やテレビ番組の普及、交通網や通信メディアの発達により、コミュニ

ケーションが地理的要因に限定されなくなったことが指摘できる。さらに、手指日本語を通した日本語との言語接触の影響もあり、今後、各地域特有の表現の減少が加速度を増すと考えられる。

【日本語との言語接触と社会方言】日本手話は、日本の少数言語の1つであるが、話者人口のうち、いわゆるネイティブ話者の比率が低い。デフファミリー出身者（両親が手話話者である話者）は話者人口のうち10％に満たないと言われている。聴者を親に持つ聴覚障害児にとっては、聾学校が最初の手話習得の場となる。中には一般学校で（書記）日本語を第一言語として身に付けたのち、日本手話を習得する者もいる。

次に、聾学校の教師や通訳者の多くは日本語を第一言語とする聴者である。第二言語（いわゆる「外国語」に相当）の習得において、すでに習得した言語の影響が見られることはよく知られており、音声言語と手話言語の間でも例外ではない。たとえば、日本手話のリズムや語順に日本語の影響が出るケースは多い。聾学校や通訳を必要とする社会的な場面では、手話話者は常にこのような日本語の影響を受けた手話にさらされている。

さらに日本語からの直接の影響として、日常生活における書記日本語や手指日本語の利用がある。書記日本語とは、読み書きに用いられる日本語のことで、筆談や情報源として用いられる。日本手話話者が、これらを使うためには、第二言語として日本語の文法を身に付けたバイリンガルである必要がある。

このように、手話言語は、個人の習得の過程も社会的な言語使用の場面も音声言語に比べて多様で複雑になっている。さらに、聾学校での教育の方針が、日本手話の特徴に影響を与えることもある。坊農（2017）は、口話で教育が行われた1933-96年の間に聾学校に通っていた手話話者の会話における修復行為において、その他の手話話者よりも高い割合でマウジング（手話表現に日本語の発音をまねた口型を合わせて意味を区別すること）が見られることを指摘している。

また、日本手話と手指日本語は、理論的には異なる言語だが、さまざまな段階の中間型手話が存在すると考えられている。その実態を把握するためには、中間型手話を日本手話の社会方言と位置付け、話者それぞれの背景と合わせてその特徴や変化の過程を追跡することも研究上有意義だと思われる。

[文献] NHK放送文化調査研究所放送研究部『手話地域差調査報告書』(1989)、大杉豊「日本手話言語地図（試作版）」http://www.deafstudies.jp/osugi/jslmap/map.html、武居渡・鳥越隆士・四日市章「離島に住む成人聾者が自発した身振りの形態論的分析」『特殊教育学研究』35-3 (1997)、米川明彦「手話の地域差」『国文学　解釈と教材の研究』42-7 (1997)、坊農真弓「日本手話話し言葉コーパスプロジェクト」http://research.nii.ac.jp/jsl-corpus/public/ (2013)、坊農真弓「即興手話表現というインターアクション—手話話者の手話と日本語の関係」『日本語学』36-4 (2017)、矢野羽衣子・松岡和美「愛媛県大島宮窪町の手話：アイランド・サイン」『科学』87-5 (2017)　　　　　　　　　　　〔菊澤律子・相良啓子〕

日本手話の方言におけるさまざまな「10」の表現（左から、東京、大阪、京都、群馬、新潟）

ノンバーバル・コミュニケーション
non-verbal communication

【談話】

　非言語メッセージによって他者の心に一定の意味を生じさせるプロセスのこと。非言語メッセージを担う媒体の種類は、まず音声と非音声に分かれる。非言語音声メッセージは、声の張りや話す速度など、韻律素性や周辺言語として音調学という分野の対象となる。一方、非言語非音声メッセージの範囲・研究分野は広く、体つき・髪・肌の色などを扱う対物学、身体接触を扱う接触学、表情・身振り・姿勢などを扱う動作学、におい・香りなどを扱う嗅覚学、対人距離・空間使用などを扱う近接学、時間の観念や時間への志向などを扱う時間学などの分野がある。たとえば、親しい間柄の人間は身振りなどが似てくることが知られており、それを踏まえ身振りを相手に合わせることで、安心感・親近感を与えられることが分かっている。

　これまでの方言学においては、話す速さ、ジェスチャー（身振り言語）などの地域差が指摘されている。たとえば、都心に近づくほど談話速度が速いこと（齋藤2009）、食事の前後に手を合わせる動作が四国地方など西日本で多いこと（篠崎2002）が分かっている。ノンバーバル・コミュニケーションは、複数の要素が組み合わさって各地域のコミュニケーションの印象形成（海辺の人のことば遣いは荒いなど）に関与している可能性があり、今後、未解明の要素の地域差や、総合的な地域差の解明の研究が求められる。

[文献] 篠崎晃一「気づかない方言」『日本語学』17-4（明治書院 2002）、末田清子・福田浩子『コミュニケーション学 その展望と視点』（松柏社 2003）、V.P.リッチモンド・J.C.マクロスキー『非言語行動の心理学―対人関係とコミュニケーション理解のために』（北大路書房 2006）、齋藤孝滋「談話の音声的変種の地域性―関東地域における発話速度の地域性」『月刊言語』38-4（大修館書店 2009）　　　　　　　　　　　　　　　[中西太郎]

波状仮説
はじょうかせつ（なみじょうかせつ）
wave theory, wave hypothesis
地理

ヨハネス・シュミット（Johannes Schmidt）が1872年に発表した学説で、日本語では、波仮説、波状説、波紋説、言語波動説、波状伝播説とも呼ばれる。アウグスト・シュライヒャー（August Schleicher）の系統樹説（系図説とも）に対する批判として提示された。

政治的・経済的に優位な地域の方言が、地理的連続性に従いながら、波紋状に輪をなして、他の方言に影響を及ぼしていく。影響を受けた当該地の有力な方言は、近隣方言を吸収してさらに広がっていく。波状仮説では、このような形で言語変化が進行することを想定する。波状仮説に従って領域の拡大が進むと、影響を受けなかった方言と拡大領域の境界では、地理的近接性にかかわらず、大きな言語差が現れることになり、系統樹説の初期分岐の問題点が解消された。

言語が接触や影響という外的要因により、変化を起こすことを想定した、初期の重要な学説である。なお、波紋状に伝播することで言語変化が発生するという点では、方言周圏論と共通するものの、遠隔地の言語的共通性について、波状仮説では新たな状態と見なすのに対し、方言周圏論では古態の残存と捉え、両者の解釈は逆であることに注意が求められる。

［文献］L.ブルームフィールド『言語』（大修館書店 1962）、風間喜代三『言語学の誕生―比較言語学小史』（岩波書店 1978） ［大西拓一郎］

撥音
はつおん
moraic nasal
音韻

「ん」で表記される音節末に現れる鼻子音のこと。撥音の調音は前後の音のうち、より口の開きの狭い音の影響を強く受ける。たとえば、後続音が子音ならばその子音と同じ調音位置になり、母音ならば前後母音のうちより狭い母音が鼻母音となったもので現れる。

【方言間の対応】撥音は促音、長音、二重母音の後続母音とともに特殊モーラと呼ばれ、標準語では語頭に立つことができないとされる。しかし、方言においては語頭にも現れる。たとえば、島根県隠岐島ではミ・ム・モと撥音の間に規則的な対応が見られる。そのため語頭の撥音ンナト（港）、ンナ（皆）、や語末の撥音オン（海）、ノン（蚤）などが聞かれる。

方言ではほかにも撥音がさまざまな音と対応する。まず、ナ行やマ行といった鼻音を持つモーラと対応することがある。たとえば、鹿児島におけるゼン（銭）、カン（紙）、タタン（畳む）、長崎におけるイン（犬）、キモン（着物）、サン（様）、長崎県壱岐におけるノン（蚤）など。石川県金沢市ではヌン（脱ぐ）、ヌンナ（脱ぐな）、コンナ（漕ぐな）のように鼻濁音のグと撥音が対応している。一方、大阪などでダイコ（大根）のように語末の撥音が脱落することもある。

撥音は他の特殊モーラと相互に交替を見せることがある。新潟県魚沼や周辺ではビッボー（貧乏）やトッダ（跳んだ）のように撥音が促音に対応する。一方、群馬県ではユンベ（夕べ）、トンガラシ（唐辛子）のように撥音が長音に対応する。このような例は、後続音が濁音である場合が多い。

【撥音の独立性】撥音は先行する母音から独立した単位としてふるまうことが多い。たとえば標準語をはじめ多くの方言で撥音は1モーラ分の音韻的長さを持つ。たとえば、宮城方言における報告によると、撥音を含む音節

は、CVの音節に比べて、約2倍程度の長さで実現する。同方言においては長音を含む音節とCVの音節との間には時間長にほとんど違いが見られなかった。このことを考えると、長音と撥音は独立性に関して大きな違いがあることが考えられる。促音についてはこの中間程度の時間長を持っていることから、時間長の面から見た独立性は離散的というよりも連続的なものである可能性がある。

アクセントの面からも独立性を検討することができる。たとえば、標準語では撥音にアクセント核が来る場合、1つ前のモーラに核が移動する。例として「〜人（じん）」のアクセントを見ると、トルコジン、カンコクジンとなるが、前部要素の末尾が撥音の場合、イランジン、ブータンジンとなる。一方、撥音の独立性が高い方言では撥音にアクセント核を置いた形が見られる。たとえば、山口ではユービンキョク（郵便局）やケッコンシキ（結婚式）、大阪ではエツランシャ（閲覧者）、イッポンミチ（一本道）などのアクセントが見られる。ただしこのようなアクセントは若年層になるとあまり見られなくなる。

アクセントの面から見た特殊モーラの独立性は、おおよそ二重母音の後部要素＞撥音＞長音＞促音という階層をなしており、独立性の高いものほどアクセント核が置かれやすい。アクセントの面から見た時に特殊モーラの独立性が高い方言は、近畿、中国地方、長野県上伊那、金沢市などである。

[文献] 杉浦美代子「促音、及び、長音・撥音にアクセントを置く発話の年齢による変化とその音響的特徴」『国語学』147 (1986)、上野善道編「音韻総覧」『日本語学大辞典（下巻）』（小学館 1989）、大橋純一『東北方言音声の研究』（おうふう 2002） ［松浦年男］

反語表現
はんごひょうげん
rhetorical questions

疑問文の形をとりながら、当該の命題が成り立たないことを強調して述べる表現。一般的な疑問文が反語解釈される場合と、「ものか」「てたまるか」のように反語の意味が固定した文末の疑問形式によって表される場合がある。諸方言にも一般的な疑問文による反語表現が広く行われている。特には反語解釈を生みやすい。

特定の疑問詞が反語の汎用形式になっている例に次のようなものがある。仙台市方言のダレは、「ダレ、アンベネス（そんなことがあるだろうか（ない））」（藤原1997）のように用いられ、必ずしも人を表す「誰」の意味では用いられない。また、種子島方言のドコは、「ドケーヤ（どうしてよ（そんなことはありはしないよ））」（瀬戸口1983）のように用いられ、必ずしも場所を表す「どこ」の意味では用いられない。

一方、反語の意味が固定した文末の疑問形式として、東日本の日本海側の方言に見られるバヤがある。秋田県由利方言の「ダマッテ エロバヤ（黙っていられようか（いられない））」（本荘市教育委員会2004）、山形県庄内方言の「ソンナ モノ イロバヤ（そんな物が要るだろうか（要らない））」（斎藤1982）のように動詞意向形に後接する。バ自体は、隣接する津軽方言などでは、「ナニ ヨンデルバ（何を読んでいるのか）」（沢木1984）のように、疑問詞疑問文専用の文末助詞として使用されている。

[文献] 斎藤義七郎「山形県の方言」『講座方言学4』（国書刊行会1982）、瀬戸口修「種子島の方言」『講座方言学9』（国書刊行会1983）、沢木幹栄「津軽方言における単純疑問と疑問詞疑問」『国立国語研究所研究報告書5』（国立国語研究所 1984）、藤原与一『日本語方言辞書 下』（東京堂出版 1997）、本荘市教育委員会編『本荘・由利のことばっこ』（秋田文化出版 2004） ［日髙水穂］

半母音
はんぼいん
semi-vowel

音韻

　上部の調音器官と下部の調音器官との間に摩擦噪音が生じない程度の比較的広い狭めをつくる子音。接近音とも呼ばれる。世界の言語に広く観察される半母音には、硬口蓋接近音 /j/ と両唇軟口蓋接近音 /w/ がある。

【狭母音との違い】半母音と狭母音とは、摩擦噪音を伴わない程度の狭めを上部の調音器官と下部の調音器官との間でつくる点で共通した特徴を持つ。両者を区別する特徴は、それが持続可能な単音であるかという点である。すなわち、狭母音が持続可能な単音である（つまり［iiiiiii ...］と発音することができる）のに対し、半母音は持続させて発音することができない。

【音素配列上の制約】標準語には2つの半母音 /j, w/ が認められる。半母音には後続する母音に制限が観察される。すなわち、/j/ には /i/ は後続せず、/e/ が後続する例は外来語に限られる。また、/w/ には /u/ は後続せず、/i, e, o/ が後続する例は外来語に限られる。

　標準語における半母音と後続母音との間の音素配列上の制約は、必異原理（Obligatory Contour Principle; OCP、同一の要素が隣接することを禁止する制約）によって説明することができる。すなわち、/j/ は［+ high］［- low］［- back］［- round］の素性を持つ音素であり、全く同じ素性から構成される母音 /i/ は後続することができない。一方、/w/ は［+ high］［- low］［+ back］［+ round］の素性を持つ音素であり、やはり全く同じ素性を持つ母音 /u/ は後続することができない。

　ただし、以上の制約はすべての言語・方言に存在するものではない。たとえば北琉球沖縄県伊江方言にはそのような制約がなく、/j/ に /i/ が後続するし（例：［ji:]（絵））、/w/ に /u/ が後続する（例：［wu:]（緒））。［青井隼人］

比較言語学
ひかくげんごがく
comparative linguistics

歴史

　2つ以上の言語体系を比較し、それらの間の系統関係と歴史的な変化を研究する学問。

【目的と対象】比較言語学は言語の共時態の説明を歴史的な変化に求め、文献資料をたどって歴史を遡っても説明できない事柄を同系統の他の言語との比較によって説明する。つまり、言語の系統関係を明らかにする準備作業を行ったあと、同じ語族に属する言語の共通の祖語を再建し、それらの言語が祖語からどのように変化してきたかを説明する。

　比較言語学は19世紀にヨーロッパの古典語を中心に成立したが、その方法は古今東西の言語の研究に有効である。対象が方言の場合、「比較方言学」という名称が使われることもあるが、その方法と目的は同じである。

【原理と方法】言語の比較は言語間の類似の観察に基づくが、類似の中に単なる偶然によるもの、借用によるもの、共通の祖語から伝承されたものという3種類がある。比較言語学では偶然と借用の可能性を排除した後、同源としか考えられない要素に着目し祖語を再建する。その作業は「比較方法」によって行われる。

　まず、音韻や文法の体系の構造は普遍的な傾向が見られ、可能な組み合わせが有限であることに注意する必要がある。たとえば主語・目的語・動詞の語順は6つの可能性しかなく、偶然の一致の確率が極めて高い。一方、2つの言語の間に同じような意味と同じような形の語彙や活用形などが存在する確率は極めて低い。そのため、比較言語学は構造ではなく、形式の比較に基づく。ただ、世界中のそれぞれ何千もの語彙を持つ何千もの言語を比較すれば、偶然の一致が必ず生じる。偶然の一致の可能性を排除するためには、比較される言語の間に語形の類似ではなく、語形の規則的な対応が認められるということを示す必要がある。2つの言語において同じないし

近い意味の形式の中に、言語1でAという音が現れるなら言語2ではBという音が現れるというような音韻対応規則が見出せる場合、それは偶然の一致とは考えられない。当然、対応規則と対応例が多ければ多いほど偶然の一致の確率が低くなる。

次に借用の可能性を排除する必要があるが、比較的借用されることの少ない基礎語彙(人体語彙、自然現象語彙など)や文法形式(活用語尾、接辞など)、特に不規則的な形から比較を行う。たとえば日本語の漢語と中国語の間には音韻対応が見られるが、対応を示すものの中に基礎語彙や文法形式がほとんど含まれないことから日本語と中国語が同系であると認めることはできず、日本語が中国語から多くの単語を借用したと結論付けられる。

この検証過程を経て残った形式は祖語から伝承されたと考え、「同根語」と呼ばれる。

【下位分類と系統樹】ある語族の中で同じ変化が一部の言語にだけ見られる場合、その変化が平行的に数回起こった確率よりもそれらの言語が分岐する前に1回のみ起こったという確率の方が高い。また、その変化が見られない他の姉妹語と分岐した後に変化が生じたと考えた方が妥当である。このように通時的な変化と分岐の順番を基に語族の中の近縁関係が明らかにされる。ただし、変化(改新)は有効な基準であるが、無変化(古態の保存)は証拠にならない。

下位分類を系統樹で表すことが多いが、系統樹モデルでは、借用や接触による変化を表せないという批判もある。それでも、系統樹は、語族の分岐と変化の通時的過程を表す便利な道具である。

[文献] 金田一春彦「比較方言学」飯豊毅一ほか編『講座方言学2 方言研究法』(1984)、Hock, Hans *Principles of historical linguistics*, (Mouton de Gruyter 1991)、吉田和彦『言葉を復元する―比較言語学の世界』(三省堂 1996)、服部四郎『日本語の系統』(岩波書店 1999)、吉田和彦『比較言語学の視点―テキストの読解と分析』(大修館書店 2005)、高山倫明ほか『シリーズ日本語史1―音韻史』(岩波書店 2016) [トマ・ペラール]

比況表現
ひきょうひょうげん
metaphorical expressions
文法

比喩を表す表現。たとえば、標準語における「あの人は鬼みたいだ」など。複数の事物を比べるのであるが、比喩であるためそれらが一致する場合は用いられず、あくまで類似性を述べる場合に用いられる。

形態統語上の特性はさまざまである。たとえば、埼玉県東南部方言の「ミテー」は形容動詞と同様の活用を示し、過去形で「ミテーダッタ」、連用形で「ミテーニ」となる。しかし、過去形で「ミタカッタ」、連用形で「ミタク」のような、形容詞に近い活用を示す形も存在する。

比況を表す形式は、様態を表す形式と同形、あるいは同源である場合がある。たとえば、九州地方を中心に広く分布している「ゴト」は、「オニノ　ゴト　アル(鬼みたいだ)」のように比況の意味で用いられることがあり、同時に、「アメノ　フル　ゴト　アル(雨が降るようだ)」のように様態を表す場合もある。高知県幡多方言における「ニカーラン」も比況と様態のいずれをも表すが、両者はアクセントによって区別される(→様態表現)。

一方で、比況にしか用いられない形式も存在する。津軽方言における「ダケァ」や「ダケァエンタ」は名詞にのみ続き、「トウフダケァエンタモンデヘナ(豆腐のようなものじゃないですか)」のように用いられる。これに対し、様態を表すのは「エンタ」や「ンタ」といった形式であり、活用語に続いて、「アシアテア　アメ　フルエンタ(明日は雨が降るようだ)」のように用いられる。

[文献] 森山卓郎「推量・比喩比況・例示―「よう／みたい」の多義性をめぐって」宮地裕・敦子先生古希記念論集刊行会編『宮地裕・敦子先生古希記念論集　日本語の研究』(明治書院 1995) [原田走一郎]

ピジン・クレオール
pidgin / creole
【社会】

　ピジンとは、互いに理解・使用できる共通の言語を持たない話者（グループ）の間で使用されることばである。母語話者がいないことを特徴とする。必要最小限のことを伝達する状況で使用され、文法面、語彙面で簡略化されることが多い。ピジンが次世代に継承されて母語となったものがクレオールである。クレオールは使用される機能や場面が多様化し、文法、語彙も拡張される。

【日本語ベースのピジン】 日本語をベースにしたピジンには、Bishop of Homoco（1879）に描かれているヨコハマ・ダイアレクトなどがある。次は、明治初期に横浜居留地に滞在した外国人（客）と店の主人（日本人）の間で使用された例である（上段：ヨコハマ・ダイアレクト、中段：元の語、下段：訳）。

客　：Your a shee cheese eye curio high kin
　　　［ヨロシイ］［チイサイ］　　［ハイケン］
　　　「なにか小さくてよさそうな骨董品ありませんか」
主人：Nanney arimas?
　　　［ナニ］［アリマス］
　　　「どんなものがお望みですか」
客　：Num wun　　 your a shee arimas.
　　　［ナンバーワン］［ヨロシイ］［アリマス］
　　　「すごくいいものがあればいいのですが」

文法や語彙が簡略化している分、アリマスなどの特定の形式が多様な意味・機能を担って使用されている。

【日本語ベースのクレオール】 次は台湾北東部宜蘭県で使用されるクレオールの例である。

　wasi kino tayhoku ikanay（私は昨日台北に行かなかった）
　kyo walaxsang rasye（今日は雨が降らないだろう）

日本語否定辞起源のnayとngが既然と未然を表し分けている。宜蘭県では、日本の統治下にあった1913年以降、アタヤル語話者とセデック語話者が山奥から移住してともに暮らしはじめ、習得した日本語を活用しつつピジンを生み出し、次世代でクレオールになったものと思われる（簡・真田 2011）。

【海外の日本語変種】 ピジン、クレオールではないが、海外において他の言語と接触することによって生じた日本語変種がいくつかある。
(1) 海外（アメリカ・カナダ・ブラジル・ボリビアなど）に移住した日本人（の子孫）の使用する日本語変種（継承語）
(2) 旧植民地（台湾・サハリン・韓国・ミクロネシアなど）の人々が習得し、使用する日本語変種

いずれも、現地に持ち込まれた日本語の方言、日本語の標準語、現地で使用される言語、現地で創造された独自の特徴が混じっている。次は、福島と西日本の方言が混じったハワイの日系一世（福島出身男性、1970年調査時70歳、19歳で渡航）の発話である（井上 1971）。

　「戦後は、あんだ、日本語が、とっても、知らんだったらええチャンスはもらわれんゆって。」

日系二世はコードスイッチングも頻繁に行っている（Nishimura 1995。原文はローマ字表記）。

　「ソレダカラ、anyway、アソコデ smoked salmon カッタノヨ。And, er, I think it was about five dollars a pound グライヨ。We bought about two pounds グライカッテキタノ。コドモタチニ ミセルヨーニ。」（カナダ）

[文献] 井上史雄「ハワイ日系人の日本語と英語」『言語生活』236 (1971)、Bishop of Homoco *Revised and Enlarged Edition of Exercises in the Yokohama Dialect and Corrected at the Special Request of the Author by the Bishop of Homoco.* (2nd edn.), 1879., (Kaiser, S. (ed.) *The Western Rediscovery of the Japanese Language. Vol.5* Curzon, 1995.)、トッド, R.『ピジン・クレオール入門』(大修館書店 1986)、Nishimura, M. A functional analysis of Japanese/English code-switching. *Journal of Pragmatics* 23, 1995、簡月真・真田信治「台湾の宜蘭クレオールにおける否定辞」『言語研究』140 (2011) [渋谷勝己]

否定表現
ひていひょうげん
negative expressions

「手紙を書く」「彼は学生だ」に対する「手紙を書かない」「彼は学生ではない」のように、ある事態の生起・存在に対する否認の表現のこと。

【述語の否定形】多くの言語は述語を否定の形にする文法的手段を持つ。標準語の動詞述語の否定形は「書かない」「見ない」など接尾辞ナイでつくられる。おおよそ東日本方言は標準語と同じナイやその変化形ネ（ー）、西日本方言は「カカン（書かない）」などンを使う。琉球諸方言も「カチャン（書かない）」（沖縄中南部）などンである。ンは古典語「ず」の連体形「ぬ」に由来する。ナイの由来は不明だが、万葉集の東歌などの「なふ」に関係するとされる。山梨県奈良田、静岡県井川、八丈方言の否定辞ノーは、より直接的に「なふ」に関わると見られる。また、関西の「カカヘン（書かない）」などヘン形は、「書きはせん」など「連用形＋助詞ワ＋「する」否定形」が縮約して成立した、比較的新しい形である。

形容詞述語の否定形は、方言でも「タカクナイ」「タカナイ」「タカイコトナイ」「タコーナカ」（高くない）など、形容詞ナイ（九州西部はナカ）を用いる。琉球の諸方言には「タカコーネーン」（沖縄中南部）のネーンなど、形容詞ナイに由来する別語を発達させた例もある。名詞述語の場合、「学生ジャナイ・ヤナイ」などコピュラ（＋助詞ワの縮約形）に形容詞ナイを後接する形が広く使われる。「ヤアラヘン」（大阪）、「ヤアラン」（沖縄首里）など「ある」の否定形を使う方言もある。また、関西方言では「学生（ト）チガウ・チャウ」など「（と）違う」由来の形が発達している。

「小さい字は見えない」が「大きい字なら見える」を含意するように、否定形述語文における否定の焦点は「は」などのとりたて助詞が標示し得るが、その機能は限定的で、「今日は太郎の誕生日じゃない」のあとに「結婚記念日だ」も「花子の誕生日だ」も続き得るように、文脈に大きく依存する。焦点がとり得る範囲（スコープ）は一般に節を超えず、「雨が降ったから、会が中止になったのではない」のように理由節を焦点にするには準体助詞「の」を用いる必要がある。諸方言でも否定の焦点とスコープは、文脈やとりたて助詞、準体助詞の機能に依存する。

【述語以外の否定表現】述語以外では副詞や応答詞も否定の意を担う。否定形述語と呼応する副詞には、「全然」など完全性を表す語と、「あまり」など不完全性を表す語があるが、特に前者において「ムジッキリ」（秋田）、「ナーン」（富山）、「イッチョン」（福岡）など、異なる由来の語が諸方言に見られる。

「太郎は学生か？」など真偽疑問文に対する応答詞の方言形は、肯定ではウン、アー、オー、否定ではイヤ、ウンニャ、シーンなど、標準語のくだけた形と共通するものやその変化形と見られるものが多い。肯定より否定の方がバリエーションがあり、「何も」由来の「ナーン」（富山。前述の副詞と同語）、動詞「ある」の否定形に由来する「アラン」（奄美から沖縄北部）など、実質的な意味を持つ表現が応答語に変化した形もある。否定疑問文での応答詞の運用にも方言差がある。たとえば、標準語では「痛くない？」「うん、痛くない」のように肯定応答詞が否定形述語と共起する点で英語などと異なるが、岩手県気仙方言など一部の方言では「痛くない？」に対して「うん、痛い」に相当する表現をとり得る。

[文献] 国立国語研究所編『方言文法全国地図 第2～6集』（国立（大蔵省、財務省）印刷局 1991-2006）、工藤真由美「否定の表現」金水敏・工藤真由美・沼田善子『日本語の文法2 時・否定と取り立て』（岩波書店 2000）、山浦玄嗣「ケセン語の世界8ウンツエハァ」『日本語学』23-5（2004）、友定賢治「応答詞の地域差」小林隆・篠崎晃一編『方言の発見―知られざる地域差を知る』（ひつじ書房 2010）　　　　　　　　　　［小西いずみ］

卑罵表現
ひばひょうげん
swearing
【文法】

話し手が聞き手や話題の人物（事物）をけなしたり、ののしったりする表現（皮肉、悪口、罵倒、喧嘩などでの言い方）。「軽蔑表現」「軽卑語」「卑語」などとも言う。ただし、聞き手や話題の人物を軽く扱おうとする意図がなく、形式上ぞんざいな言い方になる場合も含める。

話し手が聞き手や話題の人物（事物）を自分より上位に待遇する表現（狭い意味での敬語）に対して卑罵表現は自分より聞き手や話題の人物（事物）を下位に待遇することから「マイナス敬語」とも言われる（南不二男1987）。

形式には以下のようなものがある（『言語学大辞典』を参考に、一部加筆・修正）。

(1) 接頭辞・接尾辞：ド〜（ドアホ）、クソ〜（クソマジメ）、〜メ（アイツメ）、〜ラ（アイツラ）、〜メラ（アイツメラ）など。
(2) 代名詞：（人称代名詞）キサマ・テメエ、（指示代名詞）アイツ、コイツなど。
(3) 名詞：ヤロウ、アマ、ガキなど。
(4) 動詞：ヌカス・ホザク（「言う」の意味）、クタバル（「死ぬ」の意味）、ウセル「行く」など。
(5) 助動詞：〜ヤガル（何ヲシテヤガル）、〜クサル（何ヲシクサル）、〜ケツカル（何ヲシテケツカル）など。

敬語表現が発達している西日本方言では、東日本方言に比べて卑罵表現もバリエーションが豊富である。また卑罵表現が使用される場面や、ぞんざいな表現としてどの程度忌避されるかには地域差がある。

[文献] 南不二男『敬語』（岩波書店1987）、亀井孝ほか編著『言語学大辞典 第6集 述語編』（三省堂1995）、木部暢子ほか『方言学入門』（三省堂2013）、西尾純二『マイナス待遇表現行動』（2015）、井上史雄・木部暢子『はじめて学ぶ方言学』（ミネルヴァ書房2016）［重野裕美］

標準語
ひょうじゅんご
standard language
【社会】

ある社会ないしは国において、公共機関やマスメディアなどで用いられ、学校教育によって習得される規範的な言語変種。歴史的に見れば、国民国家体制を確立していく近代化の流れの中で整えられてきたもので、国民同士の円滑な意思疎通をはかるとともに、国家の一体性を確保するために創出されたものである。日常生活の中では、公的なあらたまった場面で使用するのがふさわしいと意識されており、私的なくだけた場面で使用される方言に対する機能的変種である。なお、異なる言語を使用する人々の間で意思疎通をはかるために用いられる言語のことを共通語と言うが、日本では共通語という用語を上述の標準語と同じ意味で用いることが多い。

【言語政策による標準語形成】標準語は、当該の国家の中で使用されるさまざまな言語変種のうち、政治・経済・文化的中心地の教養層の用いる言語変種を、上位変種として洗練させたものである。標準語の創出にあたっては、発音・語法に見られる言語変異の中から規範的な形式を選び出すとともに、それを表記する書記体系（日本語の場合、漢字の字体・字形、送り仮名、仮名遣いなど）の整備が行われる。

日本では、明治末期に、発音・語法の標準語形の選定を目的として、文部省国語調査委員会による「音韻口語法取調」（第一次1903年、第二次1908年）が行われた。第一次取調の報告書『音韻分布図』・『音韻調査報告書』（1905年）、『口語法分布図』・『口語法調査報告書』（1906年）のうち特に後者は、東西方言境界線を明示したことでも名高い。一方で、こうした成果が生まれたのは、この調査がそもそも、かつての日本の中心地である京都と、調査当時の中心地である東京で異なっている発音・語法を主な調査項目とし、その使用範

囲を特定することによって、標準語選定の根拠を得ようとするものであったことによる。

【社会変動による標準語形成】国家が主導するこうした言語政策の取り組みに加えて、標準語の成立過程には、交通網やマスメディアの発達、人口の流動化などの社会変動が大きく関与する。それまで閉鎖的だった地域社会が、社会変動の結果開放的になり、人々の交流範囲が地域間で広がれば、その地域の人々の意思疎通を円滑にするための地域共通語が生まれる。人々の交流範囲が全国規模に広がれば全国共通語が発生し、それは実質的に標準語の役割を担うものになる。日本の場合、近世期の閉鎖的な村落共同体のあり方が、多様な方言差を生み出したが、近代以降の社会変動を経て、東京の教養層のことばを基盤にした全国共通語が形成され、それが実質的な標準語として機能するに至っている。

【標準語化】標準語が普及すると、それまで方言のみで日常生活をおくっていた地域社会には、標準語と方言の二重言語状態が生じる。これは、上位変種と下位変種の関係にある言語変種間の「接触」が常態化するということである。この「接触」により、下位変種である方言は、標準語の影響を受けて変容する。これがいわゆる「標準語化」である（→言語接触）。

標準語自体は、特定の地域語に由来するものなので、標準語のもとになった地域語の使用地域では、こうした二重言語状態の意識は薄く、また当該の地域に隣接する地域では地域共通語形成段階で、標準語化が完了したことになる。一方、当該地域から離れた地域では、その地域内で優勢な地域語を基盤にした地域共通語が生じているところに、標準語が覆い被さってきて「接触」を生じる。その際、当該の地域語と標準語との間に言語的な距離がある分、単純な標準語化にはとどまらず、両者が混交した中間方言が生まれる場合がある。

[文献] 真田信治『標準語はいかに成立したか―近代日本語の発展の歴史』（創拓社 1991）　　　[日高水穂]

品詞
ひんし
part of speech, word class

文法

語根ないし語に対して語彙的に指定されるカテゴリー。たとえば、標準語の語根 *tabe-*「食べる」は動詞語根と呼ばれ、名詞語根 *atama*「頭」と異なる品詞を持っている。品詞は、特有の構造特性（形態論的特性）および分布特性（統語論的特性）によって定義される。

【品詞情報と接辞】固有の品詞情報を有する語根に対して、接辞は接続する先（語根）の品詞情報を参照して、どういう品詞の語根に接続できるかが決まっている。たとえば標準語の使役接辞 *-sase* は動詞（語根）に接続することが決まっており、複数接辞 *-tati* は名詞語根に接続する。

【語根の品詞と語の品詞】語根に指定されている品詞と語の品詞が一致することもあれば、異なることもある。たとえば、標準語の語根 *taka-*「高い」は形容詞語根と呼ばれ、*tabe-*「食べる」のような動詞語根とは異なる品詞に属するとされる。一方、*taka-me-ru*「高める」における *taka-me-* は形容詞語根から *-me* によって派生された動詞語幹である。すなわち、*taka-* の持っていた本来の品詞情報（形容詞）が、派生接辞 *-me* の力によって上書きされ、動詞語根と同じ品詞に転換されたことを意味する。

語根の品詞に対して、語の品詞を語類（word class）と呼ぶ。以下では、断りのない限り、語の品詞分類、すなわち語類の分類について解説する。

【品詞分類の基準】品詞分類の基準は主に2つである。すなわち、構造特性（structural/morphological properties）と分布特性（distributional/syntactic properties）である。構造特性とは、その品詞に属する語に特有の屈折カテゴリーや内部構造などを指す。日琉諸方言の動詞は、テンスや従接（きれつづき、すなわち文

末終止、連用接続、連体接続など）で屈折するため、この形式的特徴で他品詞から区別される。形容詞も動詞と同じく屈折するが、ほとんどの方言で屈折接辞の種類（たとえば非過去の接辞）が動詞と異なるため、動詞と形容詞はさらに微細な構造特性において別品詞に設定される。なお、動詞と形容詞を、その構造特性上の類似点に着目して、屈折詞と呼ぶことがあるが、これは品詞より一段上のレベル（(1)で第一階層と呼ぶレベル）における分類である。

(1) 標準語の品詞分類

第一階層	第二階層
屈折詞	動詞
	形容詞
非屈折詞	名詞
	連体詞
	数詞
	形容動詞
	接続詞
	間投詞
	副詞
	助詞

分布特性とは、句や節における特徴的な位置を指す。日琉諸方言の名詞は一般に屈折しない（必須の文法カテゴリーがない）ので、構造特性によってその品詞を定めることはできないが、名詞は格助詞をとって項（主語や目的語）になり、コピュラをとって述語になる句の主要部に立つ。このような分布特性により、名詞は動詞をはじめ、形容詞や形容動詞、連体詞などと区別される。数詞はこの点で名詞に類似するが（(2)参照）、常に数語根と類別接辞からなるという構造特性の点で名詞から区別され、また、名詞句と離れた位置に出現し得るという分布特性でも名詞と区別される（(3b)参照）。

(2) この［3冊］が特に面白かった。

(3) a. 俺は［3冊］の雑誌を買った。
　　b. 俺は雑誌を［3冊］買った。

なお、名詞の下位クラスとされる代名詞は、標準語では複数形において数で屈折するという（他の名詞にはない）構造特性で定義できる。このように、品詞分類および同一品詞の下位分類を行う際は、構造特性と分布特性のいずれにも目を配る必要がある。

【別品詞か同一品詞の下位クラスか】3つの品詞候補A、B、Cがある時、AとBの違いが、AB vs. Cの違いに比べれば小さい、ということはあり得る。たとえばすでに見た日本語の動詞、形容詞、名詞に関して、動詞と形容詞は屈折詞である点で1つにまとめることができる。こういう場合に、AB/Cの2品詞体系にして、ABを1つの品詞の2つの下位クラスにまとめるべきか、A/B/Cの3品詞体系にする（すなわちAとBを別品詞にする）かは、記述する者が決めるべき重要な決断である。

上記の日本語の動詞と形容詞は、構造特性だけを重視すれば（(1)の「第一階層」だけを重視すれば）1つの品詞（屈折詞）にまとめることができるが、この場合、非屈折詞は名詞から助詞までを含む巨大な品詞になってしまい、非屈折詞は、品詞として有意義なクラスとは言い難い。屈折詞についても、その構造特性を細かく見れば、動詞がとる屈折接辞と形容詞がとる屈折接辞には大きな違いがある。さらに、分布特性にまで目を配ると、形容詞が動詞と異なるだけでなく、むしろ名詞と似たふるまいを見せることも分かってくる。たとえば、標準語において動詞はコピュラの丁寧形をとることができないが、形容詞と名詞はそれをとることができる（「*書くです」「高いです」「太郎です」）。

このように、屈折詞 vs. 非屈折詞を重視し、形容詞と動詞との共通性を過度に強調することは、形容詞という品詞の本質を覆い隠すことになる。結局、(1)の第二階層を品詞分類のレベルに設定し、動詞と形容詞を（名詞と動詞の違いと同じレベルで）別品詞に設定することが最も理にかなっている。

【形容詞の品詞性】上で見た標準語の場合と同様、方言記述の際も、形容詞の（動詞と名詞

に対する）品詞分類が最も問題となるところである。これは、ものの性質を表すという形容詞の意味特徴が、名詞と動詞の中間的な性質を見せるからであると言われる。すなわち、（典型的にものを指す）名詞は最も時間的安定性が高く、（典型的に出来事を表す）動詞は最も時間的安定性が低い。形容詞は典型的に性質を表すが、性質や属性は、ある程度持続するものの、存在ほど永続しない。つまり、「太郎」は今日も明日も10年後も太郎であるが、「走る」時間はせいぜい数時間であり、「痛い」時間はそれよりは長い可能性が十分にあるが、10年後も同じように痛むことはありそうもない、ということである。以上のようなことから、形容詞は、意味的には名詞と動詞の中間的な様相を呈すると言われる。これが形容詞の品詞性にも反映されることがある。

　個別方言の形容詞を観察すると、どちらかと言えば名詞的なふるまいが目立つ場合と、どちらかと言えば動詞的なふるまいが目立つ場合がある。標準語は、名詞的な形容詞（形容動詞）と動詞的な形容詞（いわゆる形容詞）が存在し、それぞれ異なる語根の集合からなる。このように、名詞的な形容詞のグループと動詞的な形容詞のグループで語彙的な分裂が生じている点で、標準語の形容詞は通言語的に見ても珍しい。

　方言によっては、特定の語根が名詞的な形容詞（形容動詞）にも動詞的な形容詞にもなることがある。たとえば福岡方言では広く「下手」を名詞的に使い、コピュラを後続させて「下手やった」と言うこともあれば、動詞的に屈折させて「下手かった」と言うこともある。

[文献] Vogel, Petra M., and Bernard Comrie, eds. *Approaches to the typology of word classes*. Berlin: de Gruyter, 2000., 下地理則『南琉球宮古語伊良部島方言』（くろしお出版 2018）　　　　　　　　［下地理則］

フェイスシート
face sheet
<u>調査</u>

　言語調査や社会調査等で被調査者の氏名・年齢・性別・職業等を調べるための用紙。個人情報が多く含まれるので、管理には十分な注意を払わなければならない。

【内容】フェイスシートの内容は（1）調査に関する項目、（2）被調査者に関する項目、（3）その他により構成される。

　（1）調査に関する項目には「調査地点」「調査年月日」「調査時間」「調査場所」「調査者」「調査内容」等がある。「調査地点」は現在の地名だけでなく、大字・小字名も記入する。各地の地名は明治の市町村合併（1889年）、昭和の合併（1953年）、平成の合併（1995年）により変更されている可能性があるので地点情報としては不十分である。また、実生活では大字・小字のまとまりが現在でも生きている地域が多い。大字・小字名は歴史的な事情を持つことが多いので、標準語の呼び方だけでなく、方言の呼び方も記録しておくとよい。「調査者」については、複数いる場合は全員の氏名と役割（質問担当、録音担当など）を記入する。「調査内容」はカテゴリー（活用、アクセント、基礎語彙等）だけでなく、調査票の頁番号や項目番号を記入しておくと、データを整理する際に便利である。

　（2）被調査者に関する項目には「氏名（ふりがな）」「生年月日」「年齢」「住所」「電話番号」「出身地（大字・小字名も）」「出身小中学校」「学歴」「居住歴」「職業（退職している場合は以前の職業）」「父親・母親の出身地」等がある。「学歴」はストレートには質問しにくいが、「居住歴」を質問する中で得られることがあるので、質問方法を工夫する。「居住歴」については、居住した地域と年数、その理由を聞く。方言調査では外住歴5年以内の人をいわゆる「生え抜き」とする場合が多いが、近年はこのような人が少なくなってきた。また、外住歴5年以上の人でも内省力があり、

方言調査に適している人もいるので、被調査者として適任かどうかは適宜、判断するのがよい。「父親・母親の出身地」は被調査者の言語に影響を与えている可能性があるので、できれば聞きたいが、ストレートには聞きにくく、聞くことがタブーである場合もある。聞き方を工夫したり、被調査者の反応を見ながら質問を取りやめることも必要である。その他、調査の目的によって他の項目（たとえば家族構成、買い物に行く場所、テレビの視聴時間等々）を順次増やしていく。

　(3) その他には、録音状況（雑音が多い、レベルが低い等）、被調査者の情報（内省力がある、漁業語彙に強い、標準語化が進んでいる等）を記入する。

【ID番号】フェイスシートにはID番号を付け、これにより調査票、録音資料、動画資料等を一括して管理する。ID番号は調査の概要が分かるような記号にしておくとよい。たとえば「調査年月日」「調査地点」「被調査者情報」を組み合わせて「20180701_TKTC_F001（2018年7月1日、東京立川、女性001）」とするなど。なお、ID番号には個人が特定できるような記号（名前のイニシャル等）は使用しない。

【個人情報の管理】フェイスシートは個人情報を多く含むので、管理には細心の注意を払わなければならない。まず、原本は鍵のかかる金庫に保管する。フェイスシートの内容を電子化する場合は、電子ファイルを外部メモリーに移し、それを鍵のかかった金庫に保管する。個人情報が入った電子ファイルをネットに繋がったコンピュータ上に置くことは絶対にしてはならない。また、異動や引っ越しの際にフェイスシートや電子ファイルの所在が曖昧になることがあるので、そうならないように、個人情報の管理を最優先させる習慣を日常的に身につけておく必要がある。

[木部暢子]

副詞
ふくし
adverb

文法

　日本語の副詞は、自立語で活用がなく、主に、動詞、形容詞などの用言を修飾する。一方で、名詞を修飾したり、述語に現れることもある。このように他の品詞と区別される積極的な形態的・統語的特徴がなく、必ずしも明瞭な文法範疇とは言えない。このため、副詞ではなく「副詞的表現」と呼ばれることもある。

　日本語の副詞は、山田孝雄（1936）以降、伝統的に「陳述副詞」「情態副詞」「程度副詞」に分類されてきた。「陳述副詞」とは、「決して（〜ない）」「たとえ（〜でも）」など、述語の陳述的な意味（否定・仮定など）を補足強調する語である。「情態副詞」とは、「ゆっくり」「きらきら」など、主に動詞を修飾し、動作や作用の様子を表す語である。「程度副詞」とは、「とても」「ずっと」など状態の意味を持つ語にかかり、その程度を限定する語である。近年、副詞のより詳細な分類が提案されている。たとえば、仁田（2002）では、「結果の副詞」「様態の副詞」「程度量の副詞」「時間関係の副詞」「頻度の副詞」の5分類を提案している。

　副詞にも多様な方言がある。たとえば九州方言には「非常に」にあたる語として「ばり（九州全域）」、「がばい（佐賀）」、「たいぎゃ（熊本）」「わっぜ（鹿児島）」など、地域ごとに多彩な表現がある（九州方言研究会編2009）。

　方言の副詞を調べるためは、東北大学方言研究センター発行の「消滅する方言語彙の緊急調査研究」第六調査票などが利用できる。

[文献] 山田孝雄『日本文法学概論』（宝文館 1936）、仁田義雄『副詞的表現の諸相』（くろしお出版 2002）、九州方言研究会編『これが九州方言の底力！』（大修館書店 2009）

[横山晶子]

フット
foot

音調

　元来は定型詩において強音節と弱音節からなるリズムの単位を意味する用語。音韻論におけるフットはこの用語を拡張したものであり、それが指し示すものは理論によって異なるが、音節より大きく、語より小さな音韻単位を指す点では共通している。

　元来の意味をよく保持した形でこの用語が使用される場合、フットは、ストレス音節がおよそ等しい間隔を空けて現れるという性質（等時性）を持つ言語において、強弱あるいは弱強の2音節からなるリズムの単位を指し示す。典型的なフットは、その内部に他より卓立した要素を1つ含み、それがフットの主要部となる。たとえば*alligator*は(ǽ.lɪ)(geɪ.tə)という2つのフットから構成されるが、下線部のストレス音節がそれぞれの主要部となる。

　より広義では、ストレスに基づく等時性や主要部の有無とは無関係にフットが定義される。たとえば日本語のアクセント核の位置は、2モーラからなるフットを仮定することで予測できると主張される。また、日本語の短縮語（ファミリー＋レストラン→ファミレス）が、2モーラを基本単位として形成される事実が、2モーラフットの実在根拠とされる。宮古諸島伊良部島長浜方言では、2つの連続する高ピッチモーラと2つの連続する低ピッチモーラが、この順序で反復するリズムが観察されるが、これがこの方言における2モーラフットの実在根拠と主張される。ただし長浜方言のフットを構成する2モーラはピッチにおいて同一であり、相対的な強弱の関係にない。すなわち主要部が存在せず、この点で典型的なフットとは異なる。上のすべての例では、フットを形成する単位数を2とする規定があったが、単位数に制限のないフット（unbounded foot）を仮定する枠組みもある。

［文献］下地理則「Foot and Rhythmic Structure in Irabu Ryukyuan」『言語研究』135 (2009).　　［五十嵐陽介］

文法化
ぶんぽうか
grammaticalization

文法

　(1) 語彙的な形式が文法的な形式になること、あるいは (2) 文法的な形式がさらに文法的な形式になること。文法化について書かれた非常に分かりやすい論文の1つに大堀（2005）がある。以下の説明は、湯湾方言（奄美大島）の例以外、ほぼすべてこの論文に基づく。

【文法化の5つの基準】　冒頭の定義(1)の「語彙的」と「文法的」の相対的な違いを区別するには、以下の5つの基準が有効である。

	（より語彙的）	（より文法的）
①［意味・機能］	具体的	抽象的
②［クラスの閉鎖性］	開いたクラス	閉じたクラス
③［標示の義務性］	随意的	義務的
④［形式の拘束性］	自由形式	拘束形式
⑤［呼応の有無］	呼応なし	呼応あり

　①の「具体的」と「抽象的」の違いは、とりあえずは五感で直に知覚可能であれば具体的、そうでなければ抽象的と考える。たとえば、東京方言の「ます」は平安期の京都方言「まゐらす」（「さしあげる」の意）に由来する。「まゐらす」という物の移動（視覚的に知覚可能）を表していた動詞が、のちに「ます」という話し手から聞き手への配慮（五感で直には知覚不可能）を表すようになったことは、意味・機能が「具体的」なものから「抽象的」なものに変化した文法化の例である。

　②において「より文法的」な「閉じたクラス」とは、代名詞や格助詞のように、一定の文法機能を表し、相互に対立する少数の「クラス」（特定の機能に特化した一群の形式）を指す。東京方言の格助詞「へ」は古い（万葉集の時代の）日本語の名詞「辺」に由来する。前者は格助詞という閉じたクラスに属する一方、後者は名詞という開いたクラスに属している。よって、「辺」から「へ」への変化は文法化の1例である。

　③の基準はその形式の付与が義務的か随意

的かに注目する。湯湾方言の動詞は、非過去・肯定形の1つが-ju-iという接辞の連続で終わる（例：kak-ju-i「書く」）。この-ju-iはかつての連用形＋「居り」に由来すると考えられ（例：「書き居り」）、もともとの「居り」の部分は随意的な存在であった。しかし、現在の湯湾方言の-ju-iは、動詞が非過去・肯定・断定を表す際に義務的に求められる形式の1つとなっており、これも文法化の1例である。

④の基準は、その形式を自立的に発話できる（自由形式）か、できない（拘束形式）かに注目する。先に述べた動詞の「まゐらす」と名詞の「辺」は自由形式であり、「ます」と「へ」は拘束形式である。

⑤の「呼応」とは、たとえば、東京方言の「決して」という副詞が必ず否定表現と結び付く現象などを指す。「決して」という表現はもともとは単なる強調表現であったが、このように否定表現と結び付く呼応が生じるようになった点は文法化と言える。

冒頭の定義(2)の「さらに文法的な形式になる」については、1つの形態素がさらに多くの文法的機能を持つようになること（例：東京方言の格助詞の「が」や「に」の接続助詞への変化）がその1例にあたる。

【文法化と内的再建】冒頭の定義が示すように、文法化とは歴史的な変化である。しかし、日本で話されている諸方言の多くは歴史的変遷に沿った十分な記述・記録が存在しないため、文法化の研究をすることが非常に難しい。よって、日本の諸方言（ただし、東京方言と京都方言を除く）の文法化の研究をする際は、（古典に残る諸方言および）現代諸方言同士の比較からそれらの祖語に遡れると推測される形式を対象にするか、現在の1つの方言のデータを用いてその方言の過去の体系を推測すること（つまり、内的再建）によって研究をするかのどちらかである。

［文献］Lehmann, Christian, *Thoughts on grammaticalization*, Lincom, 1995．大堀壽夫「日本語の文法化研究にあたって―概観と理論的課題」『日本語の研究』1-3 (2005) ［新永悠人］

文法数
ぶんぽうすう
number

文法

指示対象が1つである場合とそうでない場合の対立を拘束形式（その形式を自立的に発話できない形式）によって明示する現象を指す。したがって、「いち、に」あるいは「ひとつ、ふたつ」などの数詞（numeral）は文法数には含まれない。

【数の区分】指示対象が1つであることを示す形式を単数形、2つ以上であることを示す形式を複数形と呼ぶ。方言によっては、指示対象が2つであることを特に明示する形式がある。指示対象が2つであること特に示す形式は双数形と呼ばれる。東京方言と湯湾方言（奄美大島）の二人称代名詞の例を見てみよう（指示対象1つを〇で表す）。

指示対象	東京方言	湯湾方言
〇	君　　（単）	ura　　（単）
〇、〇	君-たち（複）	ura-ttəə（双）
〇、〇（…、〇）	君-たち（複）	ura-kja（複）

東京方言は指示対象が1つである場合には何も付かず（単数形）、2つ以上である場合には「たち」が付く（複数形）。一方、湯湾方言は指示対象が1つである場合には何も付かず（単数形）、2つである場合には-ttəəが付き（ura-ttəəは「君たち2人」を意味する双数形）、それ以上の時には-kjaが付く（複数形）。双数形を持たない言語では、複数形は2つ以上の対象を指すのに用いられる。一方、双数形を持つ言語では、複数形は3つ以上の対象を指すのに用いられる。

【数の区分と言語普遍性】言語普遍性（すべての言語にあてはまる性質）の研究者として有名なグリーンバーグ（Joseph H. Greenberg）は「いかなる言語も、複数形を持たずに双数形を持つことはない」という普遍性を1963年に提案した。この普遍性に対する反例はいまだに見つかっていない。

【同質複数と連合複数】東京方言で「鳥たち」と

言った場合、指示する集団のメンバーはすべて「鳥」である。一方、ジュンジ（人名）とその仲間たちをまとめて「ジュンジたち」と言った場合、集団のメンバーは「ジュンジ」とその仲間であり、全員がジュンジという訳ではない。前者のような同質の集合を表す複数を同質複数（additive plural）と言い、後者のような異質の（ただし集団の範囲が明確な）集合を表す複数を連合複数（associative plural）と呼ぶ。先に述べた例から分かる通り、東京方言ではどちらの複数にも「たち」を用いる。一方、宮古伊良部島方言では、同質複数に対しては-mmi（例：tur-mmi「鳥たち」）、連合複数に対しては-ta（例：dz^{j}undzi-ta「ジュンジたち」）を用いて区別する。

【文法数の対立の中和】東京方言の「鳥」という語は「鳥たち」のように「たち」を付ければ、必ず複数を表す。一方、「あそこに鳥が1羽居る」や、「あそこに鳥がたくさん居る」のように、「鳥」という語だけを用いる場合は、単数も複数も表せる。言い換えれば、「鳥」という語だけでは、（前後の文脈なしには）文法数の違いが分からない。このように、別の形式を用いれば表すことのできる文法数の違いが、当該の形式においては表せなくなる現象を、文法数の対立の中和（general number）と呼ぶ。

【文法数と有生性の階層】「有生性の階層」参照。
【複数形の特殊な用法】湯湾方言の1人称代名詞複数形（waa-kja）は連合複数の「私たち」を意味する。しかし、もっぱら自分だけを指しながらwaa-kjo=o sij-an.（-kjoは-kjaの異形態）と言う場合がある（あえて訳すと「私なんかは（それを）知らない」）。この複数形は、指示する集団の範囲が明確である連合複数の場合とは異なり、指示する集団の範囲が不明瞭である。このような複数形の用法は西日本諸方言のラ、九州諸方言のドモにも観察される。

[文献] Corbett, Greville. G. *Number*. Cambridge University Press. 2000., 下地理則『南琉球語宮古伊良部島方言』『文法を描く1』（東京外大AA研 2006）［新永悠人］

母音
ぼいん
vowel

【音韻】

調音時に口腔内に空気の流れを妨げるような狭めをつくらない持続可能な単音のグループ。ふつうは肺気流音であり、有声音である。
【分類】伝統的に、（1）唇の丸めの有無（円唇性）、（2）口蓋と最も接近している舌の部位（舌の前後）、（3）口蓋と舌とが最も近付いている部位の距離（舌の高さ）の3つの調音的観点で分類される。（1）は円唇性があるかないかの2つの可能性しかないが、（2）・（3）については2つの極の間の値を連続的に取り得る。国際音声字母（International Phonetic Alphabet; IPA）では、（2）を3段階（前舌・中舌・後舌）、（3）を4段階（狭・半狭・半広・広）に区別している。IPAでは、（1）～（3）の値を順に並べてその母音の名称とする（例：[i]＝非円唇前舌狭母音）。
【二重母音】1つの音節の核において、その始端と終端とで母音の音色が変わる場合、その母音を二重母音と呼ぶ（例：英語 h[ai]（高い））。一方、2つの母音が互いに別の音節に属する場合を単に母音連続と言う（例：貝[ka.i]）。
【長母音】言語によっては母音の長短を区別する。標準語はそのような言語の1つである（例：酢［su］vs. 数［su:］）。日本語の諸方言の中には、南琉球八重山語波照間方言のように、母音の長短が弁別的でない方言もある（例：ju=nu [junu ～ ju:nu]（魚の））。
【諸方言の母音体系】標準語と同じく、/i, e, a, o, u/ の5母音を区別する方言が多いが、以下に挙げるように、それとは異なる母音体系を有する方言がある。たとえば奄美大島の方言の中には、上記の5母音に加えて、2つの中舌母音 /ɨ, ə/ を持つ、つまり7母音体系である方言がある（湯湾方言など）。一方、与那国語は /i, a, u/ の3母音体系である。
【標準語にない母音①：前舌円唇母音】愛知県木

曽川方言には2つの円唇前舌母音［y, ø］が観察される（例：［ky:］（杭）、［kø:］（声））。これらの母音は、例からも分かるように、いずれも標準語の円唇母音と非円唇母音の連続に対応している（つまり「杭［ku.i］」、「声［ko.e］」）。

【標準語にはない母音②：中舌母音】北琉球奄美語の中には、湯湾方言などのように、2つの中舌母音［ɨ, ə］が観察される方言がある（例：［tɨ:］（手）、［kɨ:］（毛）、［mɨ:］（目）；［mə:］（前）、［hə:］（南・南風））。これらの母音は、［ɨ］は標準語の［i］におおむね対応し、［ə］は［ae］や［ai］のような母音連続に対応する。また東北方言や出雲方言にも中舌母音［ɨ］が観察される（例：sɨsɨ（獅子・寿司・煤））。

【標準語にはない母音③：舌端母音】南琉球宮古語には舌端での狭めを伴う狭母音［ɿ］が存在する（例：［pˢdaɿ］（左）、［tˢmʲi］（爪）、［kˢɿru］（黄色）以上の例はすべて多良間方言から）。この母音は、音響聴覚的に非円唇中舌狭母音［ɨ］と類似した特徴（詳細に言えば、第1フォルマントの値が低く、第2フォルマントが前母音 /i/ と奥母音 /u/ の中間の値を取る）を持つが、しばしば（特に破裂子音に後続する場合に）歯茎摩擦音［s, z］のような摩擦噪音を伴って発音される。

［文献］斎藤純男『日本語音声学入門 改訂版』（三省堂 2006） ［青井隼人］

母音融合
ぼいんゆうごう
vowel coalescence

🈶 音韻

連続する2つの母音の音色が統一されること。以下に例を挙げる。

- ai>e:（例：「高い」takai > take: タケー）
- ae>e:（例：「お前」omae > ome: オメー）
- au>o:（例：「申す」mausu > mo:su モース）
- oi>e:（例：「遅い」osoi > ose: オセー）
- oe>e:（例：「覚え」oboe > obe: オベー）
- ou>o:（例：「僧」sou > so: ソー）
- ui>i:（例：「寒い」samui > sami: サミー）
- ei>e:（例：「塀」hei > he: ヘー）

融合の結果生じる母音は、元の母音の特徴を併せ持つ中間の音色になることがある。上述の ai > e: では、口の開きの広い a と狭い i から中間の e が生じている。なお、長さが保たれて長母音になる場合（代償延長）がある。

【母音融合と母音体系】母音融合により新たな母音が生じると、母音の体系が変化する。東北・関東北部などでは、ai/ae の融合により（e より広い）ɛ または æ が生じ（例：「灰／蝿」hɛ:〜hæ:）、e（例：「塀」he:）と区別され、i・u・o・a を含めて6母音の体系となっている。中越地方では、e と ɛ の区別に加え、au 由来の広い ɔ（例：「楊枝」jɔ:dʒi）と ou 由来の狭い o（例：「用事」jo:dʒi）の区別（開合の区別）を持つ7母音体系が見られる。尾張地方では、ai/ae から æ: への変化に加え、ui から y:（円唇の i:）への変化（例：「寒い」samy:）、及び、oi から ø:（円唇の e:）への変化（例：「遅い」osø:）により、8母音の体系となっている。

【母音融合と形態論】上述の形容詞の例に加え、名詞語幹と対格標識（例：広島「虫を」muʃu: < muʃi-o）、動詞語幹と命令標識（例：秋田「食え」ke < ku-e）など、形態素境界で母音が融合し、形態論に影響が生じることがある。

［文献］窪薗晴夫『日本語の音声』（岩波書店 1999）、佐藤亮一「現代日本語の発音分布」飛田良文・佐藤武義編『発音』（明治書院 2002） ［白田理人］

方言意識
ほうげんいしき
attitudes towards dialect

社会

方言に対して人が持つ意識のこと。広く考えれば、面接調査やアンケート調査など、質問に対する回答という形で得られる内省データは、すべて、その回答者の意識の表れと言える。つまり、談話資料の実例に基づかないかぎり、その研究は方言そのものではなく、あくまで方言に対する回答者の意識を分析したものと見なされる。

しかし、実際の方言研究では、方言意識という語はより狭い概念を指すことが多い。その1つが、方言に対する「おだやか－荒っぽい」「好き－嫌い」などの評価である。「京都方言はおだやか」「東北方言は素朴」といったイメージ、地元の方言に対する好き嫌いなどの感情がこれにあたる。ただし、この種のイメージは、方言の言語としてのイメージではなく、「京都の文化はおだやか」「東北の人は素朴」といった地域自体のイメージを反映したものになりがちである。

方言と標準語の使い分け意識が方言意識の研究対象とされることもある。「家族には方言を使う」「初対面の人には標準語を使う」といった意識である。これは、実際にさまざまな人と話す場面の談話を収録するのが難しいため、使い分けの状況をあくまで意識上のこととして調査するものである。

このような方言使用についての意識は、地域社会への帰属意識（アイデンティティ）と関係する。たとえば、「関西人」としてのアイデンティティが強い人ほど、「関西方言をよく使う」「標準語は使わない」と意識することがあり得る。震災後の東北地方では、地元意識の高まりとともに「がんばっぺ」などの方言によるスローガンをよく見かけるようになった。その社会への帰属意識と言語使用意識の関係性は、国内の在日外国人社会や海外の日系社会など、多言語状況一般にも通じることである。

文化庁が平成22年度に行った「国語に関する世論調査」（文化庁webサイトで閲覧可能）では、国内で消滅の危機にある言語や方言について、約半数が「消滅しないような対策が必要である」と回答している。過去には否定的に見られて撲滅の対象にもなった方言が、現代では守るべき価値あることばと意識されるようになってきたと言える。

このほか、どの方言がどこで話されているかに関する人々のイメージも方言意識の一例である。たとえば、言語面の特徴を元にすると、通常、「近畿方言」が話される地域は三重県を含む近畿2府5県に福井県嶺南地方を加え、京都府北部・兵庫県北部を除いた地域とされる。しかし、これは一般的な近畿地方の定義と異なる。そのため、一般の人々がイメージする「近畿方言」の地域は、実際の言語的特徴にもとづいた「近畿方言」の地域と一致しないことがある。

以上のような方言意識は、アンケートによる多人数調査を元に分析するのが通例である。しかし、アンケートでは方言意識の表面的な部分しか見ることができない。地元の方言に対する意識について「好き－どちらかと言えば好き－どちらでもない－どちらかと言えば嫌い－嫌い」といった選択肢から回答を求める調査は多いが、人に対する感情を「好き」「嫌い」のひとことで表現できないように、本来、方言に対する感情もこのような選択肢から簡単に選べるものではない。アンケート調査の結果は、方言意識の、あくまで表面的な様相にすぎない。

[文献] 佐藤和之・米田正人『どうなる日本のことば―方言と共通語のゆくえ』（大修館書店 1999）、真田信治編「第6章 言語意識」『社会言語学の展望』（くろしお出版 2006）

[白岩広行]

方言区画
ほうげんくかく
division of dialects

（地理）

さまざまな言語事象の境界を考慮しながら、各地の方言を分類した、地理的な区分けのこと。

【区画の意識】 8世紀の『万葉集』巻14「東歌」には東国方言の歌が集められており、東西の方言差の意識が古くからあったことが分かる。また、室町時代には「京へ筑紫に坂東さ」という諺があり、移動方向を表す助詞の違いを象徴として、西日本、九州、東日本の3区分が意識されていた。

【東條操による方言区画】 明治以降は、調査結果に基づく客観的分類が試みられるようになった。東條操は音韻と語彙と文法を総合的に判断して、方言を分類した。1953年の東條の第3次案では、諸方言をまず本土方言と琉球方言の2つに区分し、次に本土方言を東部・西部・九州方言、琉球方言を奄美・沖縄・先島方言に下位区分している。本土方言はさらに細かく区分され、当時研究が進んだ八丈島方言を東部方言の中で独立した位置に置いている。琉球方言については当時の研究状況から東條は細かい区分をしていない。

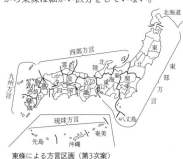

東條による方言区画（第3次案）
（東條 1953（加藤 1977より））

【個別の方言区画】 東條のほかにも、都竹通年雄や奥村三雄などによって方言区画が発表されている。しかし『日本言語地図』など、単語や個別現象の調査が進むにつれて、研究的関心は方言区画から方言分布へと移り、個別の言語事象の分類に留まるようになった。

個別の方言区画の例として、金田一春彦によるアクセントの区画図を示す。これによると全国は近畿・四国地方を中心として同心円状に、「内輪方言（京阪式アクセント相当）」、「中輪方言（東京式アクセント相当）」、「外輪方言」に分類され、外側の地域ほど単純化（アクセントの型の種類が減少）が見られ、外輪方言には型の区別を持たない無アクセントも含まれる。

このほか、平山輝男による音韻の分類図や、加藤正信による敬語使用の分類などがある。

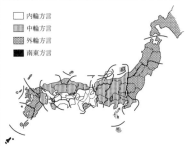

アクセントによる分類（金田一 1969（加藤 1977より））

【新しい方言区画】 大型計算機の登場により、数理的な方言区画が作成されるようになった。井上史雄は、国立国語研究所による全国調査の結果にクラスター分析を適用し、語彙と文法についての方言区画を行った（井上 2001）。井上はこのほかにも方言イメージによる区画を行っている。

最近では、言語行動の地域差など、新しい指摘もあり、新しい方言区画研究の進展が期待される。

[文献] 東條操『日本方言学』（吉川弘文館 1954）、日本方言研究会編『日本の方言区画』（東京堂 1964）、金田一春彦『日本語音韻の研究』（東京堂出版 1967）、加藤正信「方言区画論」『岩波講座日本語11　方言』（岩波書店 1977）、井上史雄『計量的方言区画』（明治書院 2001年）

［鑓水兼貴］

方言周圏論
ほうげんしゅうけんろん
dialect radiation theory, concentric circle theory of dialect divergence

地理

　柳田國男が『蝸牛考（かぎゅうこう）』において提唱した方言分布についての考え方。蝸牛（かたつむり）の方言分布は、ナメクジ系、ツブリ系、カタツムリ系、マイマイ系、デデムシ系が外から内へと向かって同心円状の分布をなしていると見なし、この順は中央の言語の歴史を反映していると考える。

　方言周圏論においては、政治的・経済的な中心地を中央と想定し、畿内・京都が日本の歴史的中央に該当することになる。また、言語変化は基本的に中央で発生すると考え、中央の言語変化が順次外に向かって放射され、その結果、同心円状の分布ができたとする。したがって、外縁部においては中央の古態が残存していると見なされる。この考え方の上に立ち、外縁部から中央に向かって、分布をたどることで、中央の歴史が再構できるとする。柳田は、言語に関して時間と空間という異なる次元を結びつける方言周圏論を方言学の中心課題とすべきことを主張した。

【隣接分布の原則・周辺分布の原則】柴田武は、新潟県糸魚川市での臨地調査のデータを元に、地方においても中央（この場合、糸魚川市街地）を設定し、そこでの言語変化が分布に反映されると想定した上で、同心円状でなくとも、一次元的な分布の配列から言語史再構を行う隣接分布の原則と、その二次元空間への拡張としての周辺分布の原則を設定し、方言周圏論と同等の発想の下で、地域言語史が方言分布から求められるとした（柴田1969）。すなわち、隣接分布の原則においては、a−bという一次元の並びの分布があり、aが中心地の場合、言語史はb→aとなる。同様に、a−b−c−…という並びの分布においてaが中心地ならば、言語史は、…→c→b→aとして再構される。これを一方向だけではなく、複数方向（二次元空間）に広がっていることを想定するのが周辺分布の原則であり、b−a−bという分布で（bはaの上下にも分布しているとする）、aが中心地ならば、言語史はb→aとなる。同様に、…c−b−a−b−c−…として二次元空間の広がりがあり、aが中心地ならば、言語史は、…→c→b→aとなる。

【関連理論】一方で、楳垣（1953）や金田一（1953）は、言語変化は中央のみで発生するものではなく、音韻や文法では周辺部でも発生することを方言孤立変遷論として主張した。また、長尾（1956）は語彙においても必ずしも中央の言語を反映しない変化のあることを多元的発生仮説として提示した。なお、印欧語歴史言語学におけるヨハネス・シュミット（Johannes Schmidt）の波紋仮説（ウェイブセオリー）は、波紋状に言語が伝播するという点で方言周圏論に類似するが、周辺部を方言周圏論は古態、波状仮説は革新と捉える点で、相互の歴史解釈は逆になる。

【方言区画論】方言周圏論を方言学の目的に設定することについては、方言区画論を掲げる東条操との間で議論があった。方言周圏論は言語地理学として受け継がれ、1970〜80年代に日本の方言学の主流になる一方で、方言区画論は衰退するが、それぞれの学術的意義については、検証が求められる（大西2014）。また、方言周圏論を適用してきた方言分布そのもののありかたや現実の言語変化と方言分布の関係についても検討が必要であり、新たな研究の展開が期待される（大西2016）。

[文献] 柳田國男『蝸牛考』（刀江書院1930）、金田一春彦「辺境地方の言葉は果して古いか」『言語生活』17（1953）、楳垣実「方言孤立変遷論をめぐって」『言語生活』24（1953）、東條操「序説」東條操編『日本方言学』3-86（吉川弘文館1954）、長尾勇「俚語に関する多元的発生の仮説」『国語学』27（1956）、柴田武『言語地理学の方法』（筑摩書房1969）、大西拓一郎「言語地理学と方言周圏論、方言区画論」小林隆編『柳田方言学の現代的意義』（ひつじ書房2014）、大西拓一郎『ことばの地理学』（大修館書店2016）　　　　[大西拓一郎]

方言地図
ほうげんちず

dialect map, dialectological map, language map, linguistic map

地理

　方言の分布を表す地図。言語地図とも言う。一枚ずつの地図を指す時は地図（map）、複数の地図をまとめた冊子体を指す時は地図集（atlas）と呼ばれる。方言に関する情報は、言語情報にそれが使われる場所についての情報を付与することが必須である。場所は地図で指定することが可能であり、地図上に言語情報を搭載することで、方言情報を表現するのが方言地図である。特定のことがら（方言）に焦点化するため、地図の種類としては主題図である。したがって、国土地理院から刊行されている地形図のような一般図と異なり、地図記号の一般則などはない。言語情報を記号等に置き換えるにあたっては、地図集や地図ごとにそれぞれの目的に応じた方法が採られることになる。

【日本の方言地図】 世界的に最も早い時期に作成された方言地図集は、ジリエロン（Jules Gilliéron）による『フランス言語図巻』（Atlas linguistique de la France：ALF, 1902-1909）が知られるが、日本においてもほぼ同じ時期に、国語調査委員会による『音韻分布図』（1905）と『口語法分布図』（1906）が刊行された。全国を対象とした言語地図集は、その後、国立国語研究所による『日本言語地図』（Linguistic Atlas of Japan：LAJ）と『方言文法全国地図』（Grammar Atlas of Japanese Dialects：GAJ）が刊行されるとともに、1970年代を中心にこれまで約400冊の各地域の言語地図集が公表されている。地図集の書誌ならびに所収されている地図のタイトル、また一部の地図画像は、国立国語研究所のサイトから情報を得ることができる。2010年代の全国分布は『新日本言語地図』（New Linguistic Atlas of Japan：NLJ）で見ることができる。

【描画方法】　地図上での言語情報の表現法には、語形記入法、塗りつぶし法、記号法の3種類がある。語形記入法は、使用される地点に語形などの言語情報を記載する方法で、ALFが採用しているが、地図上が文字だらけの煩瑣な地図となり分布が把握しづらい。塗りつぶし法は、使用域を特定の色などで塗りつぶす方法で、『音韻分布図』『口語法分布図』が採用しているが、視覚的に区別可能な色や塗りつぶし方の種類に限界があることと、複数の言語情報の境界を厳密に設定することが難しいことに代表されるような使用域を正確に指定することが困難であるという問題がある。記号法は、言語情報を任意の記号に置き換えて使用地点に提示する方法で、調査地点情報と地図要素（点＝ポイント）としての記号のデータ的親和性、多様な言語情報への対応可能性から、柴田武・グロータース（Willem A. Grootaers）・徳川宗賢・馬瀬良雄による新潟県糸魚川地方調査（1957-1961）の分析以降、多くの言語地図で採用されている。

【作成方法と分布データ】 手書きもしくは白地図上に記号をスタンプで押印して作成されることが多かったが、1990年代以降はグラフィックソフトや地理情報システム（GIS）を用いたパソコンでの作成が一般化した。使用地点に関する情報と言語情報の対応データが不可欠であり、かつその情報は地理行列として広く活用可能なものとなることから、GAJやNLJの全データ（LAJは一部のデータ）が電子化された形で公開されている。

[文献] 国立国語研究所編『日本言語地図』全6巻（大蔵省印刷局 1966-1975）、徳川宗賢・W. A. グロータース編『方言地理学図集』（秋山書店 1976）、国立国語研究所編『方言文法全国地図』全6巻（大蔵省印刷局・財務省印刷局・国立印刷局 1989-2006）、大西拓一郎編『新日本言語地図』（朝倉書店 2016）　　　　　[大西拓一郎]

方言のアクセント
ほうげんのあくせんと
prosodic systems of Japanese dialects

音調

　個々の語について決まっている、音の強さや高さの配置をアクセントと言う。強さが弁別的であるものを強さアクセント、高さが弁別的であるものを高さアクセントと言う。日本の諸方言はいずれも高さアクセントである。

【諸方言アクセントの類型】アクセント型の弁別特徴は方言により異なる。大きく分けて2つのタイプがあり、1つは特定の拍(または音節)にピッチの変動をもたらす特徴(アクセント核)が付与されており、それによって型が区別されるタイプ、もう1つは特定の音調(語声調(早田1999)、N型(上野1984))がアクセント単位全体にかぶさるタイプである。この2つの特徴により全国の方言を分類すると、以下の3つに類型化される。

特徴	方言
アクセント核	東京、弘前、京都、高知
語声調・N型	鹿児島、隠岐島
無アクセント	福島、熊本

　核を持つ方言のうち京都方言や高知方言は、じつは核だけではすべてのアクセント型を区別することができない。たとえば、右上の表に示す高知市方言では核に加えてH(高起平進式)、L(低起上昇式)という2つの「式」を立てなければ、アクセント型のリストのすべてを区別することができない。2つの式は、その名称が示すとおり、始まりの高さを指定するだけでなく、アクセント単位全体にかぶさる音調を表している。上野善道はこのような方言を「核を持つ方言のうち式の特徴を有する方言」と位置づける。一方、早田は上記のような音調の特徴を語声調と同じものと捉え、これらの方言を核のみの方言、語声調のみの方言と区別して、「語声調と核の2つの特徴をあわせ持つ方言」とする。

高知市方言の名詞のアクセント

1拍語	2拍語	3拍語
ヒ̆(日)	￣ヤマ(山)	￣イノチ(命)
		￣オトコ(男)
￣エ(柄)	￣カゼ(風)	￣サクラ(桜)
	￣サル̆(猿)	￣カブ̆ト(兜)
ェ￣(絵)	ソラ￣(空)	ウサ￣ギ(兎)

(￣〇:高、〇̆:下降)

	1拍語	2拍語	3拍語
H1	Hヒ`(日)	Hヤ`マ(山)	Hイ`ノチ(命)
H2			Hオト`コ(男)
H0	Hエ(柄)	Hカゼ(風)	Hサクラ(桜)
L2		Lサル`(猿)	Lカブ`ト(兜)
L0	Lエ(絵)	Lソラ(空)	Lウサギ(兎)

(H:高起平進式、L:低起上昇式、`:下げ核)

【核の方言】東京方言は核によって型が区別される方言である。たとえば「箸・橋・端」はそれぞれ「第1拍目に核がある」「第2拍目に核がある」「核を持たない」という特徴により、￣ハシガ(箸が)、ハ￣シガ(橋が)、ハ￣シガ(端が)という音調形に実現する。これらの核は下げ核(次の拍を下げる)である。核にはこの他に昇り核(自身の拍が上がる)、上げ核(次の拍を上げる)、降り核(自身の拍が下がる)がある。

　昇り核の特徴を持つ弘前市方言では、言い切り形と接続形で音調形に違いがあり、言い切り形ではクジラ(鯨)、ウサギ(兎)、オトコ(男)のように文節末が下降するが、接続形ではクジラ…(鯨)、ウサギ…(兎)、オトコ…(男)のように文節末まで高が続く。弘前市方言の名詞のアクセントは、以下のように記述される(「:昇り核)。

	1拍語	2拍語	3拍語
1	「エ(絵)	「サル(猿)	「クジラ(鯨)
2		ヤ「マ(山)	ウ「サギ(兎)
3			オト「コ(男)
0	エ(柄)	カゼ(風)	サクラ(桜)

上げ核の方言には山梨県奈良田方言がある。降り核の方言はまだ見つかっていない。
【語声調・N型の方言】この方言ではアクセント単位の長さにかかわらず、一定数（N個）の型しか現れない。たとえば、鹿児島方言では最終音節が下がる型（A型）と最終音節が上がる型（B型）の2つしか現れない。助詞が接続してアクセント単位が長くなると、高の位置が後ろへ移動して型の特徴を保持する。型の数が2つなので、二型アクセントと呼ばれる。

	1音節語	2音節語	3音節語
A型	エ(柄)	カゼ(風)	オナゴ(女)
	エガ	カゼガ	オナゴガ
B型	エ(絵)	ヤマ(山)	オトコ(男)
	エガ	ヤマガ	オトコガ

長崎方言や熊本県八代方言（二型）、隠岐島方言（三型）、宮崎県都城方言（一型）などもこのタイプである。
【無アクセントの方言】福島方言や熊本方言は核の特徴も語声調・N型の特徴も持たず、語がさまざまな音調形に実現する。以前はこのようなアクセントを上述の都城方言のようなアクセントと一緒にして一型アクセントと呼んでいたが、近年は都城方言のようなものを一型アクセントと呼び、福島方言や熊本方言のようなものを無アクセントと呼ぶようになった。
【琉球方言のアクセント】琉球方言のアクセントはこれまで不明な点が多かったが、近年、多くが三型アクセントであることが明らかになってきた。ただし、地域により実態が異なる。まず北琉球の鹿児島県沖永良部島知名町正名方言では単語レベルで3つの型が観察される。たとえば、2拍名詞にはhadi(風)、jama:(山)、hama(浜)の3種類、3拍名詞にはçibuʃi(煙)、hagani:(鏡)、hatana(刀)の3種類が現れる。一方、南琉球の宮古島池間方言では韻律語（Prosodic Word）という範疇を設定した上で、3つの韻律語からなる構造を観察したときに以下のような3つの型が現れる（(　)でくくった部分が韻律語）。

　a．(butu)(kara)(mai)（夫からも）
　b．(hana)(kara)(mai)（花からも）
　c．(nabi)(kara)(mai)（鍋からも）

韻律語が2つ以下の場合には型が中和し、2ないし1つの型しか現れない。宮古島の多くの方言や多良間島方言がこれに似た体系を持つ。南琉球の与那国方言も三型であるが、ここでは文節の末尾が重音節の場合に3つの型が現れ、軽音節の場合は2つの型しか現れない。一方、琉球方言の中にも昇り核による多型アクセント（与論島）、下げ核による多型アクセント（奄美大島名瀬芦花部）があることが上野善道により報告されている。
【類別語彙・系列語彙】弁別体系は地域により様々であるが、各型に所属する語彙は方言間できれいな対応関係を示す。本土方言に関してはアクセントの類別語彙が対応関係の基準として使用されている。琉球方言に関しては、松森、五十嵐により系列語彙が作成されている。
【方言アクセント研究の課題】方言アクセントの調査研究は、これまで類別語彙を中心に行われてきた。今後はそれ以外の語、たとえば4拍以上の語、複合語、外来語、動詞・形容詞の活用形、助詞・助動詞、接辞等のアクセントの調査を進める必要がある。また、名詞のアクセントの多様性に比べて動詞・形容詞のような活用語は全国的に2型ないし1型である。その理由の解明が望まれる。

［文献］上野善道「日本語のアクセント」『岩波講座日本語5　音韻』（岩波書店1977）、早田輝洋『音調のタイポロジー』（大修館書店1999）、松森晶子『多良間島の3型アクセントと『系列別語彙』』『日本語研究の12章』（明治書院2010）、五十嵐陽介「南琉球宮古語池間方言・多良間方言の韻律構造」『言語研究』150（2016）

［木部暢子］

方言札
ほうげんふだ
dialect placard

(社会)

　明治期から戦後にかけて、鹿児島県、沖縄県、東北地方などの教育現場で実施された標準語教育のための罰札（→標準語）。沖縄県内では1900年代から1950年代にかけて存在していたことが確認されている。木札を首にかけるスタイルが多いが、学校によって素材やスタイルに違いがある。札に記載されていることばもさまざまだった。実施方法は地域方言を用いた児童生徒に渡され、次の違反者が出るまでその札を所持しなければならないというものが多く、児童生徒による相互監視制度を採用している点で共通する。特に罰則がない学校もあれば、札を所持する児童生徒に対して、説教、掃除当番、鞭打ち、煙草を押し付けるなどの罰則の例も見られた。

　方言札は国や県の何らかの法規に基づいて、すべての学校に一律に導入されていた訳ではない。沖縄では方言札が用いられた背景に、集落内で各種の決まり事に違反した人に罰札を与えていたという琉球王国時代からの習慣があり、これを応用したものと言われている。地域によっては罰金が科せられた事例もある。これはまさに方言札が慣習的制度の一部であることの現れだろう。罰則制度が日常的だった農村社会ほど、方言札のような罰則制度は自然に受け入れられた。方言札の有無に関わらず、児童生徒に言語上のハンディキャップを負わせないために、教育者にとって標準語教育は地方の重要な問題だった。また、地方の学校ほど都会部への就職や進学の際に不利益を被ることのないよう熱心に国語教育が行われ、それが方言札に結びついたと考えられる。

[文献] 近藤健一郎編『方言札―ことばと身体（沖縄・問いを立てる2）』（社会評論社 2008）　　　[當山奈那]

方言文献
ほうげんぶんけん
philological sources on Japanese dialects

(歴史)

　中央語以外の方言の過去の状態を反映あるいは記録した文献のこと。迫野虔徳の言う「地方語文献」にあたる。

　ハ行四段動詞の促音便形など東国方言的な現象が認められるとされている中山法華経寺蔵『三教指帰注』（院政期書写）の例もあるが、一般には『万葉集』の東歌・防人歌を例外として、中世以前の文献資料に近畿地方以外の方言が反映していることは稀である。

　近世以降になると、ロドリゲス『日本大文典』（1604-08）の関東・九州方言に関する記述をはじめ、方言文献が現れる。江戸時代には、式亭三馬の『浮世風呂』に上方女と江戸女のことば争いが描かれ、『物類称呼』をはじめとした方言書もいくつか出版される。

　18世紀頃の薩摩方言を反映するロシア資料と呼ばれる資料は、キリル文字で表記されており、往時の薩摩方言の音声・音韻の研究にも役立つ。また、漢字で日本語方言を音訳した中国資料としては、江戸時代肥前方言を反映する翁広平『吾妻鏡補』所載「海外奇談」「東洋畚遊略」も知られる。

　本土の方言文献に関わる研究には、迫野虔徳の一連の研究に加え、ロシア資料に関する村山七郎、江口泰生、久保薗愛らの研究、尾張方言に関する彦坂佳宣の研究などがある。

　16-18世紀の沖縄語を反映する資料としては、琉球王府の編纂した『おもろさうし』（16-17世紀）をはじめ、ハングルを用いて往時の沖縄語について記述した朝鮮資料である『海東諸国紀』附載「語音翻訳」や、『琉球館訳語』などの中国資料がある。また、明治期に標準語教育のために沖縄で使われた『沖縄対話』は、明治期の沖縄語の状態をうかがえる重要な資料である。

[平子達也]

方言文字
ほうげんもじ
dialect characters

社会

　地域性を帯びた文字。各地に存在するが意識されにくい。金石文、木簡、文書や書籍で使用漢字に地域による変異が奈良時代以前より現れ、近世以降、文芸や固有名詞などに多数出現する。近世から言及され、柳田國男、永野賢、柴田武、見坊豪紀、鏡味明克ほかが概念と実例を提示した。字種では、東北の「㫃」「轌」、関東の「圷」、京都の「椥」、中国地方の「鯑・乢・垰」、九州の「椨」（旁が符、鹿、虫などの異体も）などがある。宮城の「閖」は藩主による造字という伝承に対し、水害という字義が存在した。中世以降の合字「㔫」「襃」は東北と九州で地名や姓・人名に残り、周圏分布を呈する。隅田川を指す「濹」は書名に用いられて全国で認知された。漢字の「龖」を和歌山の龍神で俚言「てち」にあてる。

　字体の差も東北町の「僲」、函館の「凾」、九州などの「卅」（州）、鹿児島などの「薗」など地名や姓に残っている。「潟」の略字「泻」は新潟、秋田、松江に使用習慣があるが共通字化も進んでいる。「軽」の略字「圣」は熊本に多い。用法では、北海道のアイヌ語地名に対する「沼」「幌」、秋田の「牛坂」のような地域音訓がある。「谷」は地名や姓で「や・たに」の東西対立が顕著である。「茸」「鰍」「凧」「鮭」「家」「蕪」「掃く」「一昨日」の訓にも地域差がある。名古屋では「鯱」（音読み）、沖縄では「城」「美ら」が見られる。「蛙」の俚言・訛語は方言文学などに表れる。

　表記法では、スシは東京に優勢な「鮨」に対し「鮓」が近畿に集中する。その地で独自につくられた文字も与那国などに、地域独自の音節に対して改造した仮名も気仙、宮古島などに見られ、一層の採集と分析が求められる。

[文献] 柴田武『方言論』（平凡社 1988）、笹原宏之『国字の位相と展開』（三省堂 2007）、笹原宏之『方言漢字』（KADOKAWA 2013）　　　　　　［笹原宏之］

ミラティビティ
mirativity
【文法】

　ある文法形式が持つ意味として話者の「意外性」や「驚き」などを表すもの。標準語のタ形（過去形）にもこの用法があり、状態述語がタ形を取る場合、次の(1)(2)のように過去でなく現在の出来事について、意外性を伴って用いることができる。テンス的意味（過去）を超えてミラティビティの用法を獲得していると考えられ、＜発見＞や＜想起＞のタと呼ばれる。
(1) 探していた傘がこんなところにあった。
(2) そう言えば今日は休店日だった。

　意外性は、話者の既存の知識にない、あるいはそれと異なる事実を認識した場合に生じるものである。世界の諸言語の中では、間接的証拠性（→証拠性）を表す形式がこれを担うことが多い。たとえばトルコ語の動詞接辞 -miş は、間接証拠性＜推定＞＜伝聞＞のほかにミラティビティ＜驚き＞を表す用法を持つ。日本でこれと同様のミラティビティ形式を持つ方言として北琉球の諸方言がある。たとえば、首里方言のシェーン形（シテアル対応、下記の例「開ける」ではアキテーンとなる）は、動作の変化結果を表すアスペクト形式だが、「タルーガハシル　アキテーン」という文は、間接証拠とミラティビティの用法も持っており、次の①～③の意味を表しうる。
①太郎が戸を開けたことを知っていて、かつ戸は今開いている場合：「太郎が戸を開けておいている」＜アスペクト＞
②今戸は閉まっているが、開けた形跡があるのを見て言う場合：「太郎が戸を開けたようだ」＜アスペクトと間接証拠性＞
③今太郎が戸を開けているのを見て言う場合：「太郎が戸を開けている！」＜アスペクトとミラティビティ＞

［文献］工藤真由美・八亀裕美編『複数の日本語　方言から始める言語学』（講談社 2008）　　　［林由華］

民間語源
みんかんごげん
folk etymology
【語彙】

　必ずしも学問的な根拠のない（あるいは学問的根拠の弱い）語源説。民衆語源、語源俗解・通俗語源などとも呼ばれる。たとえば、石川県七尾市能登島には、島別所という集落がある。そのゴミ集積場の壁には「島別所」という地名について、「かつて能登島に住んでいた蝦夷の人々が島を去る時に、当地に一度集ってから別れていったことに由来する」という伝説が書かれている。「島別所」のような地名も民間語源の例である。

【民間語源と異分析】たとえば、「踝」のことを「トリコノフシ」と言う方言が西日本各地にあるが、これは、鶏の足のこぶへの連想から、「踝」を「トリコブシ」と言っていたのが、「トリコ・ブシ」と元の語構成とは異なる形に分析されたことに起因すると考えられる。このような本来的な語構成・成立とは異なる形で語を分析・解釈するようになることを「異分析」と言う。民間語源の多くが異分析に基づくものである。「踝」の例で言えば、新潟県西部から関東西部、中部地方東部に見られる「クルミ」という語形も、「踝」と胡桃の実との形状の類似からの連想によって、クルブシ＝クルミ（胡桃）＋ブシ（節）という異分析を経たと考えられる。「どくだみ」の方言形「ジューヤク」を「十種類もの効用がある薬」と解し、「十薬」とするのも、異分析に基づく民間語源と言えよう（佐藤2002）。

【民間語源と音位転倒】柳田（1930）によれば、一般に「ツルベ」から音位転倒によって生じたとされる「ツブレ」という形式は、実はこの「ツブレ」が本来の形で、後に「釣瓶」と語源解釈された結果、「ツルベ」という語形が生じたという。つまり、民間語源が支えとなって、音位転倒（と見える変化）が起こったというのである。

　似たような例として「鶏冠」の例が挙げら

れよう。「鶏冠」のことを「トカサ」という方言が新潟県北部にある。元来「トサカ」の「サカ」は、それだけで「鶏冠」の意味を持っていたが、サカの意味が分かりにくくなり、のちに「トリサカ」と言うようになった。つまり、「トサカ」は「トリサカ」からの変化形であるが、その「サカ」の意味がやはり不明であるため、語形や意味の近い「笠・傘」への類推により、「トサカ」から「トカサ」という形が生じた。これも、民間語源を背景とした音位転倒の例と言えよう。

【民間語源と類音牽引】 民間語源に基づき、語形変化が生じる場合、本来的な語源となったものと新しく語源として考えられるものとの間に、たとえば「トサカ」が「トカサ」となるのに「笠・傘」への連想が想定されるように、意味も関係してくる。一方、全く意味的な関係もなく、もともとは異なる音形にあった2つの単語が同音異義語となる「類音牽引」と呼ばれる現象もある。たとえば、岩手県久慈市方言では「山鳩」と「つくし」をともに「デデッポッポ」と言う。もともと「つくし」は、その形状から「筆」にたとえられ、「フデッポ」のような形式であったのが、「山鳩」を意味する「デデッポッポ」という形との類似から、そちらに牽引され、「つくし」をも「デデッポッポ」と言うようになったとされる（小林1950）。しかし、一般に民間語源に基づく語形変化と類音牽引との境界は明確ではない。

[文献] 柳田國男『蝸牛考』(刀江書院1930)、小林好日『方言語彙学的研究』(岩波書店1950)、佐藤亮一監修『お国ことばを知る 方言の地図帳』(小学館2002)

［平子達也］

無アクセント
むあくせんと
accentless prosodic system

語あるいは文節ごとに一定したピッチ特徴が観察されない体系。無アクセントの方言は日本列島の各地に認められるが、特に東北・北関東と九州に広範に観察される。無アクセントの方言では、ピッチによって語の意味が区別されることがない。すなわちピッチが弁別的ではない。同じくピッチが弁別的でない体系に一型アクセント（→N型アクセント）がある。一型アクセントと無アクセントとは、語あるいは文節ごとに一定したピッチ特徴があるか（一型アクセント）ないか（無アクセント）によって区別される。一型アクセントを持つ方言は宮崎県の都城市、小林市などに認められるが、この方言は、文節の最終音節のみが常に高いというピッチ特徴を有する。無アクセントと一型アクセントとを区別せずに、両者をまとめて「一型アクセント」と呼ぶ立場もあるので注意が必要である。

無アクセントの方言のピッチパタンは決してランダムではない。無アクセント方言においても、語・文節より大きな単位におけるピッチパタン、すなわちイントネーションには規則性が観察される。標準語では、音調句の境界を示すためにピッチが用いられ、音調句の形成には統語構造やフォーカスの位置などが関わるが、同じ原理が無アクセント方言にも観察される。また無アクセント方言は「平板な」ピッチパタンを持つとする記述が頻繁になされるが、熊本方言など音調句境界を示すための明瞭かつ規則的なピッチ変化が生じる無アクセント方言があるので、適切ではない。

[文献] 上野善道「日本語のアクセント」『岩波講座日本語 5音韻』(岩波書店1977)、前川喜久雄「アクセントとイントネーション―アクセントのない地域」『日本語音声1 諸方言のアクセントとイントネーション』(三省堂1997)

［五十嵐陽介］

無声化

むせいか
devoicing

音韻

有声音（声帯振動を伴う音）が無声音（声帯振動を伴わない音）に変わること。通時的な音の変化を指す場合も、共時的な音の交替を指す場合もある。隣接する無声音への同化現象として分析可能な場合が多い。

共鳴音（母音・鼻音・流音）は有声であることが無標であり、国際音声記号には有声の記号しかなく、無声音は補助記号「 ̥」を下に付して（もしくは「 ̊」を上に付して）表す（例：無声前舌狭母音i̥・無声軟口蓋鼻音ŋ̊）。よって、共鳴音の無声化は、有声音の記号から、無声の補助記号を伴う有声音の記号への書き換えで表現される（例：m > m̥）。阻害音（破裂音・摩擦音）には基本的に有声と無声のペアの記号（例：両唇破裂音−有声b・無声p）が用意されているため、阻害音の無声化は有声音の記号から無声音の記号への書き換えで表現される（例：b > p）。また、有声の記号に無声の補助記号を付して部分的な無声化を表すこともできる（例：b > b̥）。

【母音の無声化】本来有声である母音が無声音になることを、「母音の無声化」と言う。母音の無声化は、通方言的に、(1)無声子音に挟まれる環境（例：/sika/[ʃi̥ka]「鹿」）または発話末で無声子音が先行する環境（例：/tanuki/[tanɯ̥ki]「狸」）で、(2)狭母音かつ(3)短母音（例：i・ɯ）に起こる場合が多い。無声化の起こりやすさには方言差があり、東海・関西・中国・四国では起こりにくいとされる。また、方言によっては上の(1)・(2)を満たさない場合にも無声化が生じる。まず、(1)に関して、東北、北関東及び奄美大島では、有声阻害音と無声阻害音に挟まれた母音が無声化し、さらに先行子音も無声化する例が見られる（例：東北・北関東[dzḁpɯ̥toɴ] ~ [dzapɯ̥toɴ] < *zabuton「座布団」、奄美大島[ɲi̥kitʃi] < *nigitʃe < *nigirite「握って」）。八重山の一部では無声阻害音と有声子音（有声阻害音・鼻音・流音）に挟まれる環境で母音が無声化し、さらに後続子音も無声化する例が見られる（例：波照間島[sṳti] < *sode「袖」、[pḁna] < *pana「鼻」、[tḁɾe] < *tarai「盥」）。（ただし、以上の例に関して、先行子音／後続子音の無声化により、共時的に音声上は無声母音の分布が無声子音に挟まれる環境に限られている。）(2)について、語頭で無声子音に後続する場合、広母音aも無声化する方言（上述の波照間島など）もある。

【子音の無声化】本来有声である子音（有声阻害音・鼻音・流音）が無声化する「子音の無声化」の例として、上述のように、母音の無声化に伴って隣接する子音が無声化することがある。また、宮古大神島（沖縄県）では（一部借用語などを除いて）隣接する音が何であるかによらず有声阻害音がすべて無声化し（例：[tuɾu] < *duru「泥」、[napi] < *nabe「鍋」)、共時的には阻害音が無声のみになっている。奄美瀬戸内町では、狭母音の脱落を経た形式が見られるが、音節末では阻害音の有声／無声の対立がなく、発話末では無声音として現れる（例：[kʰup] < *kubi「首」）。

【無声化とアクセント】声の高低は声帯振動によって決まるため、無声音には音声学的な声の高低の特徴がない。このため、無声母音はアクセント核（アクセントの区別に関わる音の高さの変わり目）を担いにくく、母音の無声化がアクセント核の位置の移動を引き起こす場合（例：[aʃi̥kɯbi] アシク ̚クビ < アシ ̚クビ「足首」、 ̚は降り核を示す）や、無声化が避けられる場合がある。ただし、無声母音がアクセント核を担う場合もある（例：京都[kṵsa] ク ̚サ「草」）。無声音でも、声の高さと相関する喉の緊張や、隣接する有声音の高低から、音韻的には高低が区別され得るためである。

[文献] 狩俣繁久「琉球の方言」江端義夫編『方言』（朝倉書店 2002）、松森晶子ほか『日本語アクセント入門』（三省堂 2012） [白田理人]

名詞
めいし
noun

文法

　意味的には物の名を表すこと、統語的には述語に対する補語（主語など）となることを典型とする品詞。多くの言語が名詞と動詞にあたる二大語群を持つ。他の特徴も言語によりさまざまに見られ、形態的特徴は言語差が大きい。普通名詞／固有名詞、具象名詞／抽象名詞、実質名詞／形式名詞などに下位分類できる。代名詞も下位類と言える。

　印欧諸語などでは性、数、格が名詞に標示されるが、日本語では、性は一部の人称代名詞（カレ／カノジョなど）や有生名詞（オウシ（雄牛）／メウシ（雌牛））で表されるのみである。数も、単複の区別が義務的なのは人称代名詞（オレ／オレラなど）ぐらいで有生名詞でも任意である。格はガなど助詞を後接して表す。名詞が述語となる場合は「雨ダ」「雨ダッタ」など、コピュラ（標準語ではダ、方言によってジャなど）を後接してテンスやムードを表し分ける。こうした形態・統語的特徴は日琉諸方言に基本的に共通する。

　形容詞を名詞化する接尾辞に「アツサ（暑さ）」などのサなどがある。動詞では「書きに行く」などいわゆる連用形が文中で名詞的に機能し、「考え」など名詞化したものもある。また、動詞句などを名詞化する手段に、「行く<u>の</u>は誰だ」など準体助詞がある。

　標準語や多くの方言では、動詞基本形は末尾がウ段（-(r)u）、形容詞基本形は末尾がイ（またはカ）など音形が限定されるが、名詞にはそうした特徴がない。ただし和語の単純語名詞は長さの偏りが大きく、ヤマ（山）、サル（猿）など2モーラ語が多く、メ（目）、ココロ（心）など1モーラ、3モーラ語もあるが、4モーラ以上はほとんどない。

[文献] 高橋太郎『日本語の文法』（ひつじ書房 2005）、村木新次郎『日本語の品詞体系とその周辺』（ひつじ書房 2012）　　　　　　　　　　　　　　　[小西いずみ]

命令表現
めいれいひょうげん
imperative expressions

文法

　聞き手に対して強制的にある行為を行うことを要求する表現。

　標準語では、動詞の命令形（「書け」など）、ナサイ形（「書きなさい」など）が命令表現の専用形式として用いられる。ナサイ形は尊敬語「なさる」の命令形である。また、否定疑問形（「書かないか」など）も下降音調をとると命令表現として機能する（→疑問表現）。

　諸方言には、動詞の連用形に相当する形（「カキ」（書き）など）を命令表現に用いる地域がある。また、（ラ）レルの命令形（ラ）レ（富山方言）、（サ）ッシャルの命令形（サ）ッシャイ（岐阜・愛知方言）などの尊敬語の命令形を用いる方言もある。尊敬語命令形は、命令形命令や連用形命令に比べると、威圧感の弱い表現として用いられる（ただし通常の尊敬語用法とは異なり目上には用いにくい）。否定疑問形は、これを威圧感の強い表現として用いる地域と威圧感の弱い表現として用いる地域がある。これらの形式の地域差をおおまかにまとめると以下のようになる。

地域	威圧感〈弱〉	威圧感〈強〉
I	命令形命令	命令形命令
II	尊敬語命令形	命令形命令
III	尊敬語命令形	否定疑問形 連用形命令
IV	否定疑問形	命令形命令

[地域区分] I：東北、II：関東・中部、III：近畿・中国・四国・九州北部、IV：九州中南部

　地域Iでは発話意図の区別なく命令形命令が使用されるのに対し、地域II・III・IVでは尊敬語命令形や否定疑問形が表現体系に加わることによって発話意図が表し分けられている。

[文献] 三井はるみ「起きろ〔やさしく・きびしく〕」『言語』35-12（大修館書店 2006）　　　[日高水穂]

モーラ
mora

【音韻】

音節の長さ(つまり音節量 syllable weight)を測るために用いられる韻律的単位。音節には、子音＋母音(CV)、子音＋母音＋子音(CVC)、母音＋子音(VC)など、さまざまな内部構造のタイプがある。

日本語では、音を数える場合、ふつうモーラを数える。たとえば俳句や短歌において数えているのはモーラである(例:なつくさや(5)｜つはものどもが(7)｜ゆめのあと(5))。なお、日本語の仮名は、原則1モーラに対して1文字があてられている(例外は拗音であり、「しゅ」などは2文字で1モーラである)。したがって、日本語の場合、文字数とモーラ数がおおよそ一致する。

【音節量】モーラは音節量を区別する単位としてしばしば用いられる。つまり1モーラの音節は短く(軽音節 light syllable)、2モーラの音節は長い(重音節 heavy syllable)。日本語の場合、(C)V音節は軽音節であり、(C)VV音節および(C)VC音節は重音節である。

軽音節	重音節	
(C)V	(C)VC	(C)VV

ただし、どのような構造の音節がどちらに分類されるかは言語による。たとえばリトアニア語などでは、閉音節のうち、末子音が阻害音(obstruents; O)であるものは軽音節と同じ扱いを受けるが、末子音が共鳴音(sonorants; R)であるものは重音節と同じ扱いを受ける。

軽音節		重音節	
(C)V	(C)VO	(C)VR	(C)VV

【最小性制約】日本語のいくつかの方言において、語の最小の長さを規定する制約が存在し、そのような制約を最小性制約(minimality constraint)と言う。たとえば、京都方言などでは、「手」が[teː]、「血」が[tɕiː]のように、それぞれ長母音で発音されるが、それは1語が2モーラ以上でなければならないとする制約があるためであると解釈することができる。

【TBU】語の弁別に関わる声の高さの区別(声調 tone)が結び付く単位をTBU(Tone Bearing Unit)と呼ぶ。日本語にはTBUが音節であるタイプの方言(たとえば東京方言や鹿児島方言)とモーラである方言(たとえば京都方言や長崎方言)がある。

次に示すのは京都方言の例である。第1音節がどのような音節構造であるかに関わらず、いずれの語も左から2モーラ目だけが高く発音される(左端に示してあるのは第1音節の音節構造)。

CV　　[taˈtɕibana]「橘」
CVV　[ɕoˈoziŋ]「精進」
CVC　[saˈnkai]「三回」

【混同しやすい用語】日本語の音声について書かれたものの中には、本項で説明したモーラの意味で「音節」という用語を使う場合があるため注意が必要である。またモーラの訳語にあたる拍だが、この用語は日本語アクセント論において「アクセントを担う(あるいは数える)単位」の意味で用いられることがある(たとえば「語の2拍目に核がある」のように)。したがって方言によっては「拍」がモーラではなく音節を指す場合もある。なお音節がアクセント核を担う方言を「シラビーム方言」と呼ぶ。

[青井隼人]

目的語
もくてきご
object

主語と並ぶ文法関係の1つ。自動詞文と他動詞文の違いは、目的語を持つか否かである。この意味での目的語を直接目的語と言う。直接目的語に加えて、間接目的語も持つ他動詞文を複他動詞文と言う。以下では、直接目的語に焦点をあて、その特徴を述べる。

【目的語と意味役割】主語と同様、直接目的語（以下、単に目的語）はさまざまな意味役割に対応する。目的語は、典型的には被動者（patient；対象とも）あるいはそれに類する被動的なさまざまな意味役割を持つのが一般的であるが、そうではない場合もある。以下の標準語の例において、(1)から(3)の下線部は一般に目的語と言われるが、意味役割はそれぞれ異なる。

(1) 太郎は<u>友達</u>を殺した。
(2) 太郎は<u>友達</u>を恐れた。
(3) 太郎は<u>友達</u>に詰め寄った。

(1)の「友達」は被動者である。すなわち、「太郎」によって引き起こされる動作に影響を受け、状態が変わってしまう存在である。しかし(2)はそうとは言えず、むしろ逆で、心的な影響を受けるのは「太郎」の方であって、目的語「友達」は「太郎」にそのような経験を生じさせる主因である。(3)の「友達」は、どちらかと言えば(1)に近いが、(1)のように状態変化を被るわけではない。

【目的語と格標示】日琉諸方言では一般に、主語に典型的な格は主格（「が」）であるが、与格（「に」）など別の格にも対応する。目的語も同じように、典型的な対格をとる以外に、(3)で見たように与格（「に」）をとることもある。標準語において(1)から(3)の「友達」を目的語と呼ぶのは、受動文にした時に主語に転換できるという共通の統語的ふるまいがあるからである。

ただし、受動文の主語になるかどうかという統語的テストは、その適用範囲が限られる。たとえば以下の(4)に見るように、標準語を始め多くの方言では対格名詞句が移動動詞の経路を表すことがあるが、(4)の「道」は受動文の主語にはならない。

(4) 太郎は<u>道</u>を歩いた。

ここで、受動文の主語になるかどうかという統語的ふるまいを重視すると、(1)(2)(3)の「友達」は目的語で、(4)の「道」が目的語ではないということになる。しかし、文法関係を決める上で重要なもう1つの特性である形態的標示の点からは、(1)(2)(4)の下線部が目的語であると言える。

【プロトタイプという考え方】形態的標示と統語的ふるまいに齟齬が見られる場合、どちらを重視すべきかという問題が生じる。これに対する解決策は、目的語をプロトタイプ的に考えることである。すなわち、記述対象の言語における典型的な他動詞文の被動者項（(1)の「友達」）を典型的な目的語であると仮定し、個別の例（(2)(3)の「友達」、(4)の「道」）がどれくらい典型に類似するかを考えるのである。

通言語的に、典型的な他動詞文は、動作主が被動者に一方的に影響を与え、その状態を変化させるような出来事を描くと考える。そうすると、(1)は標準語における典型的な他動詞文であり、(1)の「友達」は典型的な目的語である。この名詞句に特徴的な形態的標示と統語的ふるまいをさらに観察すると、①対格標示され、②受動文の主語になり、③「〜のこと」をつけることができ（例：太郎は<u>友達のこと</u>を殺した）、④数詞を格助詞のあとに置くことができる（例：太郎は友達を<u>3人</u>殺した）という、少なくとも4つの特徴を持つ。(2)は①②③を満たすが④を満たさない。(3)は②を満たすだけである。(4)は①④を満たす。結局、(4)の「道」は、(3)の「友達」よりは目的語らしく、(2)の「友達」よりは目的語らしくないということになる。

[文献] 角田太作『世界の言語と日本語 改訂版』（くろしお出版 2009）

［下地理則］

モダリティ
modality
【文法】

　発話としての文の意味は、(1) 叙述の素材となる客観的な意味内容と、(2) 話者の発話時における心的態度(判断様式や発話態度)という2つの側面からなる。前者を「命題」、後者を「モダリティ」と呼ぶ。以下の文は、命題「誰かいる」に〈断定〉〈推量〉〈疑問〉というモダリティが付された文である。

- 誰かいる<u>φ</u>。(「誰かいる」+断定)
- 誰かいる<u>だろう</u>。(「誰かいる」+推量)
- 誰かいる<u>か</u>?(「誰かいる」+疑問)

　類似の用語に「ムード」がある。用語の使い方は研究者によって異なるが、「モダリティ」は話者の心的態度を表す表現全般を指すのに対し、「ムード」は特定の心的態度と結び付いた述語の形態論的なカテゴリーを指すこともある。

【モダリティ表現の例】モダリティ表現は多岐にわたる。以下に一例を示す。

- 述語の活用形　する(断定)、しよう(意向)、しろ(命令)。
- 助動詞など　たい(願望)、なければならない(義務)、てもよい(許可)、だろう(推量)、らしい/ようだ(推定)、かもしれない(可能性)、はずだ(確信)、べきだ(当為)、のだ/わけだ(説明)、そうだ(伝聞)
- 終助詞　いい<u>よ</u>(強調)、いい<u>ね</u>(確認)、いいね<u>え</u>(感嘆)、いい<u>か</u>?(疑問)
- 間投助詞　これは<u>ね</u>、大事件ですよ。
- 副詞　たぶん(推量)、きっと(確信)、どうも(推定)、はたして(疑念)、決して(否認)、なんと(感嘆)、幸いにも(評価)、要するに(注釈)
- 感動詞　あ!(気付き)、え?(意外)、ええと(考慮中)、へえ(感嘆)、はい(同意)、いいえ(不同意)
- イントネーション、プロミネンス

これらの表現のうち、話者の判断様式を表すものは「対事的モダリティ/事態めあてのモダリティ」、発話態度を表すものは「対人的モダリティ/発話・伝達のモダリティ」のように呼ばれる。

【方言のモダリティ表現】方言研究では、次のような現象がよく取り上げられる。

(1) 証拠性(情報の出所、evidentiality)の表現。方言によっては、当該情報が話者が体験・目撃した情報であることを示す形式がある。

- 太郎が酒を飲んだ。
- タルーヤ　サキ　<u>ヌダン</u>。(目撃性中立)
- タルーヤ　サキ　<u>ヌムタン</u>。(目撃性明示)
　　　　　　　　　　(沖縄首里方言)
- 太郎は昨日この席に座った。
- タロー　キノナ　コノ　セギサ　<u>スワッタ</u>。(体験性中立)
- タロー　キノナ　コノ　セギサ　<u>スワッタッタ</u>。(体験性明示)
　　　　　　　(宮城県登米市中田町)

(2) 終助詞。方言の終助詞の体系は標準語よりも複雑なことがある。たとえば、標準語で「よ」が用いられるところで、富山県方言では異なる終助詞が使い分けられる。

- (「実は」という気持ちで)
  今日は車なんだ<u>よ</u>(非上昇)。
  今日　車ナガイ<u>チャ</u>。
- (「私が見る限りでは」という気持ちで)
  たぶん大丈夫だ<u>よ</u>(非上昇)。
  タブン　ドモナイ<u>ワ</u>。
- (念を押す気持ちで)
  いいか、動くな<u>よ</u>↑。
  イーカ、動クナ<u>ヤ</u>↑。
- (相手を非難する気持ちで)
  おい、動くな<u>よ</u>(非上昇)。
  オイ、動クナ<u>マ</u>(非上昇)。

[文献] 宮崎和人ほか『モダリティ』(くろしお出版 2002)、日本語記述文法研究会編『現代日本語文法4 モダリティ』(くろしお出版 2003)、佐々木冠ほか『シリーズ方言学2 方言の文法』(岩波書店 2006)、工藤真由美・八亀裕美『複数の日本語—方言からはじめる言語学』(講談社 2008)
　　　　　　　　　　　　　　　　[井上優]

屋号
やごう
yagō

語彙

（1）商家の呼び名、（2）古くからの集落で、名字の代わりに呼ぶ、その家の呼び名。

方言学で主に対象となるのは、（2）の方である。イエナ、トーリナ、アザナ、シコナ、カドナなどと言うこともある。また、（1）を「屋号」、（2）を「家号」と漢字を使い分けることもあるが、一般には、「屋号」が用いられている。

岡野（2003, 2005）によると、屋号は次のように整理できる。
(1) ことば屋号
　a 名づけ屋号
　b 名乗り屋号
　c 拝領屋号
(2) 家印屋号（いえじるし）

ことば屋号のうち、名づけ屋号は、さらに2つに分かれ、1つは、いつのまにか周囲の人がその家につけたと思われる屋号である。たとえば、集落の真ん中あたりにある家なのでナカヤとか、その家の傍にきれいな湧水があるのでシミズヤとか、誰がいつつけたかは分からないものである。もう1つは、名づけ役の人が名づけるものである。名づけ役になるのは、集落の長老や有識者などであることが多い。名乗り屋号は、たとえば、商店をいとなんでいる家が、商売繁盛を願ってエビスヤと自ら名乗るような場合である。新たに集落に加わった家が自ら名乗ることもある。なお、自ら名乗った屋号でも、集落の人に受け入れられないこともある。拝領屋号は、たとえば功績があった家が藩主から屋号を拝領するといったものである。

ことば屋号には、さまざまな命名法が見られる。①人物名を言うものでは、初代の名を言うものが多い。②本家・分家を言うもので、シンヤ、アタラシヤなど、③家格を言うもので、ショーヤなど、④居住場所を言うもので、ナカヤ、セドなど、⑤職業名を言うもので、カジヤなどである。

名づけの地域性について、東日本諸地域の農村の屋号語彙は先祖名屋号を主とし、西日本の農村の屋号語彙は居住場所を言う屋号を主とすると言われる。さらに沖縄では、分家屋号が本家屋号を基盤として多様に展開している。ただし、まだ調査が不十分で、分かっていない部分が大きい。また、農業社会では家の位置や分家屋号が特徴的であり、漁業集落では人名屋号が目立つという社会差が指摘されている。農業集落は家と家とが離れているので位置で特定できるが、港近くに家が密集している漁業集落では位置で区別できないから、また、農業は個人の技量が目立たないが、漁業ではそれが目立つからだとも説明される。

家印屋号とは、ことばではなく、記号を家印とし、その読み方を屋号とするような場合である。たとえば「⊖」の家印からマルイチというようなものである。

名字がすべての家についてからは、屋号で呼ぶことは少なくなっているが、岡野（2005）によると東日本と島根ではなお盛んであるという。西日本でも、古くからの共同体が継続されているところでは、使用されていると思われる。屋号は、共同体の一員であることの象徴であり、また、1つの集落がほぼ同じ名字の家でできているところなどでは、名字で呼ぶと区別ができないので、屋号で呼び合うことが必要といったことなどによる。

なお、屋号には、その家の職業や家格・貧富などが分かるものもあり、調査や発表の際には、被調査者や地域の人々の承諾を得るなど、十分な配慮が必要である。

［文献］柳田國男編『山村生活の研究』（民間伝承の会1937）、柳田國男『分類祭祀習俗語彙』（角川書店 1963）、山口幸洋「地域の通称―伝承屋号」『日本語学』9-9（1990.9）、岡野信子『屋号語彙の総合的研究』（武蔵野書院 2003）、岡野信子『屋号語彙の開く世界』（和泉書院 2005）

［友定賢治］

有気性
ゆうきせい
aspiration

音韻

　無声阻害音（主に破裂音または破擦音）が、気音と呼ばれる無声声門摩擦音hに似た音（あるいは、子音の調音位置および後続する母音の円唇性の有無、舌の前後位置によっては両唇音φ、硬口蓋音çなど他の無声摩擦音に似た音）を伴うこと。有気性の有無は、子音の閉鎖の開放時点と、後続する母音の声帯振動の開始時点の関係によって決まる。閉鎖の開放から遅れて声帯振動が始まる場合は、この2つの時点の間に気音が生じ、有気音となる。閉鎖の開放と（ほぼ）同時に声帯振動が始まる場合は、気音が生じず、無気音となる。なお、閉鎖の開放時点に先行して声帯振動が始まる場合は、有声音となる。

　有気音の表記について、国際音声記号では右肩に^{h}を付してp^h, t^h, k^hのように書かれるが、右肩に'を付したp', t', k'のような表記も用いられることがある。

　琉球諸方言には、喉頭化音と非喉頭化音の区別を持つ方言があるが、無声阻害音については喉頭化と有気性が相関し、非喉頭化音は有気音、喉頭化音は無気音となっている（例：奄美喜界島志戸桶方言 有気非喉頭化音 p^hana「花」、t^ha:「田」、$tʃ^h$u:$dʒ$ara「皿（中皿）」、k^hubu「昆布」、無気喉頭化音 $p^ʔ$an「パン」、$t^ʔ$ai「二人」、$tʃ^ʔ$ui「一人」、$k^ʔ$umu「雲」）。

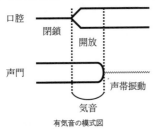

有気音の模式図

[文献] 斎藤純男『日本語音声学入門 改訂版』（三省堂 2006） 　　　　　　　　　　　　　[白田理人]

有声化
ゆうせいか
voicing

音韻

　無声音（声帯振動を伴わない音）が有声音（声帯振動を伴う音）に変わること。通時的な音の変化を指す場合も、共時的な音の交替を指す場合もある。隣接する有声音への同化現象として分析可能な場合が多い。

　形態素境界における有声化現象として、複合語（及び畳語）の後部要素の初頭子音の有声化（例：ショッキダナ「食器棚」、トキドキ「時々」例：タナ「棚」、トキ「時」）は、連濁と呼ばれ、諸方言に広く見られる。また、連濁以外に、形態素境界で鼻音（撥音）に後続する子音が有声化する例が見られる（例：ノンダ「飲んだ」、モンドウ「問答」、フンジバル「ふん縛る」例：タベタ「食べた」、トウアン「答案」、シバル「縛る」）。

　語中の有声化現象として、東北・北陸・南九州などでは母音に挟まれた子音の有声化が見られる（例：[mado] < *mato「的」、[kagi] < *kaki「柿」）。なお、これらの地域ではガ行子音が語中で鼻音[ŋ]（もしくは前鼻音を伴う破裂音[ⁿg]）として現れる（例：[kaŋi]〜[kaⁿgi]「鍵」、いわゆる鼻濁音）。この場合、語中におけるガ行子音とカ行子音の区別は有声と無声の区別ではなく鼻音（または前鼻音化音）と非鼻音との区別である。連濁も有声化ではなく鼻音化（または前鼻音化）となる。（なお、東北では[maⁿdo]「窓」、[kaⁿdzü]「数」、[haⁿba]「幅」など、ダ行子音・ザ行子音・バ行子音も語中では前鼻音化音となる。）

　このほかに、母音脱落によって無声子音と有声子音の子音連続が生じると、無声子音が有声子音と同化して有声化することがある（例：天草 [koggo]「国語」、[teddo:]「鉄道」、奄美請島 [magɾa]「枕」、[tʔugɾi]「作れ」、[kagba]「書けば」）。

[文献] 佐藤亮一「現代日本語の発音分布」飛田良文・佐藤武義編『発音』（明治書院 2002） 　　　　[白田理人]

有生性の階層
ゆうせいせいのかいそう
animacy hierarchy
文法

有生性の階層とは、多くの言語に観察される以下のような階層を指す。

　　代名詞＜人間名詞＜非人間名詞

ただし、言語によっては、それぞれにさらなる下位階層が存在する場合がある（たとえば、代名詞に「一・二人称＜三人称」、人間名詞に「親族名詞・人名＜それ以外」、非人間名詞に「動物＜それ以外」など）。これらの階層は、代名詞であるか否か、発話行為の参加者か否か、特定性を持つか否か、人間であるか否か、などに注目することでその特徴をさらに深く捉えることが可能である。

日本の諸方言にも上記のような代名詞・名詞の区分が存在するが、人間名詞において「呼称詞（呼びかけに使える名詞）vs.それ以外」という区分を持つ方言が存在する点が特徴的である。

【有生性の階層と文法数】湯湾方言（奄美大島）の単数形、複数形の例を示す。丸かっこ内の=nkjaは付いても付かなくてもよい。

	単数形	複数形	
「私」	wa-n	waa	-kja
「君」	ura	ura	-kja
「あの人」	ari	at	-taa
「父さん」	zjuu	zjuu	-taa
「アキラ」	akira	akira	-taa
「孫」	maga	maga	(=nkja)
「女」	wunagu	wunagu (=nkja)	
「鳥」	tui	tui	(=nkja)

複数形の列を見ると、人称代名詞（1-2行目）においては-kja、指示代名詞（3行目）と呼称詞（4-5行目の呼びかけに使える名詞）では-taa、それ以外の名詞（6-8行目）では=nkjaが複数を表していることが分かる。このように文法数の標示の違いに注目して代名詞・名詞を眺めると、湯湾方言には「人称代名詞」vs.「指示代名詞・呼称詞」vs.「それ以外の名詞」という区分（有生性の階層）があることが分かる。

【有生性の階層と格】現代熊本市方言の主語標示形式には2つの形式（ガ・ノ）がある。
(1) 意志自動詞
　①主語が人称代名詞
　　3番目に私<u>ガ</u>走るばい。
　　「3番目に私が走るよ。」
　②主語が人名
　　明日福岡に太郎<u>ガ</u>行くばい。
　　「明日福岡に太郎が行くよ。」
(2) 非意志自動詞
　①主語が人称代名詞
　　10時なら私<u>ガ</u>おるばい。
　　「10時だったら私がいるよ。」
　②主語が人名
　　さっき二階に太郎<u>ノ</u>おったばい。
　　「さっき二階に太郎がいたよ。」

上記のように、動詞に特別な派生接辞（尊敬接辞、進行接辞など）が付かない場合には、熊本市方言では意志自動詞（「走る」、「行く」など）の主語標示は常にガになる（(1)①と(1)②）。しかし、非意志自動詞（「いる」など）の時の主語標示は人称代名詞ではガになるが（(2)①）、人名ではノになる（(2)②）。人名以外の名詞でも同じふるまいをする（以下の表を参照）。

	意志自動詞	非意志自動詞
人称代名詞	ガ	ガ
人名・親族名詞	ガ	ノ
人間名詞	ガ	ノ
動物名詞	ガ	ノ

上記より、熊本市方言では「人称代名詞」vs.「名詞」という区分が主語標示に現れることが分かる。

[文献] 角田太作『世界の言語と日本語 改訂版』（くろしお出版 2009）、坂井美日「現代熊本市方言の主語表示」『阪大社会言語学研究ノート』11 (2013)　　[新永悠人]

有標性
ゆうひょうせい
markedness

【一般】

言語に用いられる音や形式、構造同士を比べて、一般的なものと特殊なものに分類する概念。一般的な方を無標、特殊な方を有標と言う。有標は、不自然・複雑・分布が狭い・頻度が低い・不規則的・予測不可能・獲得時期が遅い・言語障害で早期に失われるといった特徴と結び付けられ、無標は自然・単純・分布が広い・頻度が高い・規則的・予測可能・獲得時期が早い・言語障害でも失われにくいといった特徴と結び付けられる。プラーグ学派によって音韻論の分野に用いられたのが最初であるが、その後、形態論・意味論など他の分野にも取り入れられ、上記のようなさまざまな特徴と結び付けて論じられるようになった。個別言語に関する議論にも、言語一般の議論にも用いられる。

【音韻的有標性】日本語では「鎌」kamaと「カバ」kabaのように/m/と/b/は音素として対立しており、両者を比べると、/m/は[鼻音性]という素性（弁別的素性）を持つが、/b/は[鼻音性]を持たない。同様の関係は/n/と/d/にも成り立つ。このように、ある特定の素性の有無によって対立する音素の組がある時、その素性を持つ方を有標、持たない方を無標と言う。ここで挙げた例では[鼻音性]を持つm・nが有標であり、b・dが無標である。

また、有標性は音の対立の中和にも関連しており、中和した環境で現れる音は無標であると言える。たとえば、奄美瀬戸内町の方言では狭母音の脱落により語末に阻害音を持つ形式が見られるが、語末では有声／無声の対立は中和し、無声音（すなわち、[有声性]を持たない無標の音）が現れる（例：kʰup「首」cf. kʰubim「首も」）。

【形態的有標性】「食べる」という動詞について、肯定過去「食べた」tabe-taと否定過去「食べなかった」tabe-nakat-taを比べると、後者は語幹tabe-と過去の標識-taの間に-nakat-という音形があるのに対し、前者は語幹と過去の標識のみから成り立っている。この例に見られる否定のように、なんらかの音形によって明示的に標示されるものを有標と言い、肯定のように、音形を伴わず、対立する標示（ここでは否定の標識）がないことで消極的に表されるものを無標と言う。

また、ある機能を標示する手段に、さまざまな語彙にあてはまる一般的なものと、一部の語彙にしかあてはまらない特殊なものがある場合、前者を無標、後者を有標と言うことがある。動詞の命令形の作り方について見てみると、「見ろ」mi-ro、「投げろ」nage-roのように、母音語幹動詞（一段動詞）では語幹に-roを付けるのが一般的である。ところが、動詞「くれる」については、「くれろ」kure-roではなく、「くれ」kureという語幹のみの形が命令形として用いられる。動詞「くれる」の命令形の作り方は、標示を伴わないという点では無標とも言えるが、一般的な命令形の作り方と異なるという点で有標である。

【意味的有標性】九州・東北などには馬を雄雌によらずンマと言い、雄馬をコマと言う方言が見られる。ンマとコマのペアにおけるコマのように、より限定的な意味を持つ語を有標と言い、ンマのように非限定的な意味を持つ語を無標と言うことがある。

【通言語的・言語普遍的な有標性】言語類型論では、通言語的に、ある個別言語がAを持つなら必ずBも持つが、その逆は成り立たないと言える場合、AをBより有標であるとする。たとえば、有声閉鎖音を持つ言語は必ず無声閉鎖音を持つが、その逆は成り立たず、有声閉鎖音は無声閉鎖音より有標であると言える。

また、文法を「ランク付けされた制約の集合」と捉える最適性理論では、有標なものの出力を禁じる言語普遍的な有標性制約が大きな役割を果たす。

[文献] 窪薗晴夫『日本語の音声』（岩波書店 1999）、菅原真理子『音韻論』（朝倉書店 2014）　　[白田理人]

ゆすり音調
ゆすりおんちょう
interjectional intonation

【音調】

北陸地方（富山県、石川県、福井県）から京都府北部にかけての日本海沿岸の諸方言に観察される、文節末に現れるイントネーションの一種。機能面では間投助詞に近い役割を担うことから「間投イントネーション」とも言う。文節末の母音が1モーラないし2モーラ分長音化し、その長音部分に波打つような（ゆするような）独特の抑揚が生じる（→モーラ）。

【用法】 新田（1987）によると、東京方言で「あれも<u>ね</u>、私が<u>ね</u>、作ったんだよ。」のように「ね」などの間投助詞が挿入される代わりに、福井市方言ではゆすり音調が用いられる。

【音声実質】 文節「あれも」にゆすり音調が被さり末尾の母音が2拍分長音化した場合、典型的には下図のようなピッチ形で実現する。

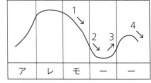

ゆすり音調のピッチパターンの略図

「レ」から「モ」にかけての下降（図中1）に続き、「モ」から長音部分にかけても下降が生じる（図中2）。この2段階の下降の後、低いピッチは長く継続せず、すぐに軽い上昇に転じる（図中3）。この長音部分に生じるピッチの「くぼみ」がゆすり音調の本質的な特徴である。さらに再度の下降（図中4）が続く場合があるが、これは必須の要素ではない（4の下降はなくてもよい）。

[文献] 新田哲夫「北陸地方の間投イントネーションについて」『金沢大学文学部論集　文学科篇』19-48（1987）、新田哲夫「列島縦断！日本全国イチオシ方言　福井県」『日本語学』34 (3), 78-79（明治書院 2015）[松倉昂平]

様態表現
ようたいひょうげん
inferential expressions

【文法】

なんらかの証拠に基づいた推測を表す表現のこと。また、動作の様子を述べる表現のこと。たとえば標準語における「雨が降りそうだ」のような、発話内容について話し手がなんらかの証拠を持って推測していることを表す表現である。「ソー」を用いた表現は東日本方言には「ソーダ」という形で、西日本には「ソージャ」、「ソーヤ」といった形で広く観察される。東北には、「エンタ」、「ンタ」という形式が分布している。

形態統語上の特性はさまざまである。上述の「ソーダ」、「ソーヤ」などは接尾辞であり、それ自体は形容動詞と同様の活用を示す。これに対し、九州を中心に広く観察される「ゴト」は形式名詞であることが多く、「アメノ　フル　ゴト　アル（雨が降るようだ）」や「アメノ　フロー　ゴト　アル（同上）」、「ミジカイ　ゴト　アル（短いようだ）」のように、連体形式に続く。また、たとえば、同じゴトであるが、長崎方言のゴトは「フル　ゴト　ナカ（降るようでない）」のように否定の要素を続けることができるが、これが不可能な方言も存在する（たとえば福岡市方言）。似た意味を表したければ、「フラン　ゴト　アル（降らないようだ）」とする必要がある。

様態表現に用いられる形式は、比況表現にも用いられることがあるが、またさらに別の用法を持つ場合がある。たとえば、長崎県宇久方言においては動詞の意志形に続いて希望を表す。「トーシャ　トッテン　ハタラコゴチャー（年をとっても働きたい）」などの例がある。

[文献] 加藤重広「北奥方言のモダリティ辞」『北海道大学文学研究科紀要』130 (2010)　　[原田走一郎]

四つ仮名
よつがな
yotsugana
音韻

「ジ、ヂ、ズ、ヅ」の4つの仮名に対応する音の区別。古典ではこれらが書き分けられており、発音が異なっていたが、各地で音の統合が進み、明治の国語調査委員会編『音韻調査報告書』『音韻分布図』(1905) では「ジ／ヂ／ズ／ヅ」の4つの音を区別する地域（高知、福岡県筑後、佐賀県、薩摩半島南部など）、「ジヂ／ズ／ヅ」の3つの音を区別する地域（大分など）、「ジヂ／ズヅ」の2つの音を区別する地域（東京など）、4つの音を区別しない地域（東北、出雲、琉球など）が分布する状態となっている。京都では1695年に四つ仮名の区別を説いた『蜆縮涼鼓集』が編集されていることから、この時期すでにジとヂ、ズとヅの区別がなくなっていたと推測される。

四つ仮名方言の高知方言では、4つの音がジ[zi]、ヂ[di]、ズ[zu]、ヅ[du]のように摩擦音と破裂音で区別される。語中ではヂ、ヅが入りわたり鼻音を伴った[⁻di]、[⁻du]で発音され、これが四つ仮名の保持に役立ったと思われる。九州ではジ[zi]、ヂ[dʑi]、ズ[zu]、ヅ[dzu]のように摩擦音と破擦音で区別される。

三つ仮名方言の大分の玖珠地方では、ジ・ヂは[zi]〜[dʑi]で区別がないが、ズ、ヅに関しては[zu]と[du]で区別される。

一つ仮名方言の東北、北陸、出雲、琉球では母音が中舌化しており、北奥、北陸、出雲、奄美・沖縄では4つの音が[dʑi]で、南奥では[dzu]で発音される。また、南琉球の宮古では[dzɿ]で発音される。

それ以外の地域はジ・ヂ[zi]〜[dʑi]、ズ・ヅ[zu]〜[dzu]の2つの音を区別する地域である。現在はほとんどの地域がこれと同じような2つ仮名体系に変化している。

[文献] 久野マリ子・久野眞・大野眞男・杉村孝夫「四つ仮名対立の消失仮定」『国語学』180 (1995) ［木部暢子］

呼びかけ表現
よびかけひょうげん
address expressions
文法

話し手と聞き手の間で、主に伝達のための関係を構築したり、調整したりする表現。文頭ないし文末に現れることが多いが、文中に来ることもある。文頭に来る表現は、主として注意喚起の機能を持つ。具体的には、「おい」「ねえ」「もしもし」「よう」など呼びかけの機能を主として持つ表現や、「○○さん」「先生」のような呼称、「すみません」「失礼」のようなあいさつ表現（→挨拶）、「あのー」のようなフィラーを文頭で用いる場合も含む。特に呼称の表現は、実際には血縁関係のない相手に親族名称を使って呼びかけるなどの特徴的な用法（鈴木1973）があり、そのような呼称のシステムの地域差解明が求められる。また、会話の流れの中で、呼称の使い分けに親密さや疎遠さ、感情の具合の変化などを示すこともある。文末では「ほら」のような確認表現、「さあ」のような動きの喚起の表現が使われる。また、文末では「ねえ」「よう」など、呼びかけの表現が同意要求や伝達などの終助詞に移行することもある。

琉球方言の「ハイサイ」など、各地には方言特有の呼びかけ表現の形式があることが知られている。また、呼びかけ表現が文頭や文末で使われることで、あいさつ表現（「マイドハヤ」（訪問時、富山など）、「モーシ」（来店時、東北など））や終助詞（「〜アータ」（熊本など）、「〜ナモシ」（岩手など））として多様に派生している。近年では、各地の方言談話において「アンタ」などの対称詞が、間投的に用いられる量に差があることも明らかになっている（山本2016）。

[文献] 鈴木孝夫『ことばと文化』（岩波書店1973）、森山卓郎「呼びかけ」『日本語文法事典』（大修館書店2014）、山本空「方言談話における対称詞の使用量の地域差」『国文学』100（関西大学国文学会2016） ［中西太郎］

ラ抜きことば
らぬきことば
ra-nuki kotoba
⦅文法⦆

　動詞の可能形から「ラ」が脱落した語のこと。カ行変格活用動詞や一段活用動詞に見られる。たとえば、「来る」「見る」の可能形は「コラレル」(来ることができる)、「ミラレル」(見ることができる)であるが、「ラ」が脱落した形の「コレル」「ミレル」が使われるようになった。このような形をラ抜きことばと呼ぶ。比較的短い動詞に起こりやすい (→活用)。

　通時的には、尊敬を表す「(ら)れる敬語」が西日本から東京に入り、尊敬と可能の区別を明確にするために、ラ抜きことばが東京に普及したと考えられている(井上1998)(→敬語)。

　体系的には、活用体系が平準化していく過程を示している。可能形は、動詞によって「レル」「ラレル」のいずれかがつく。たとえば、五段活用動詞「取る」には「レル」がついて「トレル」となり、一段活用動詞「見る」には「ラレル」がついて「ミラレル」となる。しかし、活用語尾に「レル」「ラレル」の2種類が存在することは、活用体系の複雑化を招く。そのため、「ミラレル」の「ラ」を消去し「ミレル」とすることによって、活用語尾を「レル」の1種類にしたのである。

　ラ抜きことばは、規範から外れたものと意識されることが多く、特に若者のことばの乱れを論ずる時の代表例としてしばしば取り上げられてきた。しかし、次第にラ抜きことばの方が頻繁に使用されるようになり、乱れという意識は薄くなっている。平成27年度『国語に関する世論調査』(文化庁)では、1995年の調査開始以降初めて、「見れる」「出れる」が多数派になった。

[文献] 井上史雄『日本語ウォッチング』(岩波書店1998)

[有元光彦]

リズム
rhythm
⦅音調⦆

　話しことばにおいて、等時性を持つ音声的要素が反復することによって知覚される規則性。ここで言う等時性 (isochrony) とは、なんらかの音声的要素 (ストレス、フット、音節、モーラ等) がほぼ等間隔で現れる性質のことである。たとえば英語では、ストレスの置かれた音節がほぼ等しい時間間隔で現れる傾向が見られる。この時、英語にはストレスによるリズムがあると言う。この例のように、典型的なリズムとは、強さ、長さ、高さ等において、ほかより際立った(卓立した)要素が等間隔で反復するときに知覚される規則性のことを言う。したがって、典型的なリズムにおいては、卓立要素が非卓立要素を挟んで配置されることになるので、卓立要素1つと非卓立要素からなる等時的なリズム単位を定義することが可能である。卓立要素はリズム単位の主要部となる。英語のリズムの場合、この単位は2音節を基本とするフットであり、ストレス音節がその主要部となる。

【リズム交替の原理】 セルカーク (E.A. Selkirk) は、諸言語に広く観察されるリズムを、「2つの連続する強拍 (strong beat) の間には、少なくとも1つ、多くとも2つの弱拍 (weak beat) が存在する」というリズム交替の原理の形で一般化している。強拍、弱拍をそれぞれS, wとすると、この原理は、SwSとSwwSという連続を許し、強拍が隣接するSSと弱拍が3つ以上連なるSwwwSとを禁止する。強拍の連続はclash、弱拍の連続はlapseと呼ばれるが、これらを回避しようとする傾向はさまざまな言語に観察される。英語では、thirtéen bóyにおけるclashを、最初の語のストレスを移動させてthírteen bóyとすることにより回避する現象 (wSS → SwS) が観察されたり、géntlemen and ládiesのような顕著なlapseが嫌われ、ládies and géntlemen (SwwwSw → SwwSww) が好まれる傾向が認められたりする。

【方言におけるリズム交替】宮古諸島伊良部島長浜方言では、2つの連続した高ピッチモーラと2つの連続した低ピッチモーラが、この順序で反復する現象があるが、これは高さに基づくリズムである。この現象は、長浜方言における2モーラフットの実在根拠であると主張される（下地2009）。たとえば*amifiibammai*「雨天時の食料」は、フットを丸がっこで、高ピッチと低ピッチをそれぞれH、Lで表すと、(a.mi)H (fi.i)L (ba.m)H (ma.i)Lのように実現される。ただし、この方言のフットは英語とは異なり主要部を欠く。むしろ、長浜方言において反復される等時的なリズム単位は、2フットから構成される音韻単位である。この単位を角がっこで表すと［(a.mi)H (fi.i)L］［(ba.m)H (ma.i)L］となり、その主要部は高ピッチフットとなる。

【広義のリズム】日本語学では、卓立要素と非卓立要素とが反復しないリズムの存在が議論される。短歌や俳句などの七五調は、日本語の定型詩におけるリズムの1つとされるが、そのリズムとは、下に示すように、ポーズ（○で表す）を含み8モーラからなる単位（／で表す）の反復、あるいは2モーラフット（丸がっこで表す）4つからなる単位の反復に基づくものであると論じられる。

(おも)(ひつ)(つ○)(○○)／
(ぬれ)(ばや)(ひと)(の○)／
(みえ)(つら)(む○)(○○)／
(ゆめ)(とし)(りせ)(ば○)／
(さめ)(ざら)(まし)(を○)／

問題のリズム単位の内部には、それがフットであれ、8モーラ（4フット）からなる単位であれ、典型的なリズムに観察されるような物理的・生理的実在性を持つ卓立要素と非卓立要素の反復が見られない。七語調などのリズムは広義のリズムと呼ぶべきものである。

［文献］国広哲也ほか編『日本語音声2 アクセント・イントネーション・リズムとポーズ』（三省堂1997）、下地理則「Foot and Rhythmic Structure in Irabu Ryukyuan」『言語研究』135 (2009) ［五十嵐陽介］

類推
るいすい
analogy

一般

既存の言語形式に対して意味的・形式的な類似性を認め、新しい言語形式の形成や従来の言語形式の改変においてその形式を模範として参照すること。言語変化の契機となる重要な原理の1つで、音法則（音変化に見られる法則）の例外を説明し得るものとして打ち立てられた。

類推は、その言語の使い手の頭の中ではたらくものである。たとえば関東に「歩く」の過去形がイ音便形の「歩いた」ではなく促音便形のアルッタになる方言がある。これは「行く」が促音便形を持つことからの類推によるものと考えられる。「歩く」「行く」はともに語幹末にk音を持つ子音語幹動詞であり、移動動詞という点で意味的にも共通点がある。こうしたことを背景に「歩く」の過去形が「行く」のそれにならって促音便形をとるに至ったのであろう。また関東には「来る」の否定形がキナイとなる方言もあるが、これは、同じ不規則動詞である「する」の否定形がシナイであること、「見る」「着る」といった母音語幹動詞の否定形がそれぞれミナイ、キナイのように語幹末にi音を持つことからの類推と考えられる。このほか、沖縄や名古屋などでは「ピンク」が「ピンクい」のように形容詞としても用いられるが、これも「赤(い)」や「青(い)」など他の色彩語彙が形容詞の形を持つことに起因する類推の産物である。

こうした類推変化を、歴史言語学者パウル(H. Paul)は比例式を用いて説明した。先の例を比例式によって示せば、「行く：イッタ＝歩く：X」→「X＝アルッタ」、「する：シナイ＝来る：X」→「X＝キナイ」、「赤：赤い＝ピンク：X」→「X＝ピンクい」のようにしてその変化を導くことができる。類推変化を説明するこのような比例式は「パウルの比例式」と呼ばれる。

［高木千恵］

レジスター
register
🔵社会

　場面によって変化することばの様相を表す語。言語使用域と呼ぶこともある。

　ことばの場面差に関わる要素にはさまざまなものがある。たとえば、友人どうし、店員と客、講演者と聴衆など、会話参加者の関係性によって使われることばは異なる。あるいは、相手が同じでも、顔を合わせて口頭で話す時、携帯電話のメールやSNSでやりとりする時、郵便で手紙を送る時など、ことばを伝える手段によっても場面差が生じる。終助詞や間投助詞のような会話特有の表現は正式な手紙には使われにくい。顔文字や絵文字などはメールやSNS特有の表現である。親子間で夕食の献立について話す時と将来の進路について話す時など、話題によっても場面差が生じる。

　このうち、話者間の関係性は、上下関係と親疎関係という2つの基準を軸に整理されることがある。ことばを伝える手段については、書きことばと話しことばの違いがよく挙げられるが、近年のインターネットを通じたことばのやりとりには、「ごめんね。今から行くよ（^_^）」のように文字で書いた会話調の文章など、その中間的なものも多い。

　方言もレジスターに応じて多様な形を持つが、方言特有の非標準的な表現は、親しい相手と話しことばで日常的な話題について話す場合に現れやすい。

　レジスターとよく似た意味で使われる語にスタイルがあるが、スタイルはあらたまり度（フォーマルさ）の違いという含みを持ちやすい。位相という語も似た意味で使われるが、位相は社会方言まで含む概念なのに対し、レジスターは場面差だけに関する概念である。

[文献] 岩田祐子「言語の状況差、適切さ（スタイルとレジスター）」岩田祐子・重光由加・村田泰美『概説　社会言語学』（ひつじ書房 2013）　　　　[白岩広行]

連体節
れんたいせつ
noun-modifying clause
🔵文法

　名詞を修飾する節。たとえば、「太郎が書いた本」という表現において、「太郎が書いた」は直後の名詞「本」を修飾しており、この場合、「太郎が書いた」が連体節である。「太郎の本」や「厚い本」のように、語によって名詞を修飾する場合と同様に、日本語では連体節が主名詞の前に位置する。

　日本語の場合、連体節と主名詞の関係によって、連体節が大きく2つの種類に分けられる。1つは、連体節の中に主名詞が入るべき空所が存在するもので、たとえば、「太郎が書いた本」では、主名詞「本」を連体節に入れて「太郎が本を書いた」という文にすることができる。寺村秀夫は、この種の連体節を「内の関係」と呼んだ。

　もう1つは、寺村が「外の関係」と呼んだもので、連体節内に主名詞が入る空所が存在しないものである。たとえば、「壁をたたく音」という表現において、主名詞「音」は連体節「壁をたたく」の中に入れることができない。

　方言においても標準語とおおむね同様であり、連体節が主名詞の前に位置する。方言によっては、用言に終止形と連体形の区別があり、主節の述語と連体節の述語が形態的に対立する。たとえば、北琉球与論方言では「タルーガ　エー　カクユン（太郎が絵をかく）」と「タルーガ　カキュル　エー（太郎がかいた絵）」のように、終止形のカクユンと連体形のカキュルが対立する。

[文献] 寺村秀夫「連体修飾のシンタクスと意味—その1〜その4」『日本語・日本文化』4-7 (1975〜1978)（寺村秀夫『寺村秀夫論文集Ⅰ—日本語文法編』（くろしお出版 1993) に再録）　　　　[野間純平]

連濁
れんだく
rendaku

【音韻】

　日本語において、始まりの位置（以下、形態素頭）に清音を持つ形態素が他の要素に後続して合成語を作ったときに、形態素の始まりの清音が対応する濁音に交替する形態音韻論的現象。たとえば、「ハナ（花）」→「キリバナ（切り花）」「オシバナ（押し花）」「コバナ（小花）」など。（→清濁）

　この清音／濁音の交替は頭子音の有声性の交替として述べられることもあるが、単純に有声性のみに還元はできない。特にハ行音の連濁においては、[hana]（花）→[kobana]（小花）のように有声性だけでなく調音位置、調音法も変わる。そのほか、ガ行鼻濁音を持つ方言ではカ行音の連濁で有声性に加え鼻音性が変わる（[kasa]（傘）→[amaŋasa]（雨傘））、サ行音の連濁で破擦音が現れ得る（[sake]（酒）→[amadzake]（甘酒））といったことも考えられ、単純な音声的有声化ではない。あくまで音韻的なレベルでの交替である。

　連濁には例外も多い。連濁が制約される条件としてよく指摘されるものに、(1) 後部要素にすでに濁音が含まれる場合には連濁を起こさない（ライマンの法則）（例：ハタ（旗）→テバタ（手旗）では連濁するが、ハダ（肌）→テハダ（手肌）では連濁しない）、(2) 構成素同士の結びつきが並列の関係にあるものでは起こりにくい（例：ヨミカキ（読み書き））、(3) 語種に関して外来語、続いて漢語では連濁しにくい（例：デジタルカメラ、ツキミソウ（月見草））、などがある。

　連濁のしやすさに方言差が見られる場合もある。たとえば、人名や地名で同じ要素を含んでいても連濁のしやすさには地域差がある（例：「中島」「山崎」を連濁形のナカジマ、ヤマザキで言う地域と非連濁形のナカシマ、ヤマサキで言う地域がある）。

[高田三枝子]

連母音
れんぼいん
hiatus, vowel sequence

【音韻】

　2つの独立した母音が連続したもの。たとえば、ie「家」は母音iと母音eが連続した連母音ieからなる。連母音は、音節という概念に照らし、二重母音と対立させた場合、音節境界にまたがって生じる母音の連続を指す（例：i.e「家」、ピリオドは音節境界）が、音節内での母音の連続を連母音と呼ぶこともある。なお、訳語のうち*hiatus*は音節境界にまたがる場合のみを指す。

【連母音の生起】通時的変化により母音間の子音が脱落すると、連母音が生じる。たとえば、「家」は*ipe > *iɸe > *iwe > ieのような変化を経たと考えられる。沖縄首里方言では*iに先行する*rが脱落し、tui < *tori「鳥」・wudui < *wodori「踊り」といった形式が生じている。また、形態素境界及び語境界で母音終わりの形式に母音始まりの形式が後続すると、連母音が生じる（例：uke+ire「受け入れ」・ima#iku「今行く」、+は複合境界、#は語境界）。このほか、借用語に連母音が含まれる場合もある（例：itaria「イタリア」・guamu「グアム」）。

【連母音の解消】連母音は通言語的に避けられる傾向にあり、子音挿入・母音融合などによって解消されることがある。たとえば、「場合」はbaai（バアイ）ではなくbawai（バワイ）またはbajai（バヤイ）のように発音されることがあるが、これは、半母音w・jを挿入することで連母音aaを解消した結果である。また、「高い」takai > take:（タケー）、「遅い」osoi > ose:（オセー）は、母音融合によって連母音が解消された例である。

【二重母音と連母音】二重母音は、1つの音節の中で母音の音色が変化するものを言う。典型的には、母音の明確な切れ目がなく、音色が徐々に変化する。音韻論的には2つの母音音素の連続ではなく1つの二重母音音素と解釈されることがある。たとえば、英語のspaɪdɚ 'spider'のaɪは、母音が切れ目なく変化し、spa.

ɹ.dɚではなくspaɪ.dɚのように1つの音節内に現れているとされ、1つの二重母音音素 /aɪ/ と解釈される。日本語の連母音は、丁寧に発音した場合に母音の切れ目（急激な音色の変化）が見られるため、伝統的には二重母音が認められてこなかった。しかし、アクセントなどを根拠として1つの音節内に2つの母音が含まれていると解釈できる場合があり、二重母音を認める分析も見られる。たとえば、起伏型アクセントの動詞のル形ではタベ˥ル tabéru「食べる」のように後ろから2拍目にアクセント核が置かれるが、ハ˥イル háiru「入る」・カ˥エル káeru「帰る」のように後ろから3拍目にアクセント核が置かれるものがある。これらに含まれるai・aeを二重母音とし、後ろから2拍目のi・eが（撥音と同様）音節初頭でないためにアクセント核が避けられていると考えることで、アクセント核の位置の違いを説明できる。（なお、ト˥オル tó:ru「通る」のように、長母音もアクセントの観点から二重母音と同様1つの音節をなすことが確認できる。）また、鹿児島方言では、音調が音節を単位として付与され、これを基準として二重母音か否か判別できる。たとえば、語末音節が高く発音されるB型（「N型アクセント」参照）において、ヒカイ hikai「光」はaiを含む音節全体が高く発音されることからaiは二重母音（hi.k͡ai）、サヲ sao「竿」はaoのoのみが高く発音されることから2音節にまたがる連母音（sa.o͡）と判断できる。

【形態素境界と連母音】 形態素境界に生じる母音の連続は、二重母音や長母音にならず、2音節にまたがる連母音になりやすい。例として、可能標示eは独立してアクセント核を担い（例：カエ˥ル ka.é.ru「飼える」）、複合語境界の同母音連続は発音の小さな切れ目を伴う（例：sa.to.o.ja「里親」cf. sa.to:.ja「砂糖屋」）。

［文献］窪薗晴夫・本間猛『音節とモーラ』（研究社 2002）、松森晶子ほか『日本語アクセント入門』（三省堂 2012）、加藤重広・安藤智子『基礎から学ぶ音声学講義』（研究社 2016） ［白田理人］

VOT（声立て時間）
Voice Onset Time (VOT)

音韻

　喉頭制御のタイミングに対応する音響的特徴。話頭位置の破裂音の有声性および有気性に関する指標となる（Lisker & Abramson 1964）。VOTの測定値は閉鎖開放の始点を基準時点＝0とし、そこから声の開始（voice onset）までの時間を測ることによって得られる。値は閉鎖開放より前に声の開始があればマイナス、後であればプラスの符号をつけて表す。なお破裂音に有声性の対立を持つ言語では、通言語的に、有声音はマイナス〜プラスにかけての値を取り、無声音はこれより大きい値（プラスの値）をとることが知られる。

　日本語における有声性とVOTの関係は方言および世代により異なる。伝統的には、新潟県北東部から茨城県南部を境に東北側では有声音、無声音ともにVOTがプラスの値をとる（ただし有声音の値＜無声音の値）。一方関東以西側では有声音がマイナス、無声音がプラスの値をとる。しかしおおよそ1920年代頃生まれの世代から、関東以西において有声音がプラスの値をとる（つまりpre-voicingを持たない）現象が現れはじめ、次第に話者数・頻度ともに増加し、現在、地域差は次第に失われる方向にある（高田2011）。

　なお近年、提案者の一人であるAbramsonがVOTの定義、適用範囲の拡張を提案し（Abramson & Whalen 2017）、そこではVOTの適用範囲を閉鎖音、また語頭位置に限らない可能性が示されている。ただしその具体的な適用範囲や方法が確立しているとはまだ言えない。

［文献］Lisker, L. and Abramson, A. "A cross-language study of voicing in initial stops: acoustical measurements." *Word*, 20, 1964., 高田三枝子『日本語の語頭閉鎖音の研究』（くろしお出版 2011）、Abramson, A. and Whalen, D.H. "Voice Onset Time (VOT) at 50: Theoretical and practical issues in measuring voicing distinctions." *Journal of Phonetics*, 63, 2017. ［高田三枝子］

音声器官

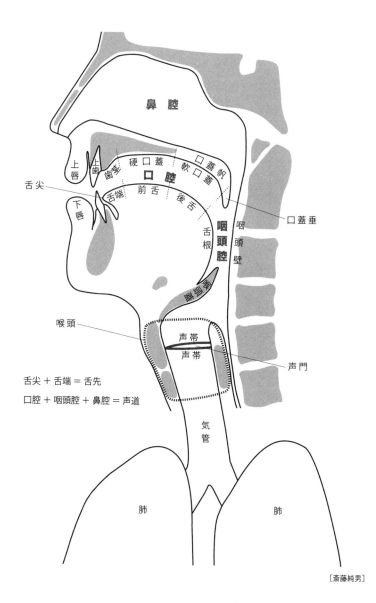

[斎藤純男]

IPA（国際音声記号）2015年改訂版

子音（肺臓気流）

	両唇音	唇歯音	歯音	歯茎音	後部歯茎音	そり舌音	硬口蓋音	軟口蓋音	口蓋垂音	咽頭音	声門音
破裂音	p b			t d		ʈ ɖ	c ɟ	k ɡ	q ɢ		ʔ
鼻音	m	ɱ		n		ɳ	ɲ	ŋ	ɴ		
ふるえ音	ʙ			r					ʀ		
はじき音		ⱱ		ɾ		ɽ					
摩擦音	ɸ β	f v	θ ð	s z	ʃ ʒ	ʂ ʐ	ç ʝ	x ɣ	χ ʁ	ħ ʕ	h ɦ
側面摩擦音				ɬ ɮ							
接近音		ʋ		ɹ		ɻ	j	ɰ			
側面接近音				l		ɭ	ʎ	ʟ			

各マス目の中の右が有声音、左が無声音
網かけは調音が不可能と考えられる部分

子音（肺臓気流以外）

吸着音		有声入破音		放出音	
ʘ	両唇	ɓ	両唇	ʼ	例：
ǀ	歯	ɗ	歯（茎）	pʼ	両唇
ǃ	(後部）歯茎	ʄ	硬口蓋	tʼ	歯（茎）
ǂ	硬口蓋歯茎	ɠ	軟口蓋	kʼ	軟口蓋
ǁ	歯茎側面	ʛ	口蓋垂	sʼ	歯茎摩擦

母音

```
       前舌      中舌      後舌
狭     i y ──── ɨ ʉ ──── ɯ u
              ɪ ʏ      ʊ
半狭   e ø ──── ɘ ɵ ──── ɤ o
                  ə
半広   ɛ œ ──── ɜ ɞ ──── ʌ ɔ
                  ɐ
広     a ɶ ──────────── ɑ ɒ
```

記号が２つ並んでいるものは、右が円唇、左が非円唇

IPA（国際音声記号） 161

その他の記号

ʍ 無声両唇軟口蓋摩擦音		ɕ ʑ 歯茎硬口蓋摩擦音	
w 有声両唇軟口蓋接近音		ɺ 歯茎側面はじき音	
ɥ 有声両唇硬口蓋接近音		ɧ ʃとxの同時調音	
ʜ 無声喉頭蓋摩擦音			
ʢ 有声喉頭蓋摩擦音		二重調音と破擦音は、必要があれば2つの記号を	
ʡ 喉頭蓋破裂音		次のように結合させて表すことができる	

$$\widehat{kp} \quad \widehat{ts} \quad \widehat{ŋ}$$

補助記号 下に伸びた記号にはその上に付けてもよい 例: ŋ̊

̥	無声の	n̥ d̥	̤	息もれ声の	b̤ a̤	̪	歯音の	t̪ d̪
̬	有声の	s̬ t̬	̰	きしみ声の	b̰ a̰	̺	舌尖で調音する	t̺ d̺
ʰ	帯気音化した	tʰ dʰ	̼	舌唇の	t̼ d̼	̻	舌端で調音する	t̻ d̻
̹	より丸めの強い	ɔ̹	ʷ	唇音化した	tʷ dʷ	̃	鼻音化した	ẽ
̜	より丸めの弱い	ɔ̜	ʲ	硬口蓋化した	tʲ dʲ	ⁿ	鼻腔開放の	dⁿ
̟	前寄りの	u̟	ˠ	軟口蓋化した	tˠ dˠ	ˡ	側面開放の	dˡ
̠	後ろ寄りの	e̠	ˤ	咽頭化した	tˤ dˤ	̚	開放のない	d̚
̈	中舌寄りの	ë	̃	軟口蓋化あるいは咽頭化した	ɫ			
̽	中央寄りの	ě	̝	より狭い	e̝ (ɹ̝ = 有声歯茎摩擦音)			
̩	音節主音の	n̩	̞	より広い	e̞ (β̞ = 有声両唇接近音)			
̯	音節副音の	e̯	̘	舌根が前に出された	e̘			
˞	r音色の	ɚ a˞	̙	舌根が後ろに引かれた	e̙			

超分節音

ˈ	第1ストレス	ˌfoʊnəˈtɪʃən
ˌ	第2ストレス	
ː	長い	
ˑ	半長の	
̆	特に短い	
.	小（フット）グループ	
‖	大（イントネーション）グループ	
.	音節境界	ɹi.ækt
‿	切れ目のない	

トーンとアクセント

平ら		曲線	
e̋ または ˥	超高平ら	ě または	上がり
é ˦	高平ら	ê	下がり
ē ˧	中平ら	e᷄	高上がり
è ˨	低平ら	e᷅	低上がり
ȅ ˩	超低平ら	e᷈	上がり下がり
↓	ダウンステップ	↗	全体的上昇
↑	アップステップ	↘	全体的下降

「いる」(「日本言語地図 53図」)

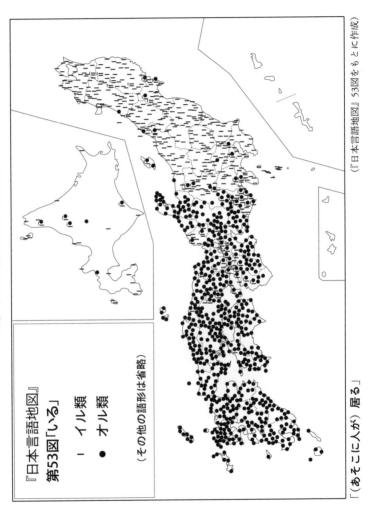

『日本言語地図』
第53図「いる」
― イル類
● オル類

(その他の語形は省略)

「(あそこに人が)居る」

(『日本言語地図』53図をもとに作成)

「しもやけ」(「日本言語地図 127図」) | 163

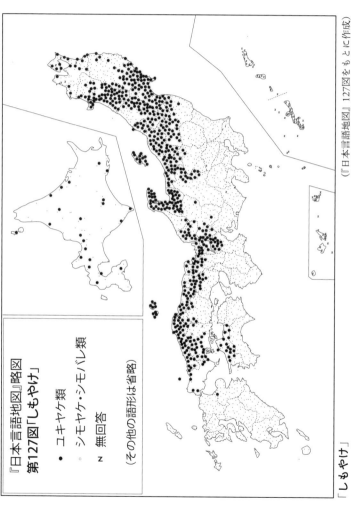

「花が散っている（進行態）」（国立国語研究所 1979）

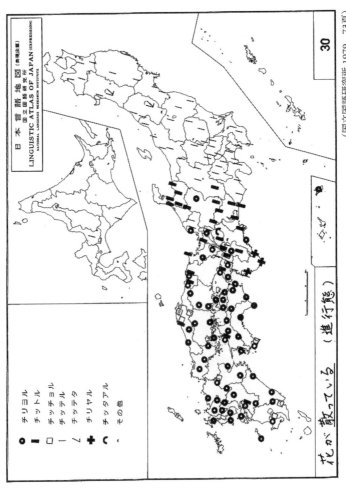

(国立国語研究所 1979, 73頁)

「花が散っている(結果態)」(国立国語研究所 1979)

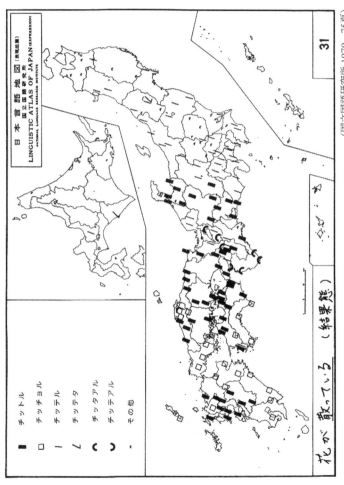

(国立国語研究所 1979, 75頁)

琉球語諸方言の類別語彙表

「琉球語アクセント調査票160」に基づく。語形は琉球祖語形の一案。A、B、Cは琉球祖語に再建される3種のアクセント類を、【 】内は金田一の類を、(⇔)内は琉球祖語におけるアクセント型のミニマルペア（右肩の文字はアクセント類）を示す。

拍	類	所属語彙
1	A	【1.1】*po「帆」(⇔*po^B「穂」), *ti「血」, *wo「緒. 紐」(⇔*wo^B「苧」)／【1.2】*na「名」(⇔*na^B「菜」), *pa「葉」(⇔*pa^B「歯」), *pi「日」(⇔*pi^B「火」)／【1.x】*jo「世. 時代」(⇔*jo^B「夜」), *ke「毛」(⇔*ke^B「木」)
1	B	【1.3】*jo「夜」(⇔*jo^A「世」), *ju「湯」, *ke「木」(⇔*ke^A「毛」), *me「目」, *na「菜」(⇔*na^A「名」), *pi「火」(⇔*pi^A「日」), *po「穂」(⇔*po^A「帆」), *te「手」／【1.x】*pa「歯」(⇔*pa^A「葉」)／【無】*ja「家」, *wo「苧. 麻. 糸芭蕉」(⇔*wo^A「緒」)
2	A	【1.1】*kuwa「子」／【2.1】*ame「飴」(⇔*ame^B「雨」), *ika「烏賊」, *io「魚」, *kaze「風」, *kosi「腰. 背中」, *kugi「釘」, *kuti「口」, *mezu「水」, *nisi「北」, *pana「鼻」(⇔*pana^B「花」), *pude「筆」, *sake「酒」, *sode「袖」, *take「竹」(⇔*take^B「丈」), *tori「鳥. 酉」, *usi「牛」／【2.2】*isi「石」, *kabi「紙」, *kata「型. 形」(⇔*kata^B「肩」⇔*kata^C「飛蝗」), *kawa「井戸. 川」(⇔*kawa^B「皮」), *mune「胸」, *natu「夏」, *pasi「橋. 梯子」(⇔*pasi^C「箸」), *pito「人」, *pujo/puju「冬」／【3.1】*woto「夫」／【2.x】*sita「下」, *ue「上」／【無】*iri「西」(⇔*iri^B「錐」), *kaza「臭い. 香り」, *peru「大蒜」, *tozi「妻」
2	B	【2.3】*ami「網」, *inu「犬. 戌」, *jama「山」, *kawa「皮」(⇔*kawa^A「井戸」), *kimo「肝. 肝臓. 心」, *kumo「雲」, *kusa「草」, *kuso「糞」, *mame「豆」, *mimi「耳」, *name「波」, *pana「花」(⇔*pana^A「鼻」), *sima「島. 村」, *sita/suta「舌」, *take「丈. 身長」(⇔*take^A「竹」), *tuno「角」／【2.4】*iri「錐」(⇔*iri^A「西」), *ita「板」, *kata「肩」(⇔*kata^A「型」⇔*kata^C「飛蝗」), *mogi「麦」, *nae「苗」, *nomi「鑿」(⇔*nomi^C「蚤」), *siru「汁」, *wara「藁」／【2.5】*ame「雨」(⇔*ame^A「飴」)／【3.5】*nada「涙」／【2.x】*kame「亀」(⇔*kame^C「瓶」), *tako「蛸」／【無】*ado「踵」, *jado「戸. 雨戸」(⇔*jado^C「宿」), *kaja「茅」, *kinu「着物. 布」, *kozo「去年」, *mina「蜷. 貝. 巻貝」, *mita「土」, *nae「地震」, *nari「実. 果実」, *pae「南. 南風」, *suba「唇. 舌」, *tuzu「唾」(⇔*tuzu^C「粒」), *wata「腹. 腸」

拍	類	所属語彙
2	C	【2.3】*kame「瓶. 甕」(⇔*kame^B「亀」), *nomi「蚤」(⇔*nomi^B「鑿」), *pone「骨」／【2.4】*iki「息」, *ito「糸」, *jado「宿」(⇔*jado^B「戸」), *matu「松」, *naka「中」, *omi「海」, *pari「針」, *pasi「箸」(⇔*pasi^A「橋」), *sora「砂糖黍などの先端. 梢」, *usu「臼」／【2.5】*kage/kaga「蔭. 影」, *kobu「蜘蛛」, *koe「声」, *mae「前」, *moko「婿」, *nabe「鍋」／【無】*bake「笊. 籠」, *kata「飛蝗. 蝗」(⇔*kata^A「型」⇔*kata^B「肩」), *naba「茸. 黴. 垢. 汚れ」, *sata「砂糖」, *teda「太陽」, *teru「籠」, *tuzu「粒」(⇔*tuzu^B「唾」), *uwa「豚」
3	A	【3.1】*jodari「涎」, *kamado「竈」, *kauzi「麹」, *kawara「河原. 川」(⇔*kawara^C「瓦」), *kebusi「煙」, *pana-zi「鼻血」／【3.2】*jaatu「八つ」, *jootu「四つ」, *miitu「三つ」, *muutu「六つ」, *puta(a)tu「二つ」,【無】*agari「東」, *kogane「黄金. 宝」, *tubusi「膝」
3	B	【3.4】*nanuka「七日」, *omote「表. 顔」, *uzura「鶉」／【3.5】*abura「油」, *inoti「命」, *makura「枕」／【無】*asebo/asemu「汗疹」, *irike「鱗. ふけ」, *jamato「大和. 日本本土」, *jonaka「夜中」, *kaina「腕. 二の腕」, *kobura「腓脛」, *namasu「膾. 刺身」, *ta-mina「田螺」
3	C	【3.4】*augi「扇」, *katana「刀. 包丁」, *sirage「白髪」／【3.5】*kawara「瓦」(⇔*kawara^A「河原」), *nasake「情け」, *parija(?)「柱」／【3.6】*sirami「虱」／【3.7】*pit(e)etu「一つ」／【3.x】*garasu/garasa「烏」,【無】*kazamV「蚊. 蚋」, *sauke「草箒. 笊. 籠. 箕」, *warabe「童. 子供」

　この表に示す語は、琉球語諸方言のアクセント体系の初期調査を目的とした「琉球語アクセント調査票160」(五十嵐2017, 2018)に記載された全160の調査語である。この調査票は、松森晶子の提案する「系列別語彙」(松森2012)を改定した、比較的小規模なものであり、その調査語の選定は、1)琉球語諸方言に広く認められる、2)諸方言間のアクセント型の対応が規則的であるなどの基準に基づいている。

［文献］

五十嵐陽介（2017）「『琉球語アクセント調査票160』：琉球語諸方言アクセント体系の初期調査を目的とした160の調査語」一橋大学大学院社会学研究科博士課程ゼミ発表レジュメ、5月30日、一橋大学。

五十嵐陽介（2018）「これからの方言アクセント研究がなすべきこと」日本語学会2018年度春季大会シンポジウム「日本語記述研究の未来―今なすべきこと―」5月20日、明治大学駿河台キャンパス。

松森晶子（2012）「琉球語調査用『系列別語彙』の素案」『音声研究』16(1), 30-40。

［五十嵐陽介］

英日対照表

【A】

ablative 奪格
accentless prosodic system 無アクセント
accommodation アコモデーション
accomplishment 達成
accusative 対格
achievement 到達
acoustic analysis 音響分析
activity 行為
additive plural 同質複数
address expressions 呼びかけ表現
address terms 呼称
adjectival noun 形容動詞
adjective 形容詞
adverb 副詞
affix 接辞
agent 動作主
alignment of case marking 格配列
allative 方位格
allomorph 異形態
ambiguous accent 曖昧アクセント
analogy 類推
animacy hierarchy 有生性の階層
anticausative 逆使役
argument 項
aspect アスペクト
aspirated sound 有気音
aspiration 有気性
associative plural 連合複数
attitudes towards dialect 方言意識
attitudinal expressions 待遇表現
augmentative 指大辞
Azuma uta 東歌

【B】

baby talk 幼児語
backchannel responses 応答表現
backchanneling 相づち
benefactive expressions 授受表現
bleaching 意味の漂白
body parts vocabulary 身体語彙
bound form 拘束形式
breathy voice 息漏れ声

【C】

case 格
causative 使役
cause and reason expressions 原因理由表現
central vowel 中舌母音
characteristic function 特性関数
Christian materials キリシタン資料
Chūrin dialects 中輪方言
classified vocabulary アクセントの類別語彙
clause 節
click 吸着音
clitic 接語
closed syllable 閉音節
code-switching コードスイッチング
comitative 共格
comparative linguistics 比較言語学
complex onset moras 拗音
complex predicate 複雑述語
compositional 合成的
concentric circle theory of dialect divergence 方言周圏論
conditional expressions 条件表現／仮定表現
conjectural expressions 推量表現
conjugation 活用
consonant 子音
context 文脈
contrastive topic 対照主題
conventional implicature 慣習的含意
conversational implicature 会話的含意
cooperative principle 協調の原理
copula コピュラ

corpus　コーパス
creaky voice　きしみ声
creole　クレオール

【D】

dative　与格
definiteness　定性
demonstratives　指示詞
dependent　依存部
dependent-marking　依存部標示
derivational affix　派生接辞
descriptive grammar　記述文法
desiderative expressions　希望表現
devoicing　無声化
diachrony　通時論
dialect characters　方言文字
dialect map, dialectological map　方言地図
dialect placard　方言札
dialect radiation theory　方言周圏論
dialects of Japanese Sign Language　日本手話の方言
differential object marking　示差的目的語表示
diminutive　指小辞
discourse　談話
discourse analysis　談話分析
distributional properties　分布特性
division of dialects　方言区画
documentary linguistics　記録言語学
documentation　ドキュメンテーション
double articulation　二重調音
duration　持続時間
dynamic synchrony　動的共時論

【E】

east-west opposition　東西対立
ejective　放出音
elicited sentence　作例・訳出例文
emotion vocabulary　感情語彙
enclitic　接尾語
endangered languages　消滅危機言語
equipollent　両極型

ergative　能格
euphonic change　音便
evidentiality　証拠性
exclusive　除外形
existential expressions　存在表現
experiencer　経験者

【F】

face sheet　フェイスシート
factor analysis　因子分析
false regression　誤れる回帰
focus prosody　焦点韻律
focusing adverb　焦点化副詞
focusing expressions　とりたて表現
folk etymology　民間語源
foot　フット
foreign borrowing　外来語
formal noun　形式名詞
formant　フォルマント
free form　自由形式
free word-form　自立語
fundamental frequency　基本周波数

【G】

Gairin dialects　外輪方言
general number　文法数の対立の中和
genitive　属格
geolinguistics　言語地理学
glottalized consonant　喉頭化音
godanka　五段化
grammatical relations　文法関係
grammaticalization　文法化
greeting expressions　挨拶

【H】

head　主要部
head-marking　主要部標示
heavy syllable　重音節
hiatus　連母音
historical phonology　音韻史
homonymic clash, homonymic conflict　同音

衝突
honorifics　敬語
hortative expressions　勧誘表現
hypercorrection　過剰修正

【I】

ichidanka　一段化
idiolect　イディオレクト
imperative expressions　命令表現
implosive　入破音
inclusive　包含形
inferential expressions　様態表現
inflectional affix　屈折接辞
information structure　情報構造
informed consent　インフォームドコンセント
instrumental　具格
instrumental phonetics　器械音声学
intensity　インテンシティ
interdialect　中間方言
interjection　感動詞
interjectional intonation　ゆすり音調
interjective marker　間投助詞
interlanguage　中間言語
International Phonetic Alphabet; IPA　国際音声字母
interrogative expressions　疑問表現
intonation　イントネーション
introspection　内省
irrealis　非現実
isochrony　等時性

【K】

kaigō　オ段長音の開合
kakari-musubi　係り結び
Keihan type prosodic system　京阪式アクセント
kinship terminology　親族名称

【L】

labile　自他同形型
laboratory phonology　実験音韻論
language acquisition　言語獲得
language contact　言語接触
language island　言語の島
language learning　言語習得
language map, linguistic map　方言地図
language variation　言語変異
language variety　言語変種
language vitality and endangerment　言語の体力と消滅危機
laryngealization　きしみ声化
lexical diffusion　語彙拡散
lexical stress　語強勢
light syllable　軽音節
linguistic aspects of life　言語生活
linguistic expressions　言語表現
linguistic geography　言語地理学
linguistic typology　言語類型論
locative　位格
lower articulators　下部の調音器官

【M】

markedness　有標性
material-oriented　素材重視型
metaphorical expressions　比況表現
mimetics　擬態語
minimality constraint　最小性制約
mirativity　ミラティビティ
modality　モダリティ
modifier　修飾部
mora　モーラ
moraic nasal　撥音
moraic obstruent　促音
morpheme　形態素
morphological properties　構造特性
morphology　形態論
morphophonology　形態音韻論
morphosyntax　形態統語論
motherese　育児語
multi-pattern prosodic system　多型アクセント

【N】

Nairin dialects　内輪方言
nasal　鼻音
nasalized sound　鼻音化音
natural discourse　自然談話
negative evidence　否定証拠
negative expressions　否定表現
new dialect　新方言
nominalization particle　準体助詞
nominative　主格
non-specific　不特定
non-verbal communication　ノンバーバル・コミュニケーション
noun　名詞
noun phrase　名詞句
noun-modifying clause　連体節
N-pattern prosodic system　N型アクセント
number　文法数
numeral　数詞

【O】

object　目的語
Obligatory Contour Principle　OCP（必異原理）
obstruents　阻害音
onomatopoeia　オノマトペ・擬音語
open syllable　開音節

【P】

palatalization　口蓋化
part of speech　品詞
passive　受身
patient　被動者
phase　位相
philological sources on Japanese dialects　方言文献
phoneme　音素
phonetic alphabet　音声記号
phonetics　音声学
phonology　音韻論
phrase　句
pidgin　ピジン
pitch accent　ピッチアクセント（高さアクセント）
possessive　所有格
potential expressions　可能表現
pragmatics　語用論
predicate　述語
predicate phrase　述部
prefix　接頭辞
prescriptive grammar　学習・規範文法
presupposition　前提
processing　処理
proclitic　接頭語
product-oriented　成果物重視型
prohibitive expressions　禁止表現
pronouns　代名詞
prosodic correspondences　アクセント対応
prosodic systems of Japanese dialects　方言のアクセント
proto-Japonic, proto-Japanese-Ryukyuan　日琉祖語
Proto-Kyushuan-Ryukyuan　九琉祖語（九州・琉球祖語）

【R】

ra-nuki kotoba　ラ抜きことば
reference　指示
reference grammar　参照文法
reference terms　名称
regional dialect　地域方言
register　レジスター
rendaku　連濁
representation　表示
request expressions　依頼表現
revitalization　再活性化
rhetorical questions　反語表現
rhythm　リズム

【S】

sampling　サンプリング

S-curve model　S字型モデル
sei-daku　清濁
semantics　意味論
semi-vowel　半母音
sensory vocabulary　感覚語彙
sentence final particle　終助詞
sentence stress　文強勢
sign language　手話
simple onset moras　直音
sino-japanese　漢語
social dialect　社会方言
sociolinguistics　社会言語学
sonorants　共鳴音
sound change　音変化
sound symbolism　音象徴
south-north opposition　南北対立
specific　特定
specificity　特定性
spectrogram　スペクトログラム
speech organs　調音器官
spontaneous expressions　自発表現
standard language　標準語
state　状態
stress　ストレス
stress accent　ストレスアクセント（強さアクセント）
strong beat　強拍
structural properties　構造特性
style　スタイル
subject　主語
suffix　接尾辞
super heavy syllable　超重音節
suppletion　補充
swearing　卑罵表現
switch reference　スイッチリファレンス
syllabic consonants　核になる子音
syllable　音節
syllable weight　音節量
synchrony　共時論
syntactic properties　分布特性
syntactic relevance　統語的関与性

syntax　統語論

【T】

taboo word　忌みことば
tense　テンス
time series survey　経年調査
Tokyo type prosodic system　東京式アクセント
tone　声調
Tone Bearing Unit　TBU
toponym　地名
transitive-intransitive verb pairs　自他の対
transitivity　他動性
truth-condition　真理条件
truth-conditional judgment　真理条件的直観
truth-conditional meaning　真理条件的意味

【U】

uchinaa yamatoguchi　ウチナーヤマトゥグチ
unaspirated sound　無気音
unbounded foot　単位数に制限のないフット
unnoticed dialectisms　気付かない方言
upper articulators　上部の調音器官

【V】

variation　変異
verb　動詞
verb phrase　動詞句
vocabulary　語彙
voice　ヴォイス
voice onset　声の開始
Voice Onset Time　VOT（声立て時間）
voiced sound　有声音
voiceless sound　無声音
voicing　有声化
volitional expressions　意志表現
vowel　母音
vowel coalescence　母音融合
vowel sequence　連母音

【W】

wave theory, wave hypothesis　波状仮説
waveform　波形
weak beat　弱拍
wh question　疑問詞疑問文
whispery voice　ささやき声
word class　品詞
word stress　語強勢
word tone　語声調

【Y】

yagō　屋号
yes-no question　真偽疑問文
yotsugana　四つ仮名

【Z】

zu-zu dialects　ズーズー弁

明解方言学辞典

2019年4月20日　第1刷発行

編　者	木部暢子
発行者	株式会社　三省堂　代表者　北口克彦
印刷者	三省堂印刷株式会社
発行所	株式会社　三省堂

〒101-8371
東京都千代田区神田三崎町二丁目22番14号
電話　編集 (03)3230-9411　営業 (03)3230-9412
商標登録番号　5028257
https://www.sanseido.co.jp/

落丁本・乱丁本はお取り替えいたします。
©Nobuko KIBE 2019
Printed in Japan
ISBN978-4-385-13579-3
〈明解方言学辞典・192pp.〉

本書を無断で複写複製することは、著作権法上の例外を除き、禁じられています。また、本書を請負業者等の第三者に依頼してスキャン等によってデジタル化することは、たとえ個人や家庭内での利用であっても一切認められておりません。